Paolo Mieli

Lampi sulla storia

Intrecci tra passato e presente

Rizzoli

Pubblicato per

Rizzoli

da Mondadori Libri S.p.A.

ISBN 978-88-17-10525-5

Prima edizione: ottobre 2018
Seconda edizione: ottobre 2018
Terza edizione. novembre 2018

Realizzazione editoriale: Netphilo Publishing, Milano

Introduzione
Il grande incendio

I lampi si susseguono a ritmo sempre più incalzante e non c'è stagione dell'anno in cui l'albero della storia non prenda fuoco. Poi, certo, quella pianta ricomincia a verdeggiare, a vivere, trova nuovo vigore. Ma le fiamme che lo avvolgono con regolare puntualità lasciano in eredità un'immagine di devastazione. È chiaro da dove scaturiscono le scintille: dai fulmini che colpiscono l'intreccio di rami tra passato e presente. Perché sempre di lì? Il presente si modifica in continuazione, e per questo siamo indotti a guardare al passato da angoli visuali sempre nuovi, spesso sollecitati anche dalla scoperta di documenti inediti. Fin qui tutto normale. Ma succede che i «nuovi angoli visuali» inducano a deformare – magari inavvertitamente – il passato stesso.

Qualche esempio di questo tipo di deformazione? Prendiamo gli effetti dell'ondata ormai più che decennale del «politicamente corretto» e proviamo ad analizzarli senza soffermarci sui fatti in sé, bensì cercando di individuare quali possono essere le implicazioni di questo sguardo «nuovo» sul passato. A Essen, in Germania, il museo Folkwang nel 2014 ha annullato una mostra di Balthus accusando l'artista di «pedofilia». Sempre Balthus è stato al centro di una polemica petizione che chiedeva al MET di New York di vietare l'esposizione del suo quadro *Thérèse che sogna*, che ritrae un'adolescente in una posa ritenuta «provocante». In Olanda, il Rijksmuseum di Amsterdam ha deciso a fine 2015 di «ripulire» le targhette dei duecentoventimila quadri posseduti dai termini considerati «inadeguati ai nuovi tempi»: «negro», «nano», «maomettano», «boscimano», «selvaggio», «schiavo», «indiano», «eschimese». Secondo il «New York Times» è stata la prima volta che un museo ha «purgato» le proprie collezioni seguendo uno specifico codice linguistico. Ha raccontato Martine Gosselink, direttrice del dipartimento di storia del museo: «Abbiamo trovato 132 opere la cui descrizione contiene la parola "negro" e cambiare quelle è stato facile; è più difficile con parole come "ottentotti", usata per indicare il popolo Khoi del Sudafrica e che in olandese sta per balbuziente». Facile intervenire sulla targhetta di un ritratto di John Simpson (1827), passando da *Testa di nero* a *Testa d'uomo*. Grande problema per *Betsabea al bagno* di Cornelis van Haarlem, un quadro del 1594 nella cui descrizione si parla di figure «esotiche» perché una delle ancelle è di pelle scura. Quale termine usare al posto di «esotico»? E cosa scrivere al posto di «nano»: «diversamente alto»? Il critico d'arte Jed Perl su «The New Republic» lancia l'allarme: «Una visione illiberale dell'arte sta guadagnando terreno proprio tra il pubblico liberal». No, è soltanto un'invasione del presente nel passato.

Ancora. Gli studenti della Black Justice League di Princeton si sono mossi all'attacco dell'ex presidente degli Stati Uniti Woodrow Wilson che prima di arrivare, nel 1913, alla Casa Bianca, era stato rettore del loro ateneo. Vogliono togliere il suo nome dalle insegne della Scuola di politica e relazioni internazionali perché lo giudicano un «razzista impenitente». Il «New York Times» ha appoggiato la protesta ricordando che Wilson «era un segregazionista che ha riempito la sua amministrazione di segregazionisti». Ma il professor Geoffrey Stone ha così reagito: «Se Wilson deve essere cancellato dalla memoria di Princeton per le sue idee sulla razza considerate offensive, cosa dovremmo fare con George Washington, Thomas Jefferson, James Madison, James Monroe e Andrew Jackson che erano tutti proprietari di schiavi?». Giusta obiezione. Quando il presente invade il passato, chi stabilisce i confini che dovrebbero porre un limite all'invasione?

Lo storico Niall Ferguson ha dichiarato in un'intervista: «Ogni volta che noi professori censuriamo idee ritenute "minacciose" per la nostra tranquillità, tradiamo la missione dell'università che è quella di educare al pensiero critico. Gli alfieri del politicamente corretto sembrano propugnare tutte le forme di diversità tranne la diversità ideologica: non è un caso se il novanta per cento dell'accademia statunitense è dichiaratamente liberal e di sinistra. L'effetto di queste due forme di involuzione fa sì che oggi, in molti atenei americani, sia possibile seguire corsi, per esempio, su "Le emozioni nella letteratura femminile dell'Australia contemporanea" e sia difficile trovarne qualcuno di storia dedicato alla Costituzione degli Stati Uniti, alla Guerra civile o a George Washington». Sacrosanta osservazione.

Il sindacato degli studenti della Scuola di studi orientali e africani di Londra chiede la «decolonizzazione» dell'ateneo e sostiene che «la maggior parte dei filosofi dei nostri corsi dovrebbero venire da Africa e Asia». I «filosofi bianchi» andrebbero studiati «solo se necessario». Qui è evidente che il presente ha debordato.

All'Università di Cambridge, nell'ottobre 2017, è stato affisso un cartello che «avvertiva» gli studenti sui «rischi» che avrebbero potuto correre frequentando lezioni sul *Tito Andronico* di William Shakespeare, che contiene scene di particolare efferatezza. Stessi *warnings* sono stati esposti per corsi su *Il grande Gatsby* di Fitzgerald, sulle *Metamorfosi* di Ovidio, sulle *Baccanti* di Euripide e su un'infinità di altri capolavori del passato. David Crilly, direttore artistico del Cambridge Shakespeare Festival ha obiettato: «Se uno studente di letteratura inglese non sa che *Tito Andronico* contiene scene di violenza, non dovrebbe neppure frequentare le lezioni».

Effettivamente. Persino i libri per bambini finiscono sotto osservazione. Il «Wall Street Journal» ha citato il caso di *A Birthday Cake for George Washington*, in cui il cuoco schiavo del presidente e sua figlia preparano allegramente una torta per il compleanno del padrone, sul quale si è abbattuta la condanna nonostante sia stato scritto da una iraniana, Ramin Ganeshram, e illustrato da due afroamericane. È toccato poi a *A Fine Dessert*, accusato di «riproporre immagini dolorose di schiavi felici» (l'autrice, Emily Jenkins, si è sentita in dovere di fare autocritica per la propria «insensibilità»). Quindi è stata la volta di *There Is a Tribe of Kids* di Lane Smith, «colpevole» di aver messo in pagina bambini che giocano a fare gli indiani. Apparentemente stiamo parlando di quadri, libri, atenei: in realtà sono tutti casi dietro i quali si intravedono i danni provocati dal non aver saputo mantenere il giusto equilibrio tra passato e presente.

Ed eccoci al punto: dietro le apparenze si combatte una battaglia poco limpida come quella per cui gli studenti inglesi dell'Università di Manchester hanno, se così si può dire, «riscritto» la storia della loro letteratura cancellando un murale con la poesia *If* di Rudyard Kipling e sostituendolo con i versi di *Still I Rise* dell'attivista afroamericana Maya Angelou. Kipling è accusato di essere razzista, ma non per il contenuto di *If* bensì per le pagine di un altro suo libro, *Il fardello dell'uomo bianco*.

Eppure sono i versi della poesia a essere stati cancellati dal muro di Manchester. Anche se, come ha fatto notare Luigi Ippolito sul «Corriere della Sera», che altri brani di Kipling (premio Nobel per la letteratura nel 1907) fossero testimonianza di insensibilità morale lo aveva già rilevato nel 1942 George Orwell. Non la si può dunque far passare come una scoperta di oggi.

E passiamo al capitolo su forzature e deformazioni. Persino papa Francesco ha dovuto fare i conti con le controversie generate dall'intreccio tra passato e presente. È del 1998 la beatificazione, da parte di Giovanni Paolo II, di un gesuita nato a Maiorca nel 1713 che, trasferitosi sul continente americano, aveva evangelizzato la California: Junípero Serra. Papa Francesco nel settembre 2015, al termine del viaggio a Cuba, lo ha proclamato santo. Valentin Lopez, presidente della tribù Amah Matsun, sull'onda dell'indignazione ha duramente criticato il pontefice: «Canonizzando Junípero Serra, il Papa avalla e, addirittura, celebra l'uso dell'incarcerazione e della tortura per convertire al cristianesimo gli indiani della California». Secondo Ron Andrade dell'American Indian Commission di Los Angeles, Serra trasformò le missioni in campi di concentramento, portando, in conseguenza del suo operato, a una decimazione della popolazione dei nativi. Cifre che parlano di trecentomila persone nella seconda metà del Settecento, e di sole centomila un secolo dopo. La sua canonizzazione equivarrebbe alla «celebrazione di un genocidio». Papa Francesco ha negato e ha sostenuto che Junípero Serra fu soltanto un grande evangelizzatore.

Talvolta il presente irrompe nel passato ammantato in una toga. È il caso della richiesta di soldi per riparare a qualche torto subito. Sergio Romano sul «Corriere della Sera» si è pronunciato contro i risarcimenti ai Paesi africani per lo schiavismo e ha parlato, per circostanze del genere, di «necessità della prescrizione». «Prima o dopo» ha scritto «giunge sempre il momento in cui i testimoni oculari sono in buona parte scomparsi, quelli chiamati dall'accusa raccontano la loro verità per sentito dire e la documentazione è quasi sempre incompleta. In secondo luogo, nel caso dei reati collettivi imputati a Stati e governi, l'obbligo dell'indennizzo viene attribuito a persone e istituzioni che non hanno alcuna responsabilità. La Francia schiavista era un regno autoritario e, per molti aspetti, feudale. La Francia debitrice sarebbe una repubblica democratica. L'Inghilterra in cui si praticava il commercio degli schiavi non amministrava i suoi contadini irlandesi molto meglio di quanto trattasse i neri comperati sulle coste africane e depositati sulle coste americane. A quando, allora, un processo contro il governo di Londra per la micidiale carestia delle patate in Irlanda fra il 1845 e il 1849? In terzo luogo, il colonialismo e la tratta ebbero storicamente l'effetto di creare nei maggiori Paesi europei movimenti umanitari che portarono all'abolizione della schiavitù. Nel Panthéon di Parigi, dal 1949 è sepolto Victor Schœlcher, autore di una petizione del 1837 sull'abolizione della schiavitù e del progetto di legge del 1848, che ne sancì la fine. Perché la Francia contemporanea dovrebbe essere erede degli schiavisti piuttosto che dei suoi grandi riformatori democratici e liberali?»

Attenti poi a non essere eccessivamente rigidi nell'usare per il passato le categorie del presente. Rosario Romeo, in polemica con il libro *Isonzo 1917* – nel quale Mario Silvestri aveva definito «grotteschi» gli ideali che avevano motivato la Prima guerra mondiale – scrisse che con lo stesso criterio «l'intera vicenda degli uomini» potrebbe «apparire assurda e grottesca». Ma sarebbe «doverosa una generale riserva metodica di fronte al patente anacronismo di giudizi come questi, nei quali ideali, interessi e aspirazioni del nostro presente vengono assunti a criterio di valutazione di epoche e di uomini che non li conobbero e che si mossero invece sulla scia di altri interessi, aspirazioni e ideali». Ecco un giusto rilievo agli sconfinamenti del presente nei territori del passato.

La storia – va detto a questo punto – richiede un grande esercizio di sottigliezza, altrimenti si rischia l'effetto di vedere la storia stessa «capovolta». Mario Vargas Llosa racconta in *La guerra della fine del mondo* di un conflitto civile che scoppiò alla fine dell'Ottocento tra la Repubblica del Brasile e la comunità religiosa guidata dal leader messianico Antônio Conselheiro nello Stato di Bahia. «La causa fu la ribellione di alcuni contadini del Nordest contro la Repubblica, che da loro veniva identificata con il diavolo. Questo generò un malinteso storico in cui l'ideologia ebbe un ruolo fondamentale. Offuscò la coscienza e l'intelletto dei brasiliani più lucidi, dell'intellighentia brasiliana, che aveva voluto la Repubblica. Si mobilitò l'intero Brasile occidentalizzato e moderno in opposizione a questi contadini che credevano di lottare contro il diavolo. I repubblicani pensarono subito che i contadini fossero lo strumento di una cospirazione contro la Repubblica, in cui erano coinvolti i signori feudali e l'Inghilterra. Si trattò di un doppio malinteso: repubblicani che lottavano contro cospiratori stranieri e contro una plutocrazia o aristocrazia nazionale, e contadini che credevano di stare lottando per Dio e contro il diavolo. Ciò provocò una guerra civile che fece quarantamila morti. Un intellettuale, Euclides da Cunha, si schierò con i fanatici repubblicani e scrisse articoli in cui dava per provato che ci fossero ufficiali britannici tra i *yagunzos*, i contadini ribelli. Dopo fece autocritica: "Come abbiamo potuto sbagliare in questo modo, causare una simile tragedia basandoci su una finzione, su un mito?" chiese pubblicamente.»

Se ci immergiamo nel passato liberi da pregiudizi, possiamo accedere a scoperte di grande interesse, individuare elementi utili alla comprensione del presente. Gastone Breccia, in *Lo scudo di Cristo. Le guerre dell'impero romano d'Oriente*, sostiene che «benché sempre più militarizzato, l'impero non divenne mai militarista. Pur costretto a combattere guerre incessanti e a utilizzare fino al 95 per cento delle proprie risorse per le spese belliche, lo Stato romano e cristiano non elaborò mai, a sostegno di questo sforzo immane, un'ideologia positiva della guerra, che rimase il peggiore dei mali, da evitare a ogni costo, facendo ricorso anche alla corruzione o al tradimento, all'assassinio mirato o al pagamento di tributi». «Solo eccezionalmente la guerra venne vista come una "missione" dai connotati religiosi: Eraclio, quando l'impero era sull'orlo della catastrofe, fece appello anche alla fede per respingere un nemico "alieno" al cristianesimo, i persiani.» «La guerra fu sempre, altrimenti, un disvalore, che solo i popoli "barbari" affrontavano con gioia.»

Viviamo in un'epoca in cui il rapporto con l'«altro» è un elemento centrale del nostro quotidiano e del dibattito pubblico. I temi delle migrazioni e della cittadinanza segnano nel profondo il nostro presente. A questo proposito è utile fermarci a riflettere su un precedente di diciannove secoli fa. Nel 212 d.C. l'imperatore Marco Aurelio Antonino, figlio di Settimio Severo, detto Caracalla dal mantello gallico che era solito indossare, estese la cittadinanza romana ai residenti liberi dell'impero, dalla Scozia alla Siria. Mary Beard, nel suo *SPQR*, afferma che fu «una decisione rivoluzionaria che cancellava in un sol colpo tutte le differenze giuridiche tra governanti e governati [...] una delle più vaste concessioni di cittadinanza dell'intera storia mondiale, forse la più vasta in assoluto». La *Constitutio Antoniniana*, detta l'editto di Caracalla, è il più antico precedente della cittadinanza europea. Lo storico Cassio Dione considerò quell'editto come un mezzo per estendere le imposte a un maggior numero di persone. Ma il modello di riferimento di Caracalla era Alessandro Magno.

Guardare al passato scevri da tesi predefinite o giudizi precostituiti ci permette di raggiungere consapevolezze fondamentali per la nostra valutazione del presente. Nel libro *The Great Leveler*, Walter Scheidel fa notare che solo i due grandi conflitti mondiali hanno ridotto le diseguaglianze. In Giappone, per esempio, nel 1937 alla vigilia della Seconda guerra mondiale, l'un per cento della popolazione controllava il venti per cento del reddito complessivo. Nel 1945, dopo la fine del conflitto, quello stesso un per cento possedeva «solo» il sei per cento delle risorse. Non vale lo stesso per le rivoluzioni: «Quando scoppia la rivolta violenta si verifica un effetto immediato; poi pian piano si ritorna agli squilibri, magari in altre forme». E neanche le crisi hanno l'effetto riduttivo sulle diseguaglianze attribuibile ai grandi conflitti; spiegava Scheidel nel 2016: «Oggi le 62 persone più ricche del pianeta hanno a disposizione le stesse risorse di cui "gode" la metà più povera, cioè tre miliardi e duecento milioni di esseri umani». Nel 2010 quelle persone erano 388. «Senza shock violenti non ci sono mutazioni significative nella scala delle differenze economiche.»

Ma come erano secoli fa i rapporti tra passato e presente? Louis-Philippe conte di Ségur, avviato a carriera militare e diplomatica sotto Luigi XVI, sarà ambasciatore straordinario ai tempi della Rivoluzione francese, consigliere di Stato in quelli del Consolato, Gran Maestro delle cerimonie con Napoleone, senatore al momento della Restaurazione. Di lui si occupa, assieme ad altri personaggi, Benedetta Craveri in *Gli ultimi libertini*. Per fissare questo suo ricordo: «Ci prendevamo gioco delle antiche usanze, dell'orgoglio feudale dei nostri padri e della solennità della loro etichetta pur continuando a godere di tutti i nostri privilegi». «Libertà, regalità, aristocrazia, pregiudizi, ragione, novità, filosofia, tutto concorreva a rendere i nostri giorni felici e mai risveglio più terribile fu preceduto da un sonno più dolce e da sogni più seducenti.»

Scopriamo, e avremo modo di incontrarli in queste pagine, casi di clamorosi abbagli laddove si è combattuto in nome del passato. L'operaio Ned Ludd avrebbe cercato di bloccare il progresso distruggendo con il martello due telai meccanici nel corso dei disordini del 1779. Si ebbero poi sommosse in Inghilterra tra il 1811 e 1816 allorché il parlamento britannico revocò una legge del 1551 che proibiva l'uso delle macchine nella lavorazione della lana. Il governo inglese schierò dodicimila soldati e la rivolta fu domata. Poco prima di morire (1824), il poeta George Byron tenne un discorso alla House of Lords in difesa dei luddisti e della tesi secondo cui la tecnologia avrebbe creato disoccupazione. A smentirlo, non in nome del passato ma attraverso l'analisi storica, Robert C. Allen in *La rivoluzione industriale inglese*, in cui ha ampiamente dimostrato che, invece, con l'innovazione tecnica sono vertiginosamente aumentati sia la produttività che i salari. Un altro tema, quello dell'automazione e del rapporto con i livelli di occupazione, che troviamo nelle pieghe del passato e che occupa ampio spazio nei discorsi di oggi.

Altre bizzarrie sono state prodotte dall'uso eccessivamente rigido delle categorie del presente in relazione a quelle del passato. Ad esempio possiamo notare che i roghi dei libri talvolta sono stati opera di quelli che saremmo portati ad annoverare tra i nostri progenitori. Massimo Bucciantini in *Campo dei Fiori. Storia di un monumento maledetto* racconta che a Napoli il 2 gennaio 1865 nel cortile del Salvatore, dove aveva sede l'università, considerata allora covo di hegeliani e bruniani, vennero inaugurate quattro statue di uomini illustri della Campania: Tommaso d'Aquino, Pietro della Vigna, Giambattista Vico e Giordano Bruno. Appena un mese prima Pio IX aveva pubblicato l'enciclica *Quanta cura* (conteneva in appendice le ottanta proposizioni del *Sillabo*, nel quale si respingeva in blocco ogni idea di modernità, comprese quelle del cattolicesimo liberale). La mattina del 7 gennaio, a mezzogiorno in punto, un folto gruppo di studenti si ritrovò ai piedi della statua di Giordano Bruno e lì dette fuoco al *Sillabo*. Qui le fiamme non sono solo metaforiche, ci troviamo al cospetto di una singolare contraddizione: roghi di libri provocati da seguaci di martiri che nei roghi stessi avevano perso la vita.

A volte quel che accade oggi può portarci a guardare a ieri in modo diverso. Le lezioni del presente, ad esempio, possono insegnarci a mostrare maggior apertura mentale verso l'Europa di settantacinque, ottant'anni fa. A capire meglio cosa accadde nella Germania nazista e in quella postnazista. Già Winston Churchill, in una lettera alla moglie datata 1° febbraio 1945, scrisse: «A te lo posso confessare: i rapporti che leggo sulle masse di donne e di bambini tedeschi che fuggono verso occidente in colonne lunghe a volte fino a quaranta miglia, riempiono il mio cuore di sgomento». E ancora non sapeva che dei quindici milioni di tedeschi che fuggivano, due non sarebbero sopravvissuti. Guido Knopp in *Tedeschi in fuga. L'odissea di milioni di civili cacciati dai territori occupati dall'Armata rossa alla fine della Seconda guerra mondiale* descrive alcuni particolari di questo esodo. Come la «marcia della morte delle madri di Breslavia», nel corso della quale morirono in diciottomila, soprattutto bambini, per le bufere di neve sulla Slesia. O dei «figli dei lupi», giovanissimi ragazzi che vagavano nelle foreste della Lituania e avevano disimparato la loro lingua. Václav Havel riconobbe che nei Sudeti era avvenuto qualcosa di simile a una «pulizia etnica». Helga Schneider ha affrontato la questione in *L'usignolo dei Linke.*

Possono indurci, le lezioni del presente, a soffermarci sulla figura di Jan Karski, il «testimone che nessuno volle ascoltare», autore nel 1944 del libro *Story of a Secret State*, pubblicato in Italia con il titolo *La mia testimonianza davanti al mondo.* Karski ha venticinque anni al momento dell'invasione della Polonia (1939), viene catturato dalla Gestapo ma riesce a evadere. Il suo messaggio è: «I tedeschi non intendono asservirci come hanno fatto con i polacchi e con altri popoli. Vogliono liquidarci. Tutti. Ci corre una bella differenza. È questo che la gente non capisce e che noi non riusciamo a far capire. A Londra, a Washington, a New York credono che gli ebrei esagerino, che siano in preda a una crisi isterica». Il 28 luglio 1943 ha modo di incontrare faccia a faccia Roosevelt: «Le domande del presidente erano pertinenti, dettagliate, centrate sui punti più importanti. Fui costretto a precisare, con esempi concreti, che non si trattava di "persecuzioni", ma dello sterminio sistematico dell'intera popolazione ebraica». C'è una targa apposta al monumento che lo celebra, all'esterno del consolato polacco a Manhattan, a due passi dalla Morgan Library. Recita così: «Il primo a informare gli Alleati dell'Olocausto quando ci sarebbe stato forse il tempo per impedirlo».

A comprendere aspetti che anni fa non avremmo potuto cogliere. Uno studio condotto nell'estate del 1946 da un gruppo di psicologi britannici sugli ex lavoratori forzati dell'Europa orientale ospitati nei campi profughi scoprì che molti di loro (forse la maggioranza), anziché essere felici per la libertà riconquistata erano «amareggiati e irritabili». Nessuna gratitudine per i liberatori, anzi una sorta di «complesso della liberazione». Marta Karman, una rifugiata politica che lavorava nel settore britannico, spiegò così questa sindrome: gli internati nei campi di concentramento «si erano quasi convinti che, al momento della liberazione, si sarebbero ritrovati in quello stesso mondo splendido e felice, conosciuto prima della guerra. Avrebbero dimenticato tutte le loro difficoltà, la libertà li avrebbe riportati in un mondo dove nulla era andato per il verso sbagliato, un paradiso in cui tutte le persone erano buone, tutte le mogli amorevoli, tutte le suocere simpatiche, tutti i mariti fedeli e tutte le case belle. Non c'erano disoccupazione, miseria, infelicità. Ma, anziché ritornare in paradiso, con la liberazione si erano ritrovati, in molti casi, in condizioni peggiori di quelle in cui versavano prima. I lunghi periodi di inattività davano loro il tempo per riflettere e vedendo distrutte le loro realtà e le loro speranze in una vita migliore, la maggior parte di loro cercava una via di fuga nell'alcool o nel sesso». Di qui la grande licenziosità nei campi profughi che li accoglievano.

A riconsiderare casi assai dolorosi. In *L'ultimo degli ingiusti* Claude Lanzmann, il regista di *Shoah*, riabilita al termine di una lunga intervista la figura di Benjamin Murmelstein, rabbino di Vienna che nel 1944 divenne decano dello Judenrat (il Consiglio ebraico) del campo di concentramento di Theresienstadt e, a differenza dei due predecessori, non fu ucciso dai nazisti. Dopo la guerra, Murmelstein fu processato dai cecoslovacchi per collaborazionismo. Assolto, provò a emigrare in Israele ma fu respinto. Grazie a lui, secondo Lanzmann, si salvarono centoventitremila ebrei.

In frangenti assai simili si verificarono – come poi vedremo nel corso di questo libro – strani fenomeni di conversioni dell'ultim'ora. Ian Buruma in *Anno Zero* ha raccontato la storia di Ruth Andreas-Friedrich – membro del gruppo di resistenza berlinese Onkel Emil (zio Emil) – che il 15 maggio del 1945, in una Berlino distrutta, affamata, occupata dai russi, annotò sul suo diario: «Febbrile attività politica ovunque. Come se ci fosse una corsa per recuperare dodici anni di tempo perduto. Spuntano come funghi gruppi "antifascisti". Striscioni e manifesti. Cartelli e simboli. A ogni angolo di strada si è formato un qualche gruppo politico. [...] Non tutti questi gruppi antihitleriani hanno una lunga storia di lotta. Per alcuni la resistenza è iniziata solo con la fine di Hitler».

E si possono avere, nell'incrocio tra passato e presente, persino casi di disconoscimento dei propri genitori. Niklas Frank, figlio di Hans Frank che fu governatore nazista della Polonia dal 1939 e fu impiccato il 16 ottobre del 1946 a seguito del processo di Norimberga, oggi parla così di suo padre: «Dovete immaginarvelo come un uomo viscido, dal carattere sfuggente. È stata la sua viltà a condurlo alla forca. Grazie a Dio è stato giustiziato. Sono contrario alla pena di morte, ma per mio padre farei un'eccezione ancora oggi. Almeno, per una volta, ha potuto sperimentare quella paura della morte che ha imposto milioni di volte a persone innocenti. [...] Malgrado le prove schiaccianti presentate nel corso di un lungo processo, mio padre non aveva capito nulla. Malgrado in prigione si fosse fatto battezzare secondo il rito cattolico, anche se avesse avuto un'apparizione di Gesù nella sua cella, è rimasto un tipico tedesco: ostinato, deciso a non vedere, vile e viscido fino alla fine della sua vita. Io disprezzo lui e il suo Gesù tinto di nazionalsocialismo. [...] Sono profondamente invidioso del popolo italiano che, al contrario di quello tedesco, si è sbarazzato personalmente del suo Führer, anche se in modo brutale e in forme contrarie allo Stato di diritto». E sulle colpe del popolo tedesco, durante il processo di Norimberga Hans Frank disse: «Non solo il comportamento dei nostri nemici di guerra nei confronti del nostro popolo e dei nostri soldati – accuratamente tenuto fuori da questo processo – ma anche gli enormi stermini di massa commessi nei confronti di tedeschi, per quello che ho potuto io stesso constatare, soprattutto in Prussia Orientale, Slesia, Pomerania e nella zona dei Sudeti, da parte di russi, polacchi e cechi e che tuttora vengono perpetrati, hanno di fatto già oggi azzerato completamente la colpa del nostro popolo». Strani, drammatici effetti delle fiamme divampate dalle frizioni tra passato e presente.

I

DIETRO LE APPARENZE

La «maschera» di Robespierre

Ridisegnare eventi o figure del passato con gli strumenti del presente può dare luogo a scontri e frizioni. È quello che è successo in Francia nel 2013, quando si pensò di ricostruire la testa di Robespierre come era davvero. Ma quando il lavoro fu ultimato, all'autore della «maschera» fu mosso il rimprovero di aver raffigurato l'«incorruttibile» con «uno sguardo arcigno», una «carnagione butterata» e un «cranio eccessivamente grande». Con l'intenzione appena dissimulata, secondo gli accusatori, di «disprezzare la Rivoluzione», non solo quella del 1789, «ma anche tutte le altre, trascorse e a venire». Un «episodio ai limiti del grottesco» lo definisce Jean-Clément Martin in *Robespierre.* Del resto è più di un secolo che la città natale di Robespierre ha annunciato la costruzione di un museo dedicato al principale artefice della Rivoluzione francese. Museo di cui, però, la prudenza per decenni ha suggerito il perenne rinvio. Persino della posa della prima pietra. È come se, almeno per quel che riguarda Robespierre, «la Rivoluzione non sia ancora terminata». Non si capisce perché, si interroga Martin, si possa tranquillamente discutere «della violenza di Marat, della venalità di Danton o della frivolezza della regina Maria Antonietta» ma, non appena si chiama in causa Robespierre, «subito la sensibilità nazionale viene scossa». I suoi ammiratori non sono nemmeno disponibili ad ammettere che avesse la pelle rovinata. Nel contempo, sulle sue spalle viene addossato – dai detrattori – il pesantissimo fardello dell'intera stagione del Terrore. Tutto ciò è stato frutto dell'astuzia di Bertrand Barère de Vieuzac e di Jean-Lambert Tallien, i quali dopo averlo fiancheggiato e spesso scavalcato nei giorni più sanguinosi, ordirono poi contro di lui la cospirazione del 9 termidoro (27 luglio) 1894, e lo mandarono a morte assieme ad altri 71 «robespierristi». Furono Barère e Tallien ad annunciare che il Paese – in quel momento e per merito loro – si era sbarazzato del «tiranno» e poteva finalmente uscire dalla dittatura. A Barère, a Tallien e ai loro sodali è «brillantemente riuscito», scrive Martin, «il gioco di prestigio di far dimenticare le loro specifiche responsabilità nel Terrore, nonché gli stretti rapporti che avevano avuto a lungo con lo stesso Robespierre».

Tali circostanze colpirono già nel 1824 i fratelli Michaud che diedero alle stampe il trentottesimo tomo della *Biographie universelle*, un'opera decisamente ostile alla Rivoluzione, in cui si spiegava però come non si dovesse cedere alla tentazione di immaginare che Robespierre fosse stato «l'autore di tutti i crimini» addebitatigli. Molte di tali nefandezze le aveva condivise con alcuni di quelli che «dopo aver contribuito a rovesciarlo, si sono presentati, ancora imbrattati del sangue delle sue spoglie, come i difensori della giustizia e dell'umanità». La verità, riconoscevano già due secoli fa i fratelli Michaud, è che – «similmente a quegli animali impuri che alcuni popoli dell'antichità caricavano delle nequizie di una nazione intera» – Robespierre è stato ingiustamente ritenuto, dopo la sua decapitazione, responsabile non soltanto dei crimini perpetrati con la correità dei componenti dal Comitato di salute pubblica ma «persino di quelli commessi dai suoi nemici». Tutto questo Martin lo ha ben chiaro. Il comandamento a cui ha deciso di obbedire è stato, di conseguenza, quello di sottrarsi alla disputa tra ammiratori e denigratori del rivoluzionario francese. E di esaudire la richiesta che fu di Marc Bloch: «Robespierristi, anti-robespierristi, vi supplico con umiltà, limitatevi a dirci chi fu Robespierre!».

Per riuscire così a rispondere a una fondamentale e ineludibile domanda: come è mai possibile che un uomo la cui esistenza si riduceva a pochissimo, che «visse senza denaro», che «non disponeva di relazioni importanti», che «mai ottenne poteri eccezionali», sia riuscito a conquistare un ruolo tanto cruciale? Il fine è quello di comprendere «come e perché gli elementi della sua breve vita abbiano potuto favorire la costruzione di quella mostruosa impalcatura che lo ha seppellito e al tempo stesso reso immortale». Cosa che, fa notare Martin, «non ha invece avuto luogo per nessun altro dei suoi contemporanei, neppure per quelli che gli furono vicini, fossero amici o avversari».

Il saggio di Martin è molto accurato e ricco di notazioni intelligenti nel descrivere la «carriera rivoluzionaria» di Robespierre. Ma di ancor maggiore interesse è la parte del libro che prende in esame la fase iniziale della sua vita. Non ha alcun senso – scrive l'autore – far risalire il suo carattere a quanto accaduto nell'infanzia e nella giovinezza. È sbagliato fissarsi, come Max Gallo, sulla «solitudine» infantile del rivoluzionario. È vero: Maximilien de Robespierre nacque a metà Settecento (1758) da un matrimonio contrastato; fu orfano di madre a sei anni e poco dopo venne abbandonato dal padre; rimase solo e poi fu un povero studente a pensione, rinchiuso in un collegio di Parigi; quindi fu «un avvocato che vivacchiava in una provincia poco accogliente». Ma, fa notare Martin, anche Napoleone Bonaparte fu orfano di padre, anche Georges Danton e Jean-Jacques Rousseau ebbero un'infanzia travagliata, anche il padre dello stesso Rousseau e quello di Jean-Paul Marat si dileguarono quando i loro figli erano ancora piccoli. E va ricordato che all'epoca almeno un bambino su dieci perdeva il padre o la madre nei primi dieci anni di vita. Capitò a Jacques-René Hébert, a Jérôme Pétion. Joseph Fouché il padre lo perse a dodici anni.

La Chiesa fu, in compenso, generosa con lui. Robespierre studiò nel collegio religioso di Arras grazie a una borsa di studio dell'abbazia di Saint-Vaast assegnata direttamente dal vescovo riformatore monsignor de Conzié. Soldi per la sua formazione ottenuti per i buoni uffici di due sue zie. La leggenda vuole che, in virtù dei suoi successi scolastici, sia stato scelto nel 1775 per pronunciare, in nome del collegio in cui studiava, un omaggio al giovane Luigi XVI. Ci sono dipinti che lo raffigurano inginocchiato sotto la pioggia ai piedi della carrozza del re. Ma si tratta appunto di una voce tramandata. Il suo più recente biografo, Hervé Leuwers, non ha trovato tracce archivistiche che garantiscano l'autenticità dell'aneddoto. Nel marzo del 1782, a ventiquattr'anni, Robespierre fu nominato giudice della corte vescovile di Arras. Precoce: il che «attesta una volta di più che egli poteva contare sulla protezione del vescovo e su una potente rete familiare», scrive Martin. E non fu affatto un «avvocato senza cause e senza successo» come più volte è stato scritto. Tra il 1782 e il 1789 patrocinò in media dai dodici ai ventiquattro procedimenti (uno o due al mese) davanti al Consiglio d'Artois, intervenendo in una ventina di udienze l'anno. A queste, scrive Martin, vanno aggiunte «alcune cause patrocinate presso altre giurisdizioni locali e le funzioni esercitate con l'incarico di giudice della Camera episcopale, che lo portarono a inviare al patibolo un assassino». Esperienza che lo avrebbe «segnato profondamente».

La ricostruzione di Martin è molto scrupolosa. Si scopre che Robespierre, divenuto negli anni che precedettero la Rivoluzione direttore dell'accademia di Arras, era assai meno «irrequieto» di un Marat o di un Brissot, «uniti nella denuncia dei pregiudizi nel rifiuto dei salotti, nella contestazione delle gerarchie». Che lui, a differenza di molti altri futuri rivoluzionari, frequentava i salotti e «piaceva in società». Che non fu mai affiliato alla massoneria. Che era «un cantante scadente ma un discreto ballerino». Che scrisse versi ritenuti da Henri Guillemin di «nullità poetica, ma di buona fattura». Era insomma «un giovane uomo alla moda». Lo studioso affronta poi il tema, più volte analizzato, della «castità insolita, addirittura inquietante» di Robespierre, il quale oltretutto aveva fin da bambino «un'autentica passione per il ricamo». L'epoca era certamente segnata «dagli appetiti sessuali di un Mirabeau o di un de Sade, o anche di Danton, ma la libertà di costumi non era in generale diffusa». Marat confessò di non aver avuto rapporti sessuali prima di aver compiuto i ventun anni. Carnot, fallito nell'intento di sposare una ragazza di Digione corteggiata a lungo, si sposò a trentotto anni. L'astinenza «non era poi così eccezionale in un tempo in cui bisognava essere sistemati per costruire una famiglia e le statistiche ci ricordano che l'età media di un uomo al matrimonio era attorno ai ventisette anni».

E il sangue versato nella fase conclusiva della Rivoluzione? Dopo anni di ricerche, scrive lo storico, non si può che giungere a un'unica conclusione: è sbagliato indicare Robespierre come il solo responsabile della violenza rivoluzionaria dal momento che, al di là delle testimonianze interessate, «niente negli archivi come nella memorialistica permette di affermarlo». Fu senza dubbio «tra coloro che inventarono la rivoluzione», ma lo fece «come tutti senza esserne pienamente cosciente, il più delle volte senza dominarne gli sviluppi e ancor meno le conseguenze». La sua peculiarità consiste nel fatto di esser divenuto – come si diceva – un capro espiatorio, e soprattutto di essere servito a dare una spiegazione «della svolta più significativa della rivoluzione». In questo non è del tutto solo. I Girondini e, «anche se a minor titolo», gli Hébertisti (gli «esagerati», seguaci di Jacques-René Hébert), oppure Georges Danton, ma soprattutto Jean-Baptiste Carrier «che raggiunse Robespierre nell'obbrobrio», sono stati «tutti gettati in pasto alle belve quando l'urto dei partiti e delle fazioni lo richiese». Robespierre «subì però la cosa nel momento più difficile, fu subito confuso con un sistema, quello del Terrore, inventato per l'occasione» e, «tramite una propaganda spudorata», lo si rese «colpevole delle peggiori atrocità». Certo, riconosce lo studioso, «la sua personalità vi si prestava». L'uomo privato «si era dissolto in un astratto spazio pubblico, quello delle tribune e dei discorsi». Non era stato – a dire il vero – un «cospiratore e un manipolatore» come Mirabeau, neppure un leader d'opinione come Brissot e non aveva «nessuno dei tratti eccessivi di Danton»; non aveva neppure la «capacità politica» di Barère, Vadier, Carnot oppure Fouché, tutti disponibili al compromesso e «pronti, all'occorrenza, a farsi dimenticare». Insomma il 9 termidoro «la corona di spine non gli venne posta sul capo a caso». Molto più di altri «aveva assunto un atteggiamento sacrificale, raccoglieva consensi, faceva temere di puntare a una magistratura suprema», ma «non disponeva di una precisa linea politica». Sapremo mai, si domanda Martin, quali furono davvero le sue intenzioni in quei quattro anni di rivoluzione? «Sicuramente no» risponde lo storico. No, dal momento che «non è affatto sicuro che avesse una chiara idea delle cose». Ma, aggiunge lo storico, non è che i suoi amici, poi divenuti suoi avversari, ne avessero una migliore. Così, la manovra che scatenarono contro di lui sfuggì loro di mano e provocò quell'onda d'urto che rafforzò e finì per fissare l'immagine di Robespierre, dimostrando una volta di più due cose fondamentali. La prima è che spesso (quasi sempre) «gli uomini non hanno alcuna idea della storia che stanno producendo». La seconda: quanto sia inutile oltreché falso attribuire a un individuo soltanto chiunque sia – Robespierre in questo caso – «un ruolo eccezionale».

Nei giorni che portarono alla destituzione e alla decapitazione del principale protagonista della Rivoluzione francese, le cose, secondo Martin, furono molto più banali di quanto si creda. Non ci fu «enigma, né trascendenza, né abominio demoniaco»; solo «giochi politici e politiche urgenze, rivalità tra uomini e drammatiche difficoltà di uno Stato in guerra». Ci fu soprattutto «la tradizionale alternanza di momenti di forza e momenti di debolezza che scandiscono la vita dei grandi protagonisti della storia». Ne vien fuori una ricostruzione assai più convincente di quelle tradizionali. Siano state esse simpatizzanti o grondanti ostilità nei confronti di Robespierre.

Gioacchino Murat, primo «monarca» italiano

Il francese Gioacchino Murat ha da sempre trovato un posto di primo piano nel ristretto elenco delle grandi personalità a cui va il riconoscimento per aver, nei decenni precedenti all'Unità d'Italia, dissodato il terreno su cui sarebbe cresciuta la pianta del nostro Risorgimento. Murat aveva quarantuno anni allorché, nel 1808, suo cognato Napoleone (aveva sposato sua sorella, Carolina) lo collocò sul trono di Napoli. Da quel momento si comportò non già come un proconsole napoleonico ma come un re italiano. E proprio per approfondire questo aspetto, Renata De Lorenzo gli ha dedicato un libro, *Murat*. Il volume – dopo un'accurata analisi della sua carriera dai tempi della Rivoluzione a quelli del Direttorio e poi, come brillante generale, al seguito di Napoleone – si sofferma, appunto, sul suo esser stato un «italiano» ante litteram. Prima di lui, il trono di Napoli era stato occupato – per due anni, 1806-1808, con discreti risultati – da Giuseppe Bonaparte, fratello dell'imperatore, che nel 1808 era andato poi a occupare il trono spagnolo in sostituzione di Carlo IV di Borbone. In che momento Murat diviene un propugnatore della «causa italiana»? Secondo gran parte degli storici, la svolta è da collocare nell'ottobre del 1813, quando è a Milano dopo il disastro della campagna di Russia (a cui Murat aveva preso parte distinguendosi con brillanti operazioni militari) e la sconfitta di Napoleone a Lipsia. Ma De Lorenzo retrodata la «conversione italiana» al 1809, ai contatti che a Roma, dove i francesi erano appena entrati decretando la fine del potere temporale dei papi, aveva avuto con ambienti franco-massoni. Personaggio chiave di questa svolta è il duca Paul François de Quelen de La Vauguyon, «espressione di ambienti sensibili alla tematica indipendentista», il quale lo convince a mettersi a capo di un progetto di liberazione e unificazione della penisola. E a La Vauguyon verrà affidato il comando di una divisione napoletana con l'incarico di impadronirsi degli Stati romani. A un tempo, alla fine del 1813, Murat prospetta a Napoleone la disponibilità di trentamila uomini del suo esercito per rimpolpare le truppe imperiali; a patto, però, che a lui spetti il comando supremo in caso di riunione con le truppe di Eugenio di Beauharnais, viceré di Milano. Nello stesso momento, sollecitato in tal senso da Carolina, Murat tratta segretamente con austriaci e inglesi la diserzione dal campo napoleonico. L'incontro con La Vauguyon, scrive De Lorenzo, «comincia a produrre i suoi effetti; in un'Italia sbandata dopo la sconfitta della Francia, nel diffuso clima antiaustriaco, Gioacchino si invaghisce del ruolo di liberatore, con una partecipazione che tende a giustificare, tramite l'ammanto ideologico, la sua fondamentale preoccupazione: conservare il regno e magari ampliarlo». «Italiano!», sì, ma solo perché ciò gli serve a conservare ed eventualmente ampliare il potere.

Tra la fine di novembre e la metà di dicembre di quel 1813, per recuperare Murat, Napoleone invia a Napoli l'uomo che considera più adatto a questo genere di missioni: l'ex ministro di polizia Joseph Fouché, nominato per l'occasione Commissario generale d'Italia. Scrive Fouché che quella di Gioacchino è una «monarchia vacillante»; dirà poi che Murat gli appariva come politico «di grande coraggio e poco carattere; nessun grande personaggio del momento lo superava nel ridicolo della parure e nell'affettazione della pompa». Quanto alla corte di Napoli, secondo il duca d'Otranto era luogo «in cui la politica non era che astuzia, galanteria della dissoluzione e la rappresentazione esterna una pompa teatrale». «Mi ritrovai» prosegue Fouché «come Platone alla corte di Dionigi; dopo il mio arrivo fui assalito da intriganti delle due nazioni, fra i quali sotto una maschera di una sorta di ingenuità riconobbi alcuni emissari di Parigi.» Nonostante ciò, l'ex ministro comprende le ragioni di Murat e imputa a Napoleone, al suo non voler conferire al cognato la dignità che questi richiede, la causa dell'allontanamento del re di Napoli dall'imperatore. A Napoli, scrive, «la parola indipendenza ha acquistato una virtù magica». È una piccola grande rivelazione.

A questo punto, Gioacchino, influenzato dai carbonari e sulla base di un'ipotesi condivisa da Fouché, suggerisce a Napoleone la creazione di due regni in Italia, uno a nord del Po di cui sarebbe stato re Eugenio e uno a sud guidato da lui stesso. Il tutto dopo una sollevazione dell'Italia intera contro gli austriaci. Napoleone però esita. E il 31 dicembre del 1813 giunge a Napoli l'inviato del cancelliere austriaco, Adam Albert von Neipperg, con la proposta di un trattato di alleanza che Gioacchino firmerà in un battibaleno, l'8 gennaio del 1814. Murat giustifica il tradimento in nome dell'indipendenza dell'Italia. La reazione del popolo è entusiasta: il re viene acclamato per le strade, al Teatro San Carlo l'inviato di Vienna è applaudito con grande calore. In quel momento Murat, scrive Renata De Lorenzo, appare a molti «il personaggio ideale per incarnare la complessità del discorso nazionale: sensibile da giovane alle idee giacobine, sembra riproporre un clima in cui il patriottismo ha una valenza ancora incerta tra l'amore del luogo nativo e l'ostilità al potere regale»; ma viene ritenuto «anche capace, nel 1814-15, di andare oltre, di guardare alla nazione e all'Italia unita». L'esperienza del Triennio repubblicano in Italia (1796-99) aveva reso il termine «patriota» qualcosa di non ben definito, a tratti abusato, ma «capace di catalizzare energie come nessun'altra definizione di quell'epoca». Una volta sciolto l'equivoco che quello di Murat fosse patriottismo «francese» in terra italiana, «occorreva caricare al termine la responsabilità di gestire la "patria" contro la Francia e contro l'Austria». Oltretutto in quelle stesse settimane appelli all'indipendenza e all'italianità venivano dal mondo austriaco (in funzione antifrancese) e da quello britannico.

Nel passato militare di Murat è possibile individuare atteggiamenti ostili alle stesse rivendicazioni indipendentistiche e unitarie ora cavalcate, come nella persecuzione dei profughi cisalpini, romani, napoletani dopo il Triennio, o nella discriminazione dei delegati italiani ai Comizi di Lione. Come comandante dell'Armata francese in Italia, si era opposto (al fine di screditarlo agli occhi di Napoleone) alla politica «nazionale» di Melzi, ed era sospettato di aver avuto un ruolo determinante nell'uccisione del duca di Enghien. Ma era anche il giacobino appassionato e insieme il traditore della Rivoluzione, il massone che poi aveva perseguitato i carbonari e successivamente aveva chiesto il loro appoggio, colui che non aveva applicato la Costituzione di Baiona e in extremis era pronto a vararne una tutta sua. All'epoca tali personaggi venivano definiti «girouette».

Nel 1815 fu pubblicato in Francia da Alexis-Blaise Eymery il *Dictionnaire des girouettes* in cui venivano raccontati e derisi i grandi e piccoli voltagabbana dell'epopea rivoluzionaria e napoleonica. Anche Murat?

Secondo Renata De Lorenzo, Murat non merita di essere considerato una banderuola. La sua personalità chiede «di essere letta all'insegna di una valutazione storiografica non condizionata da valori etici ma interessata alla congiuntura, al cambiamento delle idee, degli interessi e delle passioni, al significato più ampio dell'opportunismo e del doppio gioco». Vale a dire di tutto ciò che è obbligatorio fare per restare al potere. La psicologia dei protagonisti «nei momenti di crisi politiche, cambiamenti di regime e rivoluzioni, non è solo un aspetto del privato»; e nel caso di Murat «più che la mancata fedeltà a colui che lo aveva fatto re, contano la volontà e la possibilità di cambiare, sia nei rapporti privati che in quelli pubblici». Del resto tra il 1789 e il 1815 «mutamenti continui e importanti non consentono di valutare gli individui in base ai parametri della coerenza». In particolare negli anni 1814-16 la Francia conosce ben quattro cambiamenti di regime e l'Italia si trova in uno stato di permanente instabilità; coloro che si sono dati alla politica «devono» adattarsi. Così, volta per volta, Gioacchino si trova a essere re legittimo o usurpatore. La diade usurpazione-legittimità è, all'epoca, in perenne movimento; l'iniziale valenza denigratoria del primo termine «si spegne progressivamente per trasformarsi nel suo opposto, espressione conseguente di un mondo costantemente basato su compromessi e visioni ibride o sfuggenti». A tutti, in quel momento storico, capita di essere trattati da illegittimi o da usurpatori. Lo stesso Bonaparte è, secondo Benjamin Constant, un governante rivoluzionario, per sua natura privo di legittimità, costretto a una guerra permanente. L'unica che poteva conferire legittimità al suo potere.

Il 17 gennaio del 1814 Murat lancia un proclama agli abitanti della penisola per avvertirli dell'imminente campagna verso il nord e il 19 si impadronisce di Roma dove è accolto trionfalmente. Napoleone reagisce con stizza: ordina alla Marina imperiale di attaccare la flotta napoletana, richiama il suo ambasciatore da Napoli e chiede a tutti i francesi presenti nella capitale partenopea di rientrare in patria. Per disturbare il cognato, libera addirittura Pio VII, fino a quel momento tenuto prigioniero a Fontainebleau. Ma Murat non si piega. Risale l'Italia: è a Firenze, Livorno, Pisa, Lucca e, infine, a Bologna. Di qui scrive una lettera a Eugenio, insidiato dagli austriaci, spiegandogli che fa quel che fa per salvare il trono napoletano e che non è sua aspirazione quella di scontrarsi con l'esercito franco-italiano. Gioacchino, sostiene Renata De Lorenzo, in realtà è antagonista del Beauharnais «per un possibile progetto italiano-francese, ed è in ciò sostenuto dai suoi collaboratori, dal generale Pino al principe Francesco Pignatelli Strongoli». In una lettera a Fouché formula contro Eugenio varie accuse e ricorda antichi rancori. Ma quando sul fiume Taro attacca lo schieramento franco-italiano del generale Filippo Severoli, ha qualche esitazione: a sera non ordina di inseguire le truppe, che possono ritirarsi in buon ordine; né accetta di attaccare Piacenza come gli suggeriscono molti dei suoi. Sotto il manto di una guerra tra grandi Stati europei, «si combatte anche una guerra civile italiana, ideologica e militare, proprio mentre da più parti, con diversi scopi, si formulano progetti di indipendenza e unità». A questo punto Napoleone cede e ordina a Eugenio di mettersi in contatto con Gioacchino, che pure il Bonaparte odia e definisce «straordinario traditore», perché giunga a un accordo sulla base della menzionata ipotesi murattiana della divisione dell'Italia in due regni. La reazione di austriaci e inglesi è indispettita: Metternich si infuria; il 14 marzo Lord Bentinck, per spiazzare Murat, lancia addirittura un proclama agli italiani chiamandoli a liberare la loro patria. Contro Murat. In aprile Napoleone, sconfitto dagli austro-prussiani, abdica e va in esilio all'isola d'Elba; a Parigi, Luigi XVIII di Borbone torna sul trono dei suoi avi. Murat salva la corona di Napoli e però perde tutte le recenti conquiste. Ma Metternich e Talleyrand (sopravvissuto a Napoleone) si mostrano propensi alla restaurazione borbonica sul trono di Napoli. Reputano che Murat non serva più. È evidente che il suo tradimento del 1814 non ha pagato.

Trascorrono pochi mesi e il 1° marzo del 1815 Napoleone, fuggito dall'Elba, torna in Francia e sbarca a Golfe-Juan da dove rientra a Parigi. Il re Borbone scappa. È l'inizio dei cento giorni (20 marzo – 8 luglio 1815). Quando la notizia giunge a Napoli, Murat riprende a coltivare il suo sogno. «Si sente sicuro che gli italiani, in ogni zona della penisola, lo accoglieranno come il loro liberatore» scrive De Lorenzo «per cui non ascolta né Carolina, sempre convinta dell'alleanza con l'Austria, né il generale Angelo D'Ambrosio, che considera perdente avvicinarsi a una Francia concentrata in questo momento sulla sua salvezza e non su quella dell'Italia.» E non ascolta neanche i consigli del ministro della Giustizia Francesco Ricciardi o del generale Carlo Filangieri («timorosi di un isolamento rispetto all'Europa, dal momento che l'atteggiamento del sovrano sarebbe stato visto come un ulteriore tradimento») e neanche quelli del generale Pietro Colletta il quale gli dà il suggerimento di pazientare e di restare in equilibrio tra Francia e Austria. In pratica tutti i suoi lo supplicano di restare alla finestra. Ma Murat, già dopo l'ingresso del Bonaparte a Lione – cioè ben prima che Napoleone giunga a Parigi – si schiera apertamente al suo fianco. Concentrandosi però sul «programma italiano»: fa diffondere a Roma manifesti patriottici e ordina a due divisioni napoletane di entrare nello Stato Pontificio da dove Pio VII si allontana per rifugiarsi sotto la protezione inglese. Il 16 marzo Gioacchino lascia Napoli nelle mani di Carolina e il 18 dichiara guerra all'Austria tuffandosi in un'impresa che già da subito si profila fallimentare. Attraversa Roma che lo accoglie nuovamente come un trionfatore, stabilisce il quartier generale ad Ancona e il 30 marzo è a Rimini da dove lancia il suo celeberrimo proclama agli italiani, con il quale li esorta a scacciare gli stranieri e a combattere al suo fianco.

Il giudizio di Renata De Lorenzo sul proclama di Rimini è articolato. «Risultano limiti di credibilità, di coerenza con il passato e con il presente dell'uomo, vago in merito alle promesse costituzionali, che aveva ben evitato di attuare negli anni precedenti; si riscontrano prese di posizione a favore di antichi nemici, come gli inglesi; questioni di stile e di argomentazioni ideologiche fanno inoltre di quel proclama un prodotto riportabile alla ristretta cerchia dei suoi amici» scrive. Eppure, aggiunge, «il documento suscita passioni che non sono opere e armi, azioni concrete come avrebbe notato Colletta, ma hanno un potere mobilitante più sul lungo periodo che nell'immediato». Il proclama di un francese diventa così il primo manifesto del Risorgimento italiano. E la battaglia di Tolentino contro gli austriaci (2 e 3 maggio 1815) diventa per tutti qualcosa di più di un semplice combattimento. «Entra nel mito, fino a essere annoverata tra le battaglie del Risorgimento, anzi la prima battaglia per l'indipendenza italiana» scrive De Lorenzo.

Nella battaglia di Tolentino, Murat ha un numero altissimo di morti; il suo esercito rientra a Napoli inseguito dagli austriaci e nel corso della ritirata vengono uccisi o catturati (alcuni disertano) metà dei suoi uomini. Il 18 maggio 1815 Murat è a Napoli per l'ultima volta, in una città minacciata dal mare dai cannoni inglesi. Adesso il re concede la Costituzione. Ma è tardi. Murat deve lasciare. Carolina, ormai in aperto e definitivo dissenso con il marito, trova ospitalità (in cambio di tutti i gioielli della corona) su una nave inglese da dove può udire l'esultanza del popolo napoletano per l'ingresso in città di Ferdinando IV di Borbone, ultimo sovrano d'Europa a tornare sul trono. Murat fugge, su una piccola barca, a Ischia. La sconfitta, scrive Renata De Lorenzo, «rivela il carattere effimero, occasionale dei mille momenti di acclamazione pubblica e adulazione privata che avevano contraddistinto il suo regno». Emerge «la contraddizione del dono fatto dal cognato: senza la garanzia per quanto invadente e oppressiva, dell'esistenza di Napoleone, Murat sembra non rappresentare nulla, non essendo sufficientemente carismatico da poter gestire un suo spazio di duraturo consenso». Il 25 maggio Gioacchino è a Cannes da dove chiede a Napoleone di aiutarlo. Fouché intercede per lui e cerca di riabilitarlo con articoli fatti pubblicare su «L'Indépendant» e «L'Aristarque». Ma il cognato non ne vuol sapere: ormai non vuole neanche sentirne parlare (nelle memorie che detterà a Sant'Elena sosterrà addirittura che Murat era stato l'artefice delle sue sciagure). Siamo a tre settimane dalla battaglia di Waterloo (18 giugno) e anche per coloro che sono rimasti a fianco di Napoleone non è tempo di pensare a Murat, al quale dall'imperatore viene per di più mosso il rimprovero di aver attaccato gli austriaci senza il consenso di Parigi. Dopo la sconfitta di Waterloo è evidente che tutto è finito. Murat si rifugia in Corsica. Da Ajaccio tenterà di raggiungere Trieste dove nel frattempo ha trovato riparo Carolina. Metternich in persona e per iscritto gli ha offerto un rifugio tra Boemia, Moravia e Austria, con la possibilità di cambiare nome ed essere munito di passaporto austriaco. Una fregata inglese lo avrebbe portato a Trieste. Gioacchino rifiuta. Vuole andare per conto suo. Prende il mare il 28 settembre, ma l'8 ottobre il comandante del battello lo costringe ad attraccare e a scendere a Pizzo Calabro per fare rifornimento. L'accoglienza dei suoi ex sudditi stavolta è fredda. Sulla strada per Monteleone in molti lo inseguono minacciosi guidati dal capitano di gendarmeria Trentacapilli, vecchio guerrigliero filoborbonico e antimurattiano i cui fratelli erano stati impiccati come briganti. Murat viene catturato, processato sommariamente e immediatamente fucilato. Rifiuta di sedersi, di farsi bendare gli occhi e di dare le spalle al plotone; anzi tenendo in mano il ritratto della moglie, dà egli stesso l'ordine di aprire il fuoco. Il suo corpo rimarrà lì, tumulato nella chiesa di San Giorgio a Pizzo.

Renata De Lorenzo riferisce la versione secondo cui Murat fu attirato in una trappola ordita da Ferdinando di Borbone. Nella corrispondenza tra il commissario imperiale Franz Joseph von Saurau e il tenente generale Franz von Koller si trovano tracce di tale congiura: all'ex re sarebbero state date assicurazioni di una qualche libertà di movimento in Calabria e questo spiegherebbe l'ingenuità del suo comportamento. Ferdinando temeva che quel sovrano insediato da Napoleone fosse ancora in grado di rivoltargli contro una parte dei suoi sudditi e (forse) volle approfittare di quel frangente per farlo fuori una volta per tutte, in condizioni che ne ledessero il mito. Ed effettivamente l'accoglienza ostile a Murat del popolo di Pizzo fu usata per decenni a indicare l'estraneità delle popolazioni meridionali a ogni avventura rivoluzionaria.

Ma il mito di Murat sopravvisse ugualmente alla sua morte. Anche perché Ferdinando seppe sfruttarne l'eredità. Per tentare un bilancio del regno di Murat è opportuno ricorrere a chi avrebbe avuto tutto l'interesse a denigrarlo. Ad esempio quel Tito Manzi di cui si occupa Marco Meriggi in *Gli Stati italiani prima dell'Unità*. Ai tempi di Murat, Manzi era stato un influente esponente del Consiglio di Stato del regno di Napoli, poi – negli anni della restaurazione borbonica – si era messo al servizio di Metternich che lo aveva usato per raccogliere informazioni sul granducato di Toscana, sul principato di Lucca, su una parte dello Stato pontificio e sul regno delle Due Sicilie. Nello stesso periodo, Diego Guicciardi e Antonio Mulazzani, anche loro ex simpatizzanti di Napoleone, avevano accettato di svolgere un'uguale missione sempre per conto del cancelliere austriaco. Ma i tre – che pure accettavano di essere pagati da Metternich – avevano posto la condizione di «poter dire la verità», di non essere «impiegati contro l'Italia» e di non essere «messi in contraddizione» con la loro «vita passata» (Manzi). E il cancelliere non solo accettò ma gradì quell'aut aut come prova del non essere quegli informatori dei manipolatori della verità. Meriggi riferisce di quanto i rapporti dei tre fossero, di conseguenza, spregiudicati e di come si esprimessero in modo sprezzante nei confronti dei regimi operanti in Italia sotto la tutela austriaca. In particolare furono coraggiose le relazioni di Tito Manzi che attribuiva il primato negativo nell'era postnapoleonica al piccolo principato di Lucca. A sorpresa però lo stesso Manzi salvava il governo borbonico «per il buon motivo che gli pareva il più coerente erede delle innovazioni introdotte nel regno meridionale in età napoleonica». «L'intero sistema amministrativo di Murat» scriveva Manzi a Metternich nel 1822 «s'era [nel 1816] salvato come per miracolo da quel naufragio universale [la caduta definitiva del Bonaparte], che aveva inghiottito tutte le istituzioni, buone o cattive, che il governo francese aveva precedentemente introdotto.» I Borbone tornati sul trono avevano fatto di più: non solo avevano mantenuto l'ordinamento murattiano nel Mezzogiorno continentale, ma nel 1818 l'avevano esteso anche alla Sicilia: «È veramente e solamente dopo queste innovazioni che i Borboni sono divenuti re di Sicilia, dopo essere stati sino a quel momento null'altro che i maggiori e più potenti feudatari di quest'isola». Curioso destino: da morto, Murat riuscì a prendersi la più clamorosa delle rivincite sul re che lo aveva fatto uccidere. E a consacrarsi quasi come un modello di monarca italiano.

Il giovane Gramsci nemico di Giovanni Giolitti

La ricerca storica ci permette anche di ripercorrere le tappe nell'evoluzione di un pensiero politico. Di evidenziare trasformazioni e contraddizioni. Alla fine di giugno del 1911, Antonio Gramsci prende la licenza liceale a Cagliari. A ottobre si trasferisce a Torino dove si iscrive all'università. I suoi studi (aveva dato meno della metà degli esami previsti) si interromperanno nella primavera del 1915 al momento in cui decide di dedicarsi a tempo pieno alla politica. Ma la decisione di iscriversi al Partito socialista italiano l'aveva maturata già alla fine del 1913. Il suo più grande amico all'epoca è Angelo Tasca, a fianco del quale vivrà l'intera stagione iniziale della sua vita, dall'esperienza socialista a quella comunista. La sua prima uscita pubblica nel settimanale «Il Grido del popolo» è però di critica a Tasca per aver, quest'ultimo, condannato con toni eccessivamente radicali la svolta interventista di Benito Mussolini (ottobre 1914). A suo avviso Mussolini non ha torto, dal momento che la politica di preparazione rivoluzionaria del proletariato può trarre vantaggio dall'intervento italiano nella guerra contro gli Imperi. Successivamente sarà tentato di collaborare al «Popolo d'Italia», il nuovo giornale di Mussolini, ciò che gli verrà rinfacciato dal sindacalista Mario Guarnieri nel '21, al momento della fondazione del Partito comunista. Un curioso debutto su cui si sofferma Leonardo Rapone nel capitolo iniziale di *Cinque anni che paiono secoli. Antonio Gramsci dal socialismo al comunismo (1914-1919).* Rapone sostiene che considerare quella presa di posizione filomussoliniana di Gramsci come un «mero incidente di percorso» o «un'acerba esercitazione giovanile» è un modo di far torto alla sua già complessa personalità degli inizi.

Quel Gramsci ai primordi è un ragazzo colto che interviene in tutti i dibattiti dell'epoca. Condanna come «intorbidante» l'anticlericalismo dell'«Asino» di Guido Podrecca, saluta con entusiasmo la beatificazione di Giuseppe Benedetto Cottolengo. Combatte alcune sue piccole e grandi battaglie contro i gesuiti, contro la massoneria (ma nel '24, con l'unico discorso che tenne a Montecitorio da deputato comunista, si pronuncerà contro il decreto mussoliniano di messa fuori legge della stessa), contro la bestemmia, contro il commercio al minuto («medievalismo economico»). Si pronuncia contro l'adozione dell'esperanto come lingua unica che, secondo i suoi compagni di partito, dovrebbe giovare alla comprensione tra i popoli. Si schiera contro il gioco del lotto. A favore del calcio («un modello della società individualistica, vi si esercita l'iniziativa ma essa è definita dalla legge»). A favore dello scoutismo «officina del carattere», ma solo nella versione inglese di sir Robert Baden-Powell. Più in generale è affascinato da tutto ciò che riguarda l'Inghilterra. Nello stesso tempo disprezza la borghesia italiana «arruffona, senza una cultura, senza una idealità» così come da una celebre lettera di Engels a Turati del 1894.

Ha in grande antipatia i socialisti riformisti: Claudio Treves, Filippo Turati. È, invece, un grande ammiratore di Gaetano Salvemini, lettore della sua rivista «L'Unità», e fa parte del gruppo di giovani socialisti che nel '14 gli propongono di candidarsi come indipendente nel Psi, partito che aveva lasciato polemicamente qualche anno prima. Lo è ancor più di Giovanni Amendola del quale apprezza i toni di deprecazione («L'Italia come oggi è non ci piace» aveva scritto Amendola su «La Voce» nel dicembre del 1910). Stima Giuseppe Prezzolini e Giovanni Papini. Ma apprezza anche Giovanni Gentile al quale, quando l'Università di Torino nel 1914 gli negherà la cattedra di Storia della filosofia, lui e Tasca faranno giungere, tramite il pedagogista Giuseppe Lombardo Radice, un'affettuosa lettera di solidarietà. E, in modi ancor più espliciti, mostra interesse nei confronti di Benedetto Croce. Approva Francesco De Sanctis per aver denunciato alcuni aspetti negativi del carattere italiano: «L'insincerità», «il fare e non fare, il permettere e non permettere», «l'ipocrisia nei rapporti tra singolo e collettività, tra singolo e singolo», «quello stare in sull'ambiguo e tenersi nel mezzo e lasciarsi dietro l'uscita». Sulla scia di Bertrando Spaventa si dichiara antipatizzante di Giuseppe Mazzini, al quale imputa l'astrattismo delle idee democratiche.

Un segno particolare della subalternità di Gramsci alla cultura del suo tempo – messa in evidenza per primo da Eugenio Garin – è riscontrabile nell'adesione del giovane socialista sardo alla campagna (di Salvemini, Prezzolini, Papini, Amendola e del «Corriere della Sera») contro Giovanni Giolitti. Il rigetto di Gramsci nei confronti della politica di Giolitti, fa notare Rapone, «non è semplicemente il frutto della critica del decennio giolittiano da parte di un socialista profondamente calato, come è Gramsci, nel nuovo spirito intransigente del socialismo italiano affermatosi al congresso di Reggio Emilia del 1912, in rotta con il riformismo filogiolittiano del periodo precedente». Per lui Giolitti è il simbolo di tutto ciò che testimonia della corruzione dell'organismo nazionale e che fa diversa l'Italia da un vero Stato liberale. «Il giolittismo» afferma «è la marca politica del decimo sommerso italiano: l'insincerità, l'affarismo, il liberalismo clericale, il liberalismo protezionistico, il liberalismo burocratico e regionalista.» Le modalità della sua invettiva contro Giolitti diventeranno uno schema che si ripresenterà più volte, anche dopo la sua morte e quando di Giolitti si sarà quasi persa memoria, per tutto il Novecento: ottimo era il «liberalismo autentico» di Cavour; pessimo quello dei «tempi in cui viviamo», in un'Italia nella quale i liberali «hanno preferito mandare Cavour in soffitta» e «i partiti politici non perseguono programmi di politica generale, ma seguono singoli individui, i "cacicchi", come li chiamano in Ispagna». Anche lui, sulla scia del direttore del «Corriere della Sera» Luigi Albertini, prenderà l'abitudine di qualificare il metodo di governo di Giolitti come una «dittatura». E ancora nel 1917, quando tra i socialisti si fa largo la tentazione di accogliere le avances di Giolitti per dar vita a un governo «migliore» che prepari «le condizioni più favorevoli di vita e di sviluppo della classe operaia», Gramsci indica quello statista come «il pericolo maggiore da combattere per i socialisti» e lo definisce «un avversario, forse, in questo momento, il più temibile degli avversari».

Nell'urto assai forte con il giolittismo, fa notare Rapone, «resta, malgrado le analogie verbali, una fondamentale diversità di ispirazione, e non solo per l'ovvia ragione che si trattava di antigiolittismi che muovevano da fronti politici opposti, ma per il diverso rapporto che dalle due parti si istituiva tra Giolitti e il liberalismo: se per la frizzante intellettualità borghese Giolitti era il simbolo dello scivolamento del liberalismo verso la democrazia, qui stava l'origine della sua funzione corruttrice e da qui veniva ammonimento a stringere piuttosto che ad allargare le maglie della concezione liberale, per Gramsci Giolitti, semplicemente, nulla aveva a che vedere con il vero liberalismo e ne faceva rimpiangere l'assenza in Italia». «I liberali in Italia sono soltanto uno scherzo di cattivo genere. Essi non si distinguono in nulla dalle altre correnti sociali; politicamente valgono zero» scrive Gramsci. Quanto a Giolitti, «in concreto ha sempre voluto dire: protezione doganale, accentramento statale con la tirannia burocratica, corruzione del Parlamento, favori al clero e alle caste privilegiate, schioppettate sulle strade contro gli scioperanti, mazzieri elettorali». Nessuna indulgenza per le aperture di Giolitti al riformismo socialista. Anzi: il suo è «un programma di trasformismo, di confusionismo delle forze politiche italiane». L'uomo di Dronero «ha dato sempre all'Italia i peggiori dei governi, i più truffaldini dei governi». Ma il vero bersaglio polemico di Gramsci è la democrazia contrapposta al liberalismo, in particolare quello dell'esperienza storica inglese.

Pagine molto interessanti sono quelle dedicate dal libro di Rapone all'atteggiamento assai critico di Gramsci nei confronti della democrazia. Pagine che echeggiano quelle molto lucide scritte all'inizio degli anni Novanta da Luciano Cafagna in *C'era una volta... Riflessioni sul comunismo italiano* e, in parte, anche quelle di Massimo Salvadori in *Gramsci e il problema storico della democrazia*. «La democrazia è la nostra peggior nemica, è quella con la quale dobbiamo sempre essere pronti a fare a pugni, perché intorbida il limpido distacco delle classi, e vorrebbe quasi diventare le molle della carrozza che servono a far pesar meno sulle ruote il carico dei passeggeri e ad evitare gli scossoni che possono far ribaltare» sentenzia Gramsci sull'«Avanti!» nel febbraio del 1916. È un Gramsci che appare in sintonia con Georges Sorel, il quale nella democrazia aveva visto «all'opera lo spirito corruttore della pacificazione sociale» e l'aveva condannata per la sua «pretesa di attenuare la contrapposizione tra le classi e di temperare il conflitto con sdolcinatezze umanitarie e logiche di compromesso». Meglio, molto meglio il liberalismo. La diversità di trattamento riservata da Gramsci al liberalismo e alla democrazia riflette, secondo Rapone, la convinzione che mentre il liberalismo è dottrina francamente borghese e capitalistica, e come tale ben saldamente collocata sulla direttrice dello sviluppo storico, la democrazia, con la sua pretesa di porre la sovranità del popolo a fondamento dello Stato, è una maschera, un travisamento della realtà, perché i «fini essenziali» dello Stato sono «determinati dalla struttura economica della società»; la democrazia è perciò un'illusione e una fonte di illusioni, una capitolazione dell'intelligenza e dell'analisi storica davanti al sentimentalismo irriflessivo e passionale. La democrazia, scriverà ancora Gramsci su «Il Grido del popolo» nell'ottobre del 1918, «esplica una funzione morbosa di confusionismo, di scrocco, di predicazione dell'incoerenza. È impaludamento, più che effettivo progresso». Parole che rimandano a Sorel, il quale per primo aveva usato l'espressione «pantano democratico».

Ma richiami, diretti o indiretti, coinvolgono anche Benedetto Croce. L'imputazione alla democrazia del vizio dell'astrattismo politico, ad esempio, rimanda alla polemica crociana contro l'«assai sommaria cultura» dei democratici francesi e italiani. Rilievi che – sia per Croce che per Gramsci – vanno estesi alla massoneria. E al giacobinismo. Gramsci si mostra più che infastidito dai richiami ai «sacri principi dell'89», dal «feticismo sentimentale per il "popolo"», dalle «gonfiezze» e le «prediche sociali» di Victor Hugo, dalla raffigurazione della Grande rivoluzione nell'opera di Michelet. È sprezzante verso i politici repubblicani, «ideologhi astratti, senza concretezza di pensiero politico». E, guardandosi indietro, giudica una tappa fondamentale dello sviluppo del socialismo in Italia l'emancipazione da quei blocchi «demo massonici» nei quali, «durante l'età giolittiana, in occasione di elezioni amministrative, i socialisti si erano mescolati con gruppi e personalità della democrazia radicale e repubblicana, il più delle volte sotto l'egida di un accentuato anticlericalismo (altra manifestazione, quest'ultima, del confusionismo ideologico imperante tra i democratici)». Per Gramsci la pienezza dello sviluppo borghese e capitalistico richiede una borghesia pienamente consapevole della sua funzione storica e determinata ad assolverla senza esitazioni; ma ha in più un contrassegno politico ideologico inequivocabile: quello di un «compiuto e integrale liberalismo che, come mostra l'esempio del mondo anglosassone, crea l'ambiente più favorevole allo sviluppo della produzione e soprattutto lascia libero spazio al gioco delle classi».

Nell'individuazione del giacobinismo come sorgente inquinata del pensiero democratico si deve sottolineare, secondo Rapone, la sua insistenza sulle inclinazioni autoritarie connaturate a una concezione della storia e della politica come lotta per l'affermazione di valori assoluti e trascendenti. Sono temi su cui si è soffermato Vittore Collina nel saggio *Giacobinismo e antigiacobinismo* (pubblicato nel monumentale *Gramsci: i "Quaderni del carcere". Una riflessione politica incompiuta*, a cura di Salvo Mastellone). «Giacobinismo?» si domanda Gramsci nel momento per lui più drammatico, quello in cui con un colpo di mano Lenin fa sciogliere l'Assemblea costituente (gennaio 1918). E così risponde: «Il giacobinismo è un fenomeno tutto borghese di minoranze tali anche potenzialmente. Una minoranza che è sicura di diventare maggioranza assoluta, se non addirittura la totalità dei cittadini, non può essere giacobina, non può avere come programma la dittatura perpetua. Essa esercita provvisoriamente la dittatura per permettere alla maggioranza effettiva di organizzarsi, di rendersi cosciente delle intrinseche sue necessità e di instaurare il suo ordine all'infuori di ogni apriorismo, secondo le leggi spontanee di questa necessità». Dunque «lo scioglimento della Costituente è per noi un episodio di libertà nonostante le forme esteriori che fatalmente ha dovuto assumere». Tesi azzardata ma che, per Gramsci, serviva a tenere in piedi l'impianto ideologico ostile al giacobinismo.

Ai giacobini e ai democratici, a detta del fondatore di «L'Ordine nuovo», manca il senso della storicità del reale: «Di qui la tendenza ad agire di autorità per superare le resistenze che incontrano i loro propositi politici, nel tentativo di piegare con la forza la materialità delle condizioni storico-sociali». Se gli avvenimenti non si svolgono secondo lo schema prestabilito, scrive Gramsci, «si grida al tradimento, alla defezione, si suppone che perverse volontà ne abbiano attraversato il "naturale" decorso. E il giacobinismo trae dal suo spirito messianico, dalla sua fede nella verità rivelata, la pretesa politica di sopprimere violentemente ogni opposizione, ogni volontà che rifiuti di aderire al contratto sociale; e si cade nelle contraddizioni, così comuni nei regimi democratici, tra le professioni di fede inneggianti alla libertà più sconfinata e la pratica di tirannia e di intolleranza brutale». Sostiene che giacobinismo e intolleranza vanno di pari passo, «perché l'habitus giacobino non ha cognizione del fondamento storico delle opinioni in contrasto e non sa farsi una ragione dell'esistenza di avversari»; invece, i socialisti, in virtù dell'ispirazione storicistica della loro dottrina, sanno «che nella storia che gli altri attuano vi è un elemento di necessità». Scrive su «Il Grido del popolo» nel giugno del 1918: «Il "pensiero libero" dei socialisti porta con sé una grande tolleranza nelle discussioni e nelle polemiche, mentre il "libero pensiero" dei massoni e dei libertari è intollerante e giacobino. I socialisti, in quanto pensano liberamente, storicisticamente, comprendono la possibilità della contraddizione, e perciò più facilmente la vincono, e allargano così la sfera ideale e umana delle proprie idee. I libertari, in quanto sono dogmatici intolleranti, schiavi delle particolari loro opinioni, si insteriliscono in vane diatribe, rimpiccioliscono tutto. Non potendo immaginare che gli altri la pensino diversamente da loro (e questa mancanza di fantasia logica e storica è appunto la schiavitù del loro pensiero), nella contraddizione, nella critica non sanno vedere che motivi volgari, bassamente interessati». Di qui la necessità del «riconoscimento dell'avversario»: «primo canone di realismo è riconoscere la realtà degli altri». E ancora: «Non rimproveriamo agli avversari del socialismo di essere avversari del socialismo; avendo una coscienza esatta della nostra personalità, del compito che ci siamo proposti, del metodo attraverso il quale cerchiamo di raggiungere i nostri fini, comprendiamo perfettamente che possano e anzi debbano esistere i nostri avversari».

Nel corso della Prima guerra mondiale, allorché – in seguito ai moti torinesi dell'agosto 1917 – fu varato il «decreto Sacchi» che poneva restrizioni alla libertà di espressione e di stampa, Gramsci accentuò questo genere di polemica. Ettore Sacchi, ministro della Giustizia, era un esponente del Partito radicale che in passato aveva cercato collegamenti con i socialisti: adesso, nel nome della lotta al disfattismo, proprio lui introduceva per decreto un limite alla libertà di pensiero. Ciò che per Gramsci suonava conferma della vocazione autoritaria del giacobinismo democratico: «La tradizione giuridica italiana è stata sovvertita da un ministro democratico che [...] ci fa tornare ai tempi barbarici» denunciò su «Il Grido del popolo». Ma, ripetiamo, la critica gramsciana della democrazia è molto diversa da quella degli intellettuali antidemocratici che nell'Italia del primo Novecento si erano distinti per il loro crescente antiparlamentarismo e antiegualitarismo.

Sulla scia di queste concezioni politiche è abbastanza sorprendente quel che Gramsci scrive al cospetto della rivoluzione russa dell'ottobre 1917. Merito della rivoluzione sarebbe stato quello di aver «ignorato il giacobinismo». Secondo Gramsci, la rivoluzione leninista «non tende all'instaurazione di un potere che abbia bisogno di sostenersi con la violenza e il dispotismo; il movimento non è sospinto da una fazione, ma esprime i bisogni della maggioranza della popolazione, e questa maggioranza, appena sarà messa in condizione di pronunciarsi, dimostrerà di volersi riconoscere nell'opera della rivoluzione».

Nulla di tutto ciò si verificherà. Ma è interessante sottolineare quanto colui che nel 1921 avrà un ruolo importante nella fondazione del Partito comunista d'Italia respinga in più occasioni il parallelo tra la rivoluzione francese c quella russa. A proposito della Francia di Robespierre, scrive che «la borghesia, quando ha fatto la rivoluzione non aveva un programma universale: essa serviva degli interessi particolaristici, gli interessi della sua classe, e li serviva con la mentalità chiusa e gretta di tutti quelli che tendono a dei fini particolaristici». La rivoluzione russa, invece, «ha distrutto l'autoritarismo e gli ha sostituito il suffragio universale, estendendolo anche alle donne». «I rivoluzionari russi non sono giacobini, non hanno cioè sostituito alla dittatura di uno solo, la dittatura di una minoranza audace e decisa a tutto pur di far trionfare il suo programma [...] perché essi perseguono un ideale che non può essere solo di pochi, perché essi sono sicuri che quando tutto il proletariato russo sarà da loro interrogato, la risposta non può essere dubbia.» E a riprova del fatto che questa volontà sia già allora più che evidente, Gramsci cita un episodio che lo ha molto colpito: alcuni detenuti per reati comuni che, all'annuncio della libertà loro concessa dal governo rivoluzionario, in un caso «risposero di non sentirsi in diritto di accettare la libertà perché dovevano espiare le loro colpe», in un altro «si radunarono nel cortile della prigione e volontariamente giurarono di diventare onesti e di far proposito di vivere del loro lavoro». «Questa notizia» afferma Gramsci «ha importanza, ai fini della rivoluzione socialista, quanto e più di quella della cacciata dello zar e dei granduchi.» Dal momento che i detenuti erano diventati, con la rivoluzione, «così liberi da essere in grado di poter preferire la segregazione alla libertà, da imporsi essi, volontariamente, una espiazione», il comune malfattore «è diventato, nella rivoluzione russa, l'uomo quale Emanuele Kant, il teorizzatore della morale assoluta, aveva predicato, l'uomo che dice: l'immensità del cielo fuori di me, l'imperativo della mia coscienza dentro di me».

Poi verrà, come si è detto, l'amara sorpresa dello scioglimento della Costituente. Alla quale ne seguiranno di peggiori. E, drammaticamente, Gramsci dovrà rivedere molte delle idee che avevano caratterizzato, tra il 1914 e il 1919, la sua formazione. Quasi tutte.

Eddington, Einstein e la «via rivoluzionaria della non collaborazione»

La più grande idea del Novecento deve tutto alla coerenza e all'ostinazione di intellettuali che seppero sottrarsi ai forti condizionamenti dei tempi in cui vissero. Proprio nel 1914, anno d'inizio del conflitto, l'ebreo tedesco naturalizzato svizzero Albert Einstein, dopo una vita tutt'altro che coronata da successi, ebbe qualche primo importante riconoscimento: nominato membro della prestigiosa Accademia prussiana delle scienze, si trasferì a Berlino, dove gli fu affidata la direzione del nascente Kaiser-Wilhelm-Institut per la fisica. Sua moglie Mileva volle ritornare a Zurigo con i figli: sarebbero rimasti separati per cinque anni, poi nel 1919 avrebbero divorziato e lui si sarebbe risposato con Elsa Löwenthal, sua cugina. Lì a Berlino Einstein avrebbe trovato amici tra alcuni eminenti colleghi come Max Planck e Walther Nernst. Forse ne avrebbe avuti di più se non si fosse messo di traverso all'onda nazionalista che contraddistinse l'ingresso del Paese nella Prima guerra mondiale. Un clima, quello interventista, che l'inventore della teoria della relatività definì «da manicomio». Nell'ottobre del 1914 fu dato alle stampe il celebre manifesto nazionalista dal titolo *Un appello al mondo della cultura*, sottoscritto da novantatré scienziati, scrittori, artisti e intellettuali che si proponevano di difendere il governo tedesco e «controbattere l'opera di disinformazione sulla

Germania». Disinformazione che a loro avviso stava dilagando in tutto il mondo e che meritava adeguate repliche. Il manifesto sosteneva che i tedeschi non erano responsabili dello scoppio del conflitto, sorvolando del tutto sul fatto che la Germania aveva da poco invaso il Belgio devastando per di più la città di Lovanio: neghiamo, dicevano – non senza una certa improntitudine – i novantatré, che «i nostri soldati abbiano attentato alla vita o ai beni anche di un solo cittadino belga».

Fu questo un frangente di grande rilievo nella vita di Einstein, peraltro dedicata interamente alla scienza. È quel che sostiene Pedro G. Ferreira nel libro *La teoria perfetta*. Einstein «era scioccato da quel che avveniva intorno a lui»; da pacifista e internazionalista qual era, scese in campo con un contromanifesto, *Un appello agli europei*, nel quale, assieme a un pugno di colleghi prendeva le distanze dal «Manifesto dei novantatré», criticandone duramente i firmatari e sollecitando gli «uomini colti di tutti gli Stati» a «lottare contro quella guerra distruttiva». Ma quell'appello fu bellamente ignorato, tant'è che in Inghilterra nessuno ritenne di fare distinzioni tra i firmatari dei due documenti. Nessuno, tranne lo studioso Arthur Eddington, grandissimo astronomo nonché direttore dell'osservatorio di Cambridge. Allo scoppio della Grande guerra, racconta Ferreira, Eddington fu una delle poche voci che si levarono contro l'ondata di acceso nazionalismo che riguardava non soltanto il suo Paese, ma anche moltissimi suoi colleghi. La situazione che si era creata al momento dell'entrata in guerra della Gran Bretagna «lo aveva gettato nello sconforto». Soprattutto per quel che riguardava le future relazioni tra uomini di pensiero e di scienza. In una serie di furibondi articoli su «The Observatory», l'organo ufficiale degli astronomi britannici, «le argomentazioni contro la collaborazione con gli scienziati tedeschi» furono sostenute con forza da un gran numero di studiosi. Era come se i loro colleghi tedeschi fossero diventati all'improvviso non degni di essere considerati dei veri scienziati. I rapporti tra i loro mondi d'un tratto si fecero gelidi. L'eminente professore di astronomia di Oxford, Herbert Turner, non ebbe esitazioni: «Possiamo riammettere la Germania nella comunità internazionale e abbassare gli standard della legge internazionale al suo livello, oppure possiamo escluderla e innalzarli; non esiste una terza alternativa». Tale «era l'animosità nei confronti di tutto quanto era tedesco che al presidente della Royal Astronomical Society, il quale aveva trascorsi tedeschi, venne chiesto di rassegnare le dimissioni». Incredibile.

Eddington «la pensava diversamente e si comportava di conseguenza». Come quacchero era profondamente contrario all'uso delle armi (si rifiutò anche di andare a combattere, ma il governo lo avrebbe dispensato dal compiere i suoi doveri militari in quanto «persona di importanza per la Nazione») ed espresse pubblicamente il proprio dissenso per l'insofferenza dei suoi connazionali nei confronti dell'intellighenzia tedesca: «Non pensate a un tedesco simbolico» disse «ma a uno specifico vostro ex amico, per esempio. Chiamatelo crucco, pirata, infanticida e provate a infuriarvi; il tentativo fallirà, tanto è ridicolo».

A dispetto della guerra e delle esortazioni all'odio da parte dei suoi colleghi, Eddington si tenne in costante rapporto con Einstein. Riceveva, sia pure con «esasperante lentezza», i suoi scritti da Praga, Zurigo, Berlino, tramite un amico astronomo, Willem de Sitter, il quale glieli spediva dall'Olanda. Finché nel 1918 l'Inghilterra, sentendosi in grave pericolo, avviò una nuova ondata di coscrizioni e richiamò anche lui alle armi. Ancora una volta Eddington rifiutò di arruolarsi, adducendo il motivo che doveva prepararsi ad assistere a un'eclissi di sole, quella del 1919, proprio per verificare le teorie del «tedesco» Einstein. Ciò che gli provocò antipatie e insinuazioni da parte di molti colleghi. Uno di loro dichiarò: «Abbiamo provato a pensare che le affermazioni false ed esagerate fatte oggi dai tedeschi fossero dovute a qualche malattia passeggera sviluppatasi di recente; ma un esempio del genere induce a chiedersi se la triste verità forse non vada cercata più a fondo». Eddington, in altre parole, sarebbe stato infettato dal contagio del «male germanico». Il tribunale di Cambridge aprì contro di lui un processo accusandolo di essersi sottratto alla leva e i giudici lo trattarono in modo assai poco cordiale. Finché nel dibattimento intervenne il grande astronomo Frank Dyson (celebre per l'introduzione del segnale orario di Greenwich) e spiegò alla corte che solo Eddington avrebbe potuto osservare con profitto l'eclissi del 1919, dalla quale si sarebbe saputo se Einstein aveva ragione. Se cioè Einstein aveva colto nel segno prevedendo che «la luce emessa dalle stelle lontane era destinata a incurvarsi passando in prossimità di un corpo imponente come il Sole». La corte di Cambridge fu convinta da Dyson; di conseguenza si mostrò clemente con Eddington, che poté quindi lavorare alla preparazione del suo esperimento. E l'osservazione dell'eclissi diede risultati straordinari. Sarebbe dunque toccato a lui il compito di conferire ad Einstein il primo riconoscimento pubblico su scala mondiale. Il 6 novembre 1919 l'astronomo inglese si alzò in piedi durante una riunione della Royal Astronomical Society e, «in tono monocorde e solenne», descrisse il suo recente viaggio nella piccola isola di Príncipe, al largo delle coste occidentali dell'Africa. Lì con un telescopio aveva fotografato l'eclissi totale di sole. Misurando le posizioni di alcune stelle dietro il disco solare, aveva scoperto che «la teoria della gravità concepita dal santo patrono della scienza britannico, Isaac Newton, una teoria per oltre due secoli ritenuta esatta, invece era sbagliata». Al suo posto, affermò, doveva essere presa in considerazione quella nuova e corretta proposta da Einstein, conosciuta come «teoria della relatività generale». Lì per lì gli astanti non parvero rendersi conto dell'importanza dell'annuncio. Quando Eddington finì di parlare, un fisico polacco, Ludwik Silberstein, gli si avvicinò per dirgli: «Professore, lei deve essere una delle tre persone al mondo che capiscono la relatività generale». Poi, notando che il suo interlocutore indugiava, aggiunse: «Non faccia il modesto». Questi lo fissò e gli rispose: «Al contrario, sto cercando di pensare chi sia la terza».

Il presidente della Royal Society, J.J. Thomson, definì le misurazioni di Eddington «il risultato più importante ottenuto, per quanto riguarda la teoria della gravitazione, dai tempi di Newton». E aggiunse: «Se verrà confermato che il ragionamento di Einstein è giusto – ed è già sopravvissuto a due verifiche molto severe relative al perielio di Mercurio e alla presente eclissi – allora tale risultato è una delle più alte conquiste del pensiero umano». Il giorno seguente, 7 novembre 1919, la valutazione di Thomson rimbalzò sul «Times» di Londra con un articolo intitolato: *Rivoluzione nella scienza. Una nuova teoria dell'universo. Rovesciate le idee di Newton.* Trascorsero altri tre giorni e la notizia raggiunse l'America dove il «New York Times» titolò: *Luci oblique nei cieli. Trionfa la teoria di Einstein.*

Gli esordi di Einstein, come dicevamo in apertura, erano stati tutt'altro che facili. Mise a punto la teoria della relatività tra il 1905 e il 1907 mentre era impiegato come umile perito nell'Ufficio brevetti di Berna. I suoi studi al Politecnico di Zurigo erano stati «senza infamia e senza lode», ricostruisce Ferreira. E al momento della laurea, allorché il relatore gli impedì di lavorare su un argomento a sua scelta, consegnò una tesi «piuttosto scialba», abbassando a tal punto il suo punteggio che non riuscì ad aggiudicarsi un posto come assistente in nessuna delle università presso cui aveva presentato domanda. Dal conseguimento della laurea, nel 1900, a quando finalmente ottenne l'impiego all'Ufficio brevetti, nel 1902, la sua carriera non fu che «una sequela di fallimenti». La tesi di dottorato che sottopose all'università di Zurigo gli fu addirittura respinta. Se riuscì a restare in carreggiata fu per merito dell'amico matematico Marcel Grossmann che, pur essendo dotato di un ingegno infinitamente minore del suo, era diventato, poco dopo la laurea, professore di geometria descrittiva. L'amico Marcel lo aveva aiutato a non perdersi d'animo. Si deve oltretutto a una raccomandazione del padre di Grossmann se Einstein ottenne il posto all'Ufficio brevetti, e con esso i soldi che gli consentirono di continuare gli studi. Le previsioni del 1907 derivate dalla sua teoria generalizzata furono impostate su quella che Ferreira definisce «una base matematica piuttosto striminzita». In effetti Einstein non aveva grande trasporto – se così si può dire – per la matematica, che definiva «erudizione superflua», giungendo a sostenere che da quando i matematici si erano «avventati sulla teoria della relatività», lui stesso non ci aveva «capito più niente». Si diceva «restio a ricorrere alla matematica astrusa che avrebbe rischiato di oscurare gli eleganti concetti fisici che stava cercando di mettere insieme». Uno dei suoi professori di Zurigo definì la presentazione di un suo lavoro «matematicamente goffa». Solo nel 1911, Einstein aveva cominciato a cambiare idea. E nel 1912, tornato a insegnare a Zurigo, si recò da Grossmann, e lo implorò: «Mi devi aiutare, altrimenti impazzisco». Sarebbe stato solo l'incontro nel 1915 con un autentico genio della matematica, David Hilbert, all'Università di Gottinga, che gli avrebbe fatto cambiare definitivamente idea sulla materia. Aveva però creduto in lui, già nel 1907, il fisico Johannes Stark (che, come vedremo, ai tempi di Hitler gli sarebbe stato ostile), il quale gli aveva commissionato un articolo *Sul principio di relatività e le conclusioni che ne derivano*. Fu scrivendo quel saggio che Einstein, pur consacrato dalla pubblicazione, si accorse che la sua teoria era ancora imperfetta e che aveva bisogno di ulteriori approfondimenti. Eppure quel primo successo e l'apprezzamento di Stark fecero sì che nel 1908 ottenesse la nomina a libero docente all'Università di Berna. Come professore si fece una pessima fama: voleva seguire solo le sue ricerche, gli studenti non lo interessavano. Passò poi all'Università di Zurigo e fu lo stesso. Finché nel 1911 riuscì a ottenere una cattedra «senza obblighi di insegnamento» all'Università tedesca di Praga. Proprio quello che cercava per potersi dedicare esclusivamente alle sue ricerche.

Poi fu la Grande guerra e – fortunatamente per la scienza – il suo nome e le sue idee erano ormai abbastanza note, per quanto in un ambito ristretto. Poté quindi entrare in rapporto con persone che, a dispetto delle divisioni provocate dal conflitto, restarono in proficuo contatto tra loro. La guerra, come si sa, non finì in tutto e per tutto nel 1918, anzi si protrasse, sia pure in altre forme, per una lunga parte del Novecento. Ma i «partigiani della relatività» rimasero uniti. In particolare un eclettico matematico e meteorologo sovietico, Aleksandr Fridman (che, a differenza di Einstein, era stato volontario nella Prima guerra mondiale), e un sacerdote cattolico belga, Georges Lemaître (anche lui ex combattente) i quali ebbero intuizioni in un certo senso superiori a quelle del maestro. Einstein e Lemaître si trovarono nell'inverno del 1933 a trascorrere qualche tempo assieme a Pasadena presso il campus del California Institute of Technology, dove il sacerdote era stato invitato a tenere delle conferenze. I due passeggiavano per ore e ore chiacchierando animatamente sotto gli sguardi curiosi di professori e studenti; il «Los Angeles Times» li descrisse con «espressioni serie sui volti, a suggerire che stessero discutendo dello stato attuale delle faccende cosmiche». In realtà parlavano anche di altre cose che stavano accadendo in quei primi mesi del '33, a cominciare dall'ascesa al potere in Germania di Adolf Hitler.

Il secolo produceva di continuo ideologie destinate a entrare in conflitto con questa leva di geniali scienziati. I rapporti di Einstein con il nazismo furono pessimi fin dall'inizio. Le sue teorie furono fin dal 1933 bersaglio della Deutsche Physik, rappresentata da Philipp von Lenard e dal primo «scopritore» di Einstein, il Nobel Johannes Stark, che parlavano della «fisica ebraica» come di qualcosa che stava «avvelenando la Germania» e andava immediatamente «sradicata dal sistema». Così Einstein e, dopo di lui, Erwin Schrödinger, Max Born assieme a molti altri lasciarono la terra tedesca e gran parte di loro si trasferì negli Stati Uniti dove alcuni avrebbero dato un apporto fondamentale alla costruzione della bomba atomica. Da quel momento Einstein divenne un signor nessuno per la cultura tedesca: il principale manuale di fisica, il *Lehrbuch der Physik*, addirittura non menzionava neppure il suo nome. Ma, nonostante questa incredibile campagna di disconoscimento, Stark non riuscì a divenire il fisico di riferimento della Germania hitleriana. A insidiarlo per quel ruolo emerse Werner Karl Heisenberg, uno dei padri della moderna teoria dei quanti. Heisenberg non era ebreo ma questo non fermò Stark che scatenò anche contro di lui la macchina della denigrazione già sperimentata con Einstein: in un articolo per l'organo ufficiale delle SS lo definì «ebreo bianco» e lo accusò di essersi reso «responsabile del declino della scienza teutonica al pari di tutti gli altri che erano stati cacciati». Heisenberg godeva però della protezione di Heinrich Himmler (del quale era stato compagno di scuola): il gerarca nazista riuscì a far interrompere la campagna di Stark e a mettere Heisenberg a capo del programma nucleare tedesco. Con grande sgomento dei fisici scappati dalla Germania i quali ben conoscevano le sue qualità, assai superiori a quelle di Stark. Fu anche questo a spingere gli Stati Uniti ad accelerare i piani per la costruzione dell'atomica.

La cosa più incredibile è che le teorie di Einstein furono osteggiate anche, sul versante opposto, in Unione Sovietica, dove Stalin aveva fissato nel 1938, con lo scritto *Il materialismo dialettico e il materialismo storico*, le linee guida per la ricerca scientifica nel suo Paese. Ad Einstein in Urss veniva rimproverato il fatto che la sua teoria «generava un universo assurdo con un'origine ben definita, troppo simile al punto di vista religioso» che il pensiero sovietico era tanto smanioso di «estirpare dalla società». Non aiutava certo il fatto che uno dei principali diffusori delle teorie di Einstein fosse un sacerdote, il già menzionato Georges Lemaître, uno «straniero corrotto appartenente a una società borghese decadente e agonizzante». A dire il vero, osserva Ferreira, «in questo feroce rifiuto del pensiero non sovietico, si dimenticava opportunamente che l'ipotesi dell'universo in espansione in realtà era stata avanzata per la prima volta da un brillante fisico russo e sovietico, Aleksandr Fridman». Nel 1952, Aleksandr Maksimov, un influente storico della scienza sovietico, pubblicò un articolo dal titolo *Contro l'einsteinismo reazionario nella fisica* che, pur essendo apparso su uno sconosciuto giornale della Marina dell'Urss di stanza nell'Artico, «Krasny Flot» (Flotta rossa), ebbe una grande eco. Ma provocò reazioni impreviste e fino a quel momento inimmaginabili. Vladimir Fok, discepolo di quel Fridman che era stato sodale di Einstein, replicò con un testo dal titolo *Contro la critica ignorante delle moderne teorie della fisica.* Prima di darlo alle stampe, Fok, Lev Davidovič Landau (il padre dell'atomica russa) e altri fisici russi fecero appello alla leadership sovietica perché rivedesse il giudizio su Einstein e in una lettera privata indirizzata a Lavrentij Berija, braccio destro di Stalin nonché capo del programma nucleare e termonucleare in Urss, lamentarono la «situazione anomala della fisica sovietica» citando l'articolo di Maksimov come esempio dell'aggressiva ignoranza che ostacolava il progresso della scienza sovietica. Fok rivelò poi di aver ottenuto l'appoggio di Berija per questo articolo contro Maksimov (e probabilmente era vero) ma quest'ultimo riuscì a ottenere che Fok e Landau rimanessero isolati almeno fino al 1954 quando, dopo la morte di Stalin e la fucilazione di Berija, ottennero la riabilitazione (a distanza) di Einstein.

Nel frattempo Einstein già dalla fine degli anni Trenta era diventato buon amico di un genio della matematica, Kurt Gödel, che si era allontanato da Vienna riparando a Princeton dopo che i nazisti lo avevano malmenato per il suo «aspetto da ebreo». Lo aiutò a diventare cittadino americano anche se la cerimonia rischiò di andare a monte allorché Gödel scoprì tra le pagine della Costituzione statunitense quella che gli appariva come un'incongruenza logica «che avrebbe potuto consentire al governo del Paese di degenerare in tirannia». E rifiutò di giurare su quel testo. Sono gli anni in cui spunta l'astro di Robert Oppenheimer (il padre dell'atomica statunitense) che non ha grande considerazione del clima di quel campus: «Princeton è un manicomio» scrive al fratello «i suoi luminari solipsisti risplendono in una desolazione solitaria e senza speranza; Einstein è completamente rimbambito». Forse anche per questo Einstein si opporrà nel 1947 alla sua nomina a direttore dell'Institute for Advanced Study cercando di favorire il fisico austriaco Wolfgang Pauli. Dopodiché i due strinsero quello che l'autore definisce «un tenue legame di amicizia, cordiale ma non intima». Negli anni successivi Einstein e Oppenheimer saranno comunque accomunati dall'ostilità ai programmi nucleari americani del secondo dopoguerra per la costruzione della bomba H. Ostilità che costerà il posto a Oppenheimer, accusato di «grave indifferenza per le esigenze del sistema di sicurezza». Ed è questo loro atteggiamento che probabilmente è all'origine della tardiva riabilitazione sovietica di cui si è detto.

Einstein, al quale nel 1948 è stato diagnosticato un aneurisma all'aorta (morirà nel 1955), da quel momento viaggia di meno. In compenso scrive lettere. In una, al «New York Times», sostiene di riuscire a vedere nel contesto dell'epoca «solo la via rivoluzionaria della non collaborazione, nel senso di Gandhi». Interessante approdo di un singolare itinerario politico-culturale.

Mustafa Kemal e la guerra in tempo di pace

C'è una considerevole parte d'Europa (e non solo) per la quale gli anni successivi alla Prima guerra mondiale hanno contato molto di più – anche in termini di sofferenze – di quelli tra il 1914 e il 1918. In primo luogo la Russia, la cui storia nel Novecento inizia, per così dire, con le due rivoluzioni del 1917. Ma anche l'Ucraina, la Polonia, la Cecoslovacchia, l'Ungheria, la Finlandia, la Serbia, l'Irlanda. E, nell'area del Mediterraneo, l'intero Medio oriente. Lì il ricordo della Grande guerra è quasi sfocato rispetto a quello ben più nitido degli anni successivi al conflitto. Proprio perché per molti Paesi europei la Prima guerra mondiale non finì affatto nel 1918 e anzi, per alcuni, il periodo che seguì fu più sanguinoso del precedente.

Se ne accorse già nel maggio del 1919 un quotidiano austriaco ad ampia diffusione, l'«Innsbrucker Nachrichten», che pubblicò un editoriale dal titolo *La guerra in tempo di pace* nel quale si constatava con un certo allarme che la violenza postbellica aveva investito un arco territoriale che andava dalla Finlandia e dagli Stati baltici, alla Russia, all'Ucraina, alla Polonia, all'Ungheria, alla Germania e all'Austria stessa. Per estendersi, attraversati i Balcani, all'Anatolia e al Caucaso. Forse per una distrazione l'articolo non menzionava l'Irlanda, che pure durante la Guerra d'indipendenza (1919-21) e il successivo conflitto civile (1922-23) avrebbe conosciuto drammi assai simili a quelli che allarmavano il giornale austriaco. Drammi che avrebbero trovato il loro apogeo nelle due settimane del settembre 1922 in cui i turchi rientrarono in possesso di Smirne, diedero ai loro uomini licenza di saccheggiare nonché di uccidere e i morti, tra greci e armeni, furono trentamila. Nel 1919, su impulso del primo ministro britannico David Lloyd George, un esercito di invasione greco era sbarcato a Smirne. Adesso, dopo tre anni di feroci scontri armati, i soldati di Mustafa Kemal riconquistavano la città e per prima cosa catturavano l'arcivescovo ortodosso Chrysostomos, reo ai loro occhi di aver, a suo tempo, sostenuto l'invasione greca. Il metropolita fu consegnato a una folla inferocita che lo rinchiuse nel negozio di un barbiere ebreo. E fu il proprietario della bottega a descrivere ciò che accadde in seguito: «Qualcuno spinse il barbiere da una parte, afferrò un telo bianco, lo mise attorno al collo di Chrysostomos e urlò: "Dagli una rasata!". Strapparono la barba al prelato, gli cavarono gli occhi con dei coltelli, gli amputarono le orecchie, il naso e le mani». Il corpo martoriato venne quindi trascinato in un vicolo, scaraventato in un angolo dove avrebbe conosciuto la morte dopo ore e ore di inumane sofferenze. Fu anche questa l'Europa del primo dopoguerra, un continente descritto con grande efficacia da Robert Gerwarth nel libro *La rabbia dei vinti. La guerra dopo la guerra 1917-1923*.

Per coloro che nel 1919 vivevano a Riga, Kiev, Smirne o in molte altre località dell'Europa orientale, centrale e sudorientale, scrive Gerwarth, non ci fu pace in quegli anni, «ma solo una continua scia di violenze». La Guerra mondiale, notò già allora il filosofo russo Pëtr Struve – che aveva militato prima con i bolscevichi e successivamente dalla parte dei «russi bianchi» – «terminò formalmente con la firma dell'armistizio», ma di fatto «tutto ciò che da quel momento in poi abbiamo vissuto e continuiamo a vivere non è che una continuazione e una trasformazione della guerra mondiale». Solo fra il 1917 e il 1920, nota lo storico, in Europa si ebbero ben ventisette mutamenti politici violenti, molti accompagnati da guerre civili latenti o conclamate. Il caso più estremo fu quello della Russia, dove «l'ostilità fra i sostenitori del colpo di Stato attuato dai bolscevichi di Lenin nel 1917 e i loro oppositori degenerò rapidamente in una guerra civile di proporzioni senza precedenti, che alla fine avrebbe provocato ben più di tre milioni di vittime». Tre milioni di vittime.

I Paesi europei sconfitti nella Grande guerra, scrive lo studioso, «spesso sono stati descritti o attraverso il prisma della propaganda o assumendo il punto di vista del 1918, quando la legittimazione dei nuovi Stati nazionali dell'Europa centro-orientale esigeva la demonizzazione degli imperi dai quali si erano distaccati». Un genere di lettura che indusse alcuni storici occidentali a «interpretare la Prima guerra mondiale nei termini di un'epica lotta tra gli Alleati democratici da una parte e gli Imperi centrali autocratici dall'altra (tralasciando il fatto che l'impero più autocratico in assoluto, la Russia di Nicola II, aveva fatto parte della Triplice intesa)». In anni più recenti però, riconosce l'autore, un numero crescente di ricerche sugli ex imperi ottomano, tedesco e austriaco ha messo in discussione la leggenda nera secondo la quale gli Imperi centrali «erano più o meno degli Stati canaglia e delle anacronistiche "prigioni dei popoli"». La «riabilitazione» è stata relativamente agevole per la Germania e l'Impero asburgico, che oggi appaiono agli storici «in una luce molto più benevola (o quantomeno più sfumata)» di quanto non fosse stato fino alla fine del Novecento. Ma anche riguardo all'Impero ottomano, dove il genocidio degli armeni avvenuto durante la guerra sembrava confermare la «natura malvagia» dell'impero stesso che avrebbe usato «la violenza per sopprimere le minoranze», bene, sta gradualmente venendo alla luce un quadro che viene presentato come assai più complesso. Una questione ancora irrisolta, che si inserisce nei rapporti tra la Turchia di oggi e la comunità internazionale.

E anche se si considerano eccessive queste «riabilitazioni» degli imperi prebellici, aggiunge Gerwarth, «sarebbe difficile sostenere che l'Europa postimperiale fosse un luogo migliore e più sicuro rispetto a quella del 1914». Era dai tempi della Guerra dei trent'anni (1618-48) che nel nostro continente non si assisteva a un intreccio di conflitti, ma soprattutto di «guerre civili dai confini così indefiniti e dal carattere così cruento come quelle degli anni successivi al 1917-18». Con scontri armati che si sovrapponevano alle rivoluzioni, alle controrivoluzioni, e alle ostilità di confine fra Stati in formazione, privi di frontiere chiaramente definite e di governi riconosciuti dalla comunità internazionale; con tutte queste esplosioni di odio «l'Europa "postbellica" degli anni che vanno dalla conclusione ufficiale della Grande guerra nel 1918 al trattato di Losanna del luglio 1923 fu il luogo più violento del pianeta». Anche a non voler calcolare i milioni di decessi provocati fra il 1918 e il 1920 dalla pandemia di influenza spagnola o le centinaia di migliaia di civili che da Beirut a Berlino perirono di fame in conseguenza della decisione alleata di mantenere il blocco economico anche dopo la fine delle ostilità, scrive Gerwarth, le vittime dei conflitti armati dell'Europa in quei cinque anni furono «più delle perdite subite complessivamente dalla Gran Bretagna, dalla Francia e dagli Stati Uniti durante la Grande guerra». Milioni e milioni di morti. Ai quali vanno aggiunti altri milioni di profughi impoveriti provenienti dall'Europa centrale, orientale e meridionale che vagarono negli scenari stravolti dalla guerra dell'Europa occidentale, alla ricerca di sicurezza e di una vita migliore. Talché, secondo l'autore di *La rabbia dei vinti*, non si può dar torto a quegli storici dell'Europa orientale (tipo Peter Holquist) che hanno definito la stagione successiva al 1918 come un'epoca di «prolungata guerra civile europea».

Se questo tema per decenni ha scarsamente attirato l'attenzione degli storici, la colpa è probabilmente della cultura anglosassone. Churchill, ad esempio, liquidò i conflitti postbellici di cui stiamo parlando definendoli «guerre di pigmei». Secondo Gerwarth parole così sprezzanti riflettono «quell'atteggiamento intriso di pregiudizi antiorientali (e d'impronta implicitamente coloniale) nei confronti dell'Europa dell'Est che prevalse nei libri di testo occidentali per decenni dopo il 1918». Un derivato dell'idea sviluppatasi tra la crisi balcanica (1875-78) e le due Guerre balcaniche (1912-13) che l'intera Europa orientale «fosse in un certo senso "intrinsecamente" violenta, al contrario dell'Occidente civilizzato e pacifico». Di un Occidente quantomeno caratterizzato, secondo questa visione culturale, da una radicata vocazione alla pace.

Si può dire che la stagione di cui stiamo parlando iniziò con la Rivoluzione d'ottobre. La Grande guerra cambiò natura quando la Rivoluzione bolscevica determinò l'uscita della Russia dal conflitto e gli Alleati, rafforzati dall'intervento degli Stati Uniti al loro fianco, «perseguirono sempre di più lo smantellamento degli imperi territoriali europei come un obiettivo della guerra». Anzi: come se fosse stato fin da principio il reale obiettivo della guerra stessa. Gli eventi russi ebbero un «duplice effetto»: l'ammissione della sconfitta da parte di Pietrogrado aumentò le aspettative di vittoria imminente da parte degli Imperi centrali («solo qualche mese prima che la loro definitiva sconfitta li portasse a cercare quei nemici "interni" a cui attribuivano la causa del crollo»), infondendo allo stesso tempo «nuove possenti energie in un continente lacerato dalla guerra e maturo per la rivoluzione dopo quattro anni di combattimenti».

Fu proprio in questo periodo, secondo Gerwarth, che «un conflitto fra Stati particolarmente cruento ma in definitiva convenzionale» come era stata la Prima guerra mondiale lasciò il posto a «una serie di conflitti interconnessi la cui logica e il cui scopo erano molto più pericolosi». Rispetto alla Grande guerra, che venne combattuta con l'obiettivo di «costringere il nemico ad accettare determinate condizioni di pace (per quanto severe esse fossero)», la violenza successiva al 1917-18 fu infinitamente più «ingovernabile». Si trattava di «conflitti per la vita o la morte, combattuti per annientare il nemico, etnico o di classe che fosse, secondo una logica genocida che in seguito sarebbe diventata dominante in gran parte dell'Europa fra il 1939 e il 1945».

Gerwarth fa notare poi che un altro aspetto rilevante dei conflitti successivi al 1917-18 sta nella circostanza che essi esplosero «dopo un secolo nel corso del quale gli Stati europei erano in vario grado riusciti a imporre il loro monopolio sulla violenza legittima: gli eserciti regolari erano diventati la norma, e la distinzione fondamentale fra combattenti e non combattenti era stata codificata (anche se poi spesso violata in pratica)». Nel dopoguerra questa tendenza si invertì. Nei territori degli ex imperi europei, dove erano assenti organizzazioni statali in grado di funzionare efficacemente, «il ruolo degli eserciti nazionali venne assunto da milizie di vario orientamento politico e la linea di demarcazione fra amici e nemici, fra combattenti e civili, divenne terribilmente incerta». *La rabbia dei vinti* propone l'ipotesi che «per comprendere i violenti percorsi che l'Europa – Russia ed ex territori ottomani in Medio oriente compresi – seguì durante il XX secolo, sia necessario prendere in considerazione non tanto le esperienze belliche degli anni fra il 1914 e il 1917, quanto il modo con cui la guerra si concluse per gli Stati che la persero: disfatta, crollo degli imperi, agitazione rivoluzionaria».

A questo punto Gerwarth punta l'indice contro le ricerche storiche tradizionali: «Nella letteratura internazionale manca un volume che analizzi in una prospettiva d'insieme le esperienze di tutti gli Stati europei sconfitti nella Grande guerra». Se ci fosse, ne verrebbe fuori un grande affresco del «potere mobilitante della sconfitta». Da notare che negli Stati europei che avevano vinto la guerra (con l'eccezione quasi irrilevante in questo contesto dell'Italia e della parte irlandese del Regno Unito) dopo il 1918 «non si registrò un sostanziale aumento della violenza politica, anche perché la vittoria militare aveva giustificato i sacrifici degli anni di guerra e legittimato ulteriormente le istituzioni». Non si può dire lo stesso per i Paesi sconfitti: «Nessuno di essi riuscì a ritornare a livelli di stabilità e di pace interna paragonabili a quelli dell'anteguerra». Con l'aggravante che, causa la disgregazione degli imperi di cui si è detto, milioni di persone furono arbitrariamente affidati a Stati di nuova formazione o modificati rispetto al loro assetto precedente alla guerra: tedeschi alla Cecoslovacchia, all'Italia e alla Polonia, magiari alla Cecoslovacchia, alla Jugoslavia e alla Romania, bulgari alla Romania e alla Grecia. Cosicché Polonia, Cecoslovacchia e Jugoslavia più che Stati nazionali si trovarono a essere imperi in miniatura. Differenti dal precedente grande impero asburgico non già per la purezza etnica bensì, come s'è detto, per dimensioni e, a sorpresa, per il «capovolgimento delle gerarchie etniche interne». Ciò che avrebbe contribuito non poco a innescare la Seconda guerra mondiale.

Il falso mito dell'accordo Sykes-Picot

La storia si alimenta anche di apparenze che possono e devono essere superate. Una di queste riguarda di sicuro il destino dell'Impero ottomano dopo il crollo, e le ripercussioni sullo stato attuale di certe regioni del Medio oriente. Quando nel 1923, dopo oltre undici anni di guerra, scese la pace sugli ex possedimenti ottomani, fu difficile calcolare il numero delle vittime. Quattro o cinquecentomila soldati erano caduti nel corso della Prima guerra mondiale. Le perdite, però, furono molto più ingenti. La popolazione che abitava in terra turca prima del 1911 ammontava a ventun milioni di persone. Nel 1923 si era ridotta a meno di diciassette milioni.

Uno degli imperi che la Grande guerra portò via con sé fu quello ottomano. Ma il mondo arabo nei decenni che precedettero il conflitto non era affatto stabile. Era forse meno violento di come sarebbe stato nella versione postbellica posta sotto la tutela anglo-francese, però in luoghi come la Mesopotamia la sovranità ottomana nel 1914 «era perlopiù una finzione, anche se probabilmente utile e costruttiva». Così la definisce Sean McMeekin in *Il crollo dell'Impero ottomano. La guerra, la rivoluzione e la nascita del moderno Medio oriente 1908-1923*.

L'Impero ottomano era durato per più di sei secoli prima di naufragare nella guerra del '14-18. Dal 1517 al 1924 (tranne un breve interregno, dal 1802 al 1813, in cui gli insorti wahhabiti erano saliti al potere) i sultani avevano dominato i luoghi sacri islamici dell'Arabia, «legittimandosi, agli occhi dei fedeli musulmani, come califfi dell'islam». In cambio di questa legittimazione, i sultani ottomani avevano offerto ai loro milioni di sudditi «un'identità comune e l'orgoglio di appartenere a un grande impero, un orgoglio provato soprattutto dai musulmani ma condiviso anche, in qualche misura, dalle vaste minoranze ebraica e cristiana dell'impero, la cui protezione dipendeva dal sultano».

Poi venne la guerra. Per quel che concerne il discorso sulle persone «scomparse» tra il 1911 e il 1923, i numeri, per McMeekin, sono calcolati con «rozze approssimazioni» e «non è chiaro quale sia il dato dell'emigrazione a fronte di quello delle perdite dovute a malattie, denutrizione e altre cause più direttamente legate al conflitto». Si tende però a «concordare sul fatto che i tassi di mortalità per l'impero nel suo complesso si avvicinarono al venti per cento, un numero sconvolgente se lo si confronta ai peggiori dati pro capite sul fronte occidentale che videro la Francia perdere il 3,5 per cento». I «nudi numeri dei morti e feriti» raccontano poi solo «una piccola parte della terribile guerra ottomana». Interi popoli, «in alcuni casi intere nazioni, furono sradicate da case in cui vivevano da secoli, insieme a tutto il loro stile di vita».

Qual era lo stato di quell'area in quel determinato momento? L'arrivo nella regione «di diplomatici, ingegneri e uomini d'affari europei era in corso da tempo e probabilmente avrebbe proiettato Palestina, Siria e Mesopotamia nell'orbita occidentale anche senza una guerra tra Grandi potenze», mentre la Russia stava gradualmente conquistando la Turchia orientale e la Persia settentrionale. L'Impero ottomano aveva già perso l'Africa nella «guerra di Libia» (1911) e parte rilevante della Rumelia nelle guerre balcaniche, insieme alla maggioranza delle isole dell'Egeo e del Dodecaneso. La decisione dei turchi di entrare in guerra nel 1914, scrive McMeekin, «si può interpretare come l'ultimo rantolante tentativo di prevenire il declino e la spartizione sfruttando la forza tedesca contro le potenze più pericolose che avevano mire sul territorio ottomano: la Russia, la Gran Bretagna e la Francia (grossomodo in quest'ordine)». Anche se gli Imperi centrali avessero vinto la guerra, come si illusero che potesse accadere allorché ottennero a Brest-Litovsk la resa della Russia bolscevica, «una Germania vittoriosa probabilmente sarebbe finita in una posizione mandataria di supervisione dell'amministrazione e dell'economia turche». E persino in quel caso, «una Gran Bretagna pseudovittoriosa avrebbe potuto prendersi la Palestina, la Mesopotamia e la Siria ottomane in cambio dell'accettazione della posizione tedesca in Russia e Ucraina». Ragione per cui si può sostenere con McMeekin che «non esisteva uno scenario realistico in cui all'impero sarebbe stato possibile continuare a durare a tempo indeterminato in una specie di statu quo ante». All'epoca si prospettavano solo «opzioni peggiorative». E si può dire altresì che tutto sommato fu saggia la scelta di Mustafa Kemal Atatürk di abbandonare l'impero ingovernabile a favore di uno Stato-nazione che i suoi uomini nuovi avrebbero potuto amministrare «con mano ferma».

Non furono in quell'occasione solo il sultanato e il califfato ottomani a scomparire dalla faccia della terra. L'impero stesso, «dopo essere sopravvissuto a un assalto dietro l'altro nel corso di secoli, venne infine fatto a pezzi a mai più riassemblato». E se è vero che «tutti gli imperi producono caos e miseria quando crollano, oltre alle lamentele per un'età dell'oro di cosmopolitismo perduta e per uno spirito di tolleranza immaginario», va detto anche che così come il crollo degli imperi degli Asburgo e degli Hohenzollern produsse un'era di intolleranza e di antisemitismo nell'Europa centrale, la caduta degli ottomani diede il via a un periodo di enormi problemi in Medio oriente. In tutto il «caos cartografico» prodotto dalla Prima guerra mondiale, un fatto curioso è che sia i confini più duraturi sia quelli meno stabili furono tracciati nell'ex impero. La «fragilità dell'insediamento postbellico nel Medio oriente arabo è diventata un trito cliché negli ultimi anni, e l'ascesa dello Stato islamico nei territori della Siria e dell'Iraq è soltanto la più recente perturbazione».

Di queste perturbazioni che hanno sconvolto le immense terre rimaste fuori dai confini turchi, è consuetudine far risalire le colpe a Mark Sykes e François Georges-Picot, i due negoziatori (inglese il primo, francese l'altro) che nel 1916, per conto dei rispettivi governi, tracciarono le linee di spartizione di quell'area. Lo ha fatto Patrick Cockburn sulla «London Review of Books» e, dopo di lui, un'infinità di uomini politici, analisti e commentatori. Quello dell'accordo Sykes-Picot, lamenta McMeekin, «è divenuto un cliché, una formula abbreviata ormai sulla bocca di tutti, usata per spiegare la più recente rivolta in Medio oriente». A giudicare dall'onnipresenza dei riferimenti nei media si potrebbe pensare che i due siano stati «gli unici attori di rilievo sul teatro ottomano della Prima guerra mondiale», e la Gran Bretagna assieme alla Francia la sola parte risolutiva nella decisione delle sorti del territorio ottomano. Una tesi che già nel 1962 faceva capolino nel film di David Lean *Lawrence d'Arabia*. Tra l'altro, osserva lo storico, «non è difficile comprendere la risonanza popolare della leggenda dell'accordo Sykes-Picot» dal momento che «nella nostra epoca postcoloniale, l'imperialismo e gli imperialisti, sepolti da tempo, sono facili bersagli su cui scaricare le responsabilità dei problemi odierni». Sykes e Picot, secondo questa vulgata, sarebbero la personificazione dei «peccati della Gran Bretagna e della Francia, il cui progetto di espansione coloniale, già in atto da secoli, raggiunse l'apogeo finale con l'apposizione della Union Jack e del tricolore francese nel Medio oriente arabo, dove da allora ogni cosa cominciò ad andare male». Inoltre, il sostegno della Gran Bretagna ai progetti sionisti con la Dichiarazione Balfour del 1917 (su cui ci soffermeremo più avanti in questo libro) sarebbe stato, «in questa drammatica vicenda di *hybris* e *nemesis*», un «passo troppo lungo» che avrebbe «risvegliato gli arabi da un sonno di secoli» e li avrebbe spinti a «insorgere contro i crociati contemporanei – europei e israeliani – che avevano sottratto le loro terre». Sicché tutto quel che riguarda i movimenti panislamici, la Fratellanza musulmana, Hamas, Hezbollah, al-Qaeda, Daesh e ogni nuovo gruppo che si proporrà di «cancellare i confini artificiali imposti dall'Europa», avrà in comune con gli altri il desiderio di «assestare il colpo di grazia sull'accordo Sykes-Picot».

Ma la sintesi dell'accordo Sykes-Picot proposta da queste versioni del passato mediorientale ha, secondo McMeekin, «ben poco in comune con la storia su cui teoricamente si basa». La spartizione dell'Impero ottomano «non fu decisa bilateralmente da due diplomatici, uno britannico e uno francese, nel 1916, bensì in una conferenza di pace internazionale tenutasi a Losanna, in Svizzera, nel 1923, all'indomani di un conflitto che era durato quasi dodici anni e risaliva all'invasione italiana della Tripoli ottomana nel 1911 e alle due guerre balcaniche del 1912-13». Quasi dodici anni e non poco più di quattro, quanti ne durò la Prima guerra mondiale.

Né Sykes né Picot «svolsero alcun ruolo degno di nota a Losanna, dove la figura dominante che incombette sui lavori fu quella di Mustafa Kemal, il nazionalista turco le cui armate avevano appena sconfitto la Grecia e (per estensione) la Gran Bretagna, nell'ennesimo conflitto durato dal 1919 al 1922». Persino nel 1916, «l'anno in teoria passato alla storia per il loro accordo segreto sulla spartizione, Sykes e Picot ebbero un ruolo secondario rispetto al ministro degli Esteri russo Sergej Sazonov che era ormai la vera forza trainante dietro la divisione dell'Impero ottomano, in tutto e per tutto un progetto russo». Progetto russo «riconosciuto come tale dai britannici e dai francesi quando fu chiesto loro di dare il proprio consenso al piano per la spartizione, già tra il marzo e l'aprile del 1915». L'accordo sulla spartizione del 1916, poi, non conteneva neppure un accenno alla dinastia saudita che, dopo la conquista delle città sacre all'islam della Mecca e di Medina, aveva formalmente governato l'Arabia ottomana dal 1924.

È ora di dire apertamente che nessuno dei «più famigerati confini postottomani – quelli che separano la Palestina dalla (Trans)Giordania e la Siria, o la Siria dall'Iraq, o l'Iraq dal Kuwait – fu tratteggiato da Sykes e Picot nel 1916». Nessuno. Perfino i confini che i due funzionari delinearono quell'anno, come quelli che avrebbero separato la zona britannica, francese e russa in Mesopotamia e in Persia, «furono scartati dopo la guerra». Mosul, nell'Iraq settentrionale, è il caso più celebre: fu originariamente assegnata ai francesi, finché gli inglesi non decisero che volevano i suoi campi petroliferi. Dopo che i russi siglarono una pace separata con i tedeschi a Brest-Litovsk, nel 1918, tutta la zona che sarebbe spettata agli stessi russi secondo i patti del '16 «venne dapprima sottratta e poi eliminata dalla memoria storica».

Coloro che oggi scrivono di Medio oriente, secondo McMeekin, «non sbagliano a ricercare le radici dei problemi attuali di quell'area nella storia di inizio Novecento». Ma «i veri eventi storici sono più ricchi e di gran lunga più drammatici del mito». Perciò si dovrebbe «andare oltre il mito dell'accordo Sykes-Picot se si vuole comprendere l'impatto della Prima guerra mondiale su questa vasta regione, su cui essa ha lasciato tracce tangibili, da Gallipoli a Erzurum, da Gaza a Baghdad». I fronti ottomani si estesero su «tre continenti e tre oceani, coinvolgendo non solo la Gran Bretagna e la Francia ma tutte le altre grandi potenze europee (e alcune più piccole) oltre ovviamente agli ottomani stessi». Così, anche se coloro che «danno la colpa» a Gran Bretagna e Francia per il conflitto infinito in Palestina, Libano e Siria «presentano delle argomentazioni plausibili» – nel senso che l'antichissima politica imperiale del *divide et impera*, applicata a una regione già frammentata, «contribuì a esacerbare le tensioni esistenti tra arabi ed ebrei, cristiani e musulmani, musulmani sunniti e sciiti» – tutto questo non basta. Chi ricorre a simili argomentazioni, dovrebbe ricordare che queste potenze d'occupazione ritirarono le loro ultime truppe dalla regione nel 1946 e 1947, in tempi precedenti allo scoppio della prima guerra arabo-israeliana. Il teatro di guerra ottomano, «lungi dall'essere ai margini della Prima guerra mondiale, fu centrale sia per lo scoppio del conflitto europeo nel 1914, sia per l'accordo di pace che vi pose davvero fine». La «Guerra di successione ottomana», come potremmo chiamare il più ampio conflitto che durò dal 1911 al 1923, fu una battaglia epica, come si comprende dalle «figure leggendarie» che la resero celebre. E qui McMeekin elenca le principali: İsmail Enver, Ahmed Cemal e Mehmed Talât, il triumvirato dei Giovani turchi; sul versante tedesco il

Kaiser Guglielmo II, l'ammiraglio Wilhelm Souchon e Otto Liman von Sanders; su quello britannico Horatio Kitchener, Winston Churchill, T.E. Lawrence e David Lloyd George; Sergej Sazonov, il granduca Nicola, Nikolaj Judenič e Aleksandr Kolčak in Russia; al-Ḥusayn, sceriffo della Mecca e i suoi figli Fayṣal e 'Abd Allāh insieme a Ibn Sa'ūd in Arabia; Eleftherios Venizelos e re Costantino in Grecia; e, «non ultimi», Kâzim Karabekir, İsmet İnönü e Mustafa Kemal, padri della Repubblica turca. Altro che Sykes e Picot con quello che simboleggiano e che ancor oggi, con una buona dose di semplificazione, si fa a loro risalire. Personaggi che quasi scompaiono al cospetto dei giganti di cui qui si è tracciato un primo, provvisorio, elenco.

Hamsun, Eliot, Lorenz: i tre Nobel affascinati da Hitler

Come fu possibile che persone di grande ingegno e di altrettanto grande talento artistico si lasciarono sedurre dal fascismo e dal nazionalsocialismo? Nel libro *I maledetti. Dalla parte sbagliata della storia*, Andrea Colombo cerca di rispondere a questa domanda esaminando in maniera approfondita i casi di Gottfried Benn, Martin Heidegger, Giovanni Gentile, Emil Cioran, Robert Brasillach, Ezra Pound, Wyndham Lewis, Julius Evola, Adolfo Wildt, Mario Sironi, Louis-Ferdinand Céline, Mircea Eliade, Filippo Tommaso Marinetti, Leni Riefenstahl e dei tre premi Nobel che a pieno titolo possono essere inseriti in questo elenco: Knut Hamsun, T.S. Eliot e Konrad Lorenz.

Secondo Colombo il tratto che accomuna le tre figure è «la consapevolezza che l'Ottocento, il secolo dei buoni sentimenti, del liberalismo, delle democrazie, della speranza ottimistica in un progresso senza limiti, era definitivamente tramontato» e l'idea che «dalle macerie della Prima guerra mondiale doveva sorgere un mondo nuovo, radicalmente trasfigurato». Qualcosa di simile a ciò che avrebbe spinto molti intellettuali della loro generazione ad abbracciare in quegli stessi anni la causa comunista. Ma mentre questi ultimi non sarebbero mai stati costretti a rinnegare il loro passato (se non per qualche eccesso), coloro che, magari per un caso, erano finiti «dalla parte sbagliata della storia» – con l'ovvia eccezione di quelli che, come Gentile, furono uccisi – si sentirono in obbligo di occultare, chi più chi meno, quei loro ingombranti trascorsi. Tutti, tranne il drammaturgo norvegese Hamsun che aveva ricevuto il Nobel nel 1920, prima che i fascismi entrassero in scena, e che il 7 maggio del 1945, quando Hitler e Mussolini erano stati sconfitti, scrisse sul quotidiano «Aftenposten» un necrologio del Führer del quale si proclamava «fedele seguace», definendolo «un pioniere dell'umanità», «un apostolo del vangelo del diritto di tutte le nazioni», «un riformatore di altissimo rango». Hamsun aveva all'epoca ottantacinque anni, la Norvegia era in procinto di essere liberata, e i tipografi dell'«Aftenposten» trasecolarono al cospetto di quel testo che sarebbe costato all'autore la detenzione, un processo e l'internamento in un manicomio criminale. Ma lo diedero ugualmente alle stampe.

Hamsun, secondo Colombo «uno dei più grandi romanzieri del secolo scorso», si era avvicinato ai nazisti su spinta della giovane moglie che per conto proprio aveva precedentemente preso contatto con Joseph Goebbels. In seguito Goebbels si era invaghito di quell'intellettuale norvegese che in segno di stima gli aveva addirittura donato la sua medaglia del Nobel: più volte il ministro della Propaganda del Terzo Reich lo aveva citato nei suoi diari con espressioni assai amichevoli ed elogiative. Hamsun era uno scrittore molto particolare. *Il risveglio della terra*, pubblicato nel 1917, conteneva diversi spunti antisemiti a dispetto del fatto che nel suo Paese, la Norvegia, la comunità ebraica praticamente non esistesse. Nonostante ciò il libro fu universalmente elogiato e considerato pressoché dall'intera comunità letteraria internazionale alla stregua di un capolavoro. Fu solo nel 1934 che Hamsun si iscrisse al partito filonazista di Vidkun Quisling. Quando nell'aprile del '40 la Germania hitleriana invase la Norvegia, scrisse articoli per accusare di tradimento re Haakon VII, che aveva scelto l'esilio, e biasimò il presidente del Parlamento (di origine ebraica) Carl Joachim Hambro, che era fuggito in Svezia. Suo figlio Arild fu poi tra quegli ottomila giovani norvegesi che si arruolarono nelle Waffen-SS per combattere sul fronte orientale contro i russi. Ma, rileva Andrea Colombo, il suo rapporto con gli uomini di Hitler – e con lo stesso Hitler – fu «tutt'altro che idilliaco». Allorché i nazisti presero il potere in Germania, il drammaturgo fece di tutto per salvare l'ebreo tedesco Max Tau, suo amico di lunga data. E quando i tedeschi invasero il suo Paese, condusse una sfibrante battaglia costellata da telegrammi a Hitler e al suo luogotenente in Norvegia, Josef Terboven, per ottenere la liberazione di alcuni condannati a morte. Il 26 giugno del 1943 fu ricevuto da Hitler nel rifugio bavarese di Berghof. Il dittatore voleva essere piacevolmente intrattenuto con una conversazione di carattere letterario assieme a uno scrittore che sapeva essere un suo estimatore. Ma Hamsun lo sorprese con una serie di rilievi al comportamento di Quisling e Terboven; chiese ancora una volta insistentemente che alcuni prigionieri venissero rilasciati e diede prova, nel colloquio con il dittatore, di un coraggio che nessun altro degli invitati a quel genere di colloqui aveva e avrebbe mai mostrato. Fino al punto che Hitler perse le staffe e all'improvviso, senza neanche salutarlo, uscì dalla stanza urlando: «Non voglio più vedere questo pazzo!».

Quel «pazzo» fu dunque l'unico che quando Hitler era vivo e al potere osò sfidarlo incontrandolo di persona. Ma fu anche l'«unico» che quando il Führer fu sconfitto e si uccise si sentì in dovere di parlarne in termini elogiativi. Pur sapendo che sarebbe stato lasciato solo e l'avrebbe pagata cara. Quando nel 1948 gli fu concesso di uscire dal manicomio criminale, si mise a scrivere un'autobiografia, *Per i sentieri dove cresce l'erba*, nella quale non ritrattò nulla della propria «fede» filonazista, disse di aver avuto l'impressione di essere «spiato» dai tedeschi, ricordò che in ogni momento avrebbe potuto andarsene in Inghilterra dove sarebbe stato accolto a braccia aperte e non lo aveva fatto. Ma, in merito alle sue parole filonaziste degli anni Trenta e Quaranta, volle anche aggiungere: «Nessuno mi disse allora che quanto andavo scrivendo era sbagliato, nessuno, in tutto il Paese. Mai che mi sia arrivato il minimo cenno d'avviso, né un piccolo buon consiglio dal mondo esterno». A proposito del rapporto dell'Europa settentrionale con il nazismo, Colombo ricorda che «parte dei settori più avanzati e progressisti della società norvegese avevano visto con simpatia quel movimento pangermanico che predicava il ritorno al paganesimo nordico, al naturismo e ai valori della terra». Ed è da sottolineare che l'autore parli dei «settori più avanzati e progressisti».

Un discorso che per vie traverse ci conduce a Konrad Lorenz, ispiratore dell'ecologismo contemporaneo, il quale da giovane fu un convinto nazista. Sosteneva, Lorenz, che i malati mentali e i portatori di patologie genetiche andassero sterilizzati per far trionfare la «bestia bionda», la razza ariana perfetta. Volontario nella Wehrmacht sul fronte russo, fu catturato dai sovietici e per sopravvivere si ridusse a mangiare ragni. Rinchiuso in un gulag ne approfittò per studiare i rituali di corteggiamento tra le pulci dalle quali era afflitto nella sua baracca. Diceva Lorenz nel 1938: «Se non effettuassi costantemente una certa selezione tra le mie oche domestiche, eliminando i frutti in eccesso degli incroci, entro poco tempo gli esemplari di sangue puro di oca selvatica verrebbero sopraffatti dalla concorrenza numerica dell'oca domestica». *Mutatis mutandis*, «lo stesso vale per l'uomo della grande città». «È statisticamente assodato» sostiene Lorenz «che gli individui che presentano degenerazioni morali raggiungono in media un tasso di riproduzione enormemente più alto degli individui di pieno valore.» Ecco perché, per lui, bisognava eliminare nelle oche come nell'uomo «i frutti in eccesso degli incroci» e favorire lo sviluppo degli «esemplari di sangue puro». Ne discende che sterilizzare la popolazione «dal germe della degenerazione», sottolinea Colombo, è «un passo necessario per la sopravvivenza di un popolo».

Abbiamo detto che nel 1941 Lorenz indossò la divisa della Wehrmacht. Ma le sue attività, secondo Colombo, sono avvolte da «un inquietante velo di mistero». Nella sua autobiografia scrive «erroneamente» che già nel '42 fu preso prigioniero dai russi, i quali invece lo catturarono solo nel 1944. Nel frattempo, ricostruisce l'autore, «sembra che abbia lavorato alla "selezione" del popolo polacco, per valutare chi poteva vantare una componente di sangue tedesco e quindi evitare i lavori forzati e i campi di concentramento». Dopodiché Lorenz finirà nei campi russi dove, come si è detto, si applicherà allo studio delle pulci. E farà anche amicizia con i carcerieri sovietici. Rientrato in Austria nel 1948, tacerà del tutto sul suo passato nazista e in breve diventerà un astro nell'ambito della ricerca zoologica. Nel 1973 riceverà il Nobel. I suoi trascorsi filohitleriani verranno alla luce solo nel 1977 grazie a un articolo di Leon Eisenberg sulla rivista «Science». Lorenz si difenderà, undici anni dopo, alla vigilia della morte, con un'intervista in cui si dichiarerà pentito e dirà di aver «ingenuamente» sperato che il nazionalsocialismo avrebbe portato «qualcosa di buono in particolare in rapporto alla preservazione dell'integrità biologica dell'uomo». Ma a questo punto della sua vita era da tempo un idolo degli ecologisti, si era messo alla testa dei manifestanti che si battevano contro il nucleare e si opponevano alla costruzione di una centrale idroelettrica sul Danubio. Sicché in pochi gli rinfacciarono le rivelazioni di Eisenberg.

Del grandissimo poeta T.S. Eliot, Colombo ricorda l'editoriale che nel 1928 scrisse su «Criterion» per difendere le idee di Charles Maurras e dell'Action Française dagli attacchi del Vaticano. Riporta altresì in luce le conferenze che fece nel 1933 all'Università della Virginia in cui auspicava di vivere in una società senza «pensatori ebrei». In questi discorsi Eliot contrappone alla «modernità omologante» gli americani della Bible Belt, usciti sconfitti dalla Guerra civile ma portatori dei tradizionali valori cristiani. «Il conflitto» scrive «è tra tutto ciò che è locale e spiritualmente vivace», in contrapposizione «all'uniformità del modello newyorkese». L'America dominante, quella dell'«industrializzazione senza freni», «distrugge prima di tutto le classi superiori»: un «presidente di un consiglio di amministrazione» afferma l'autore di *Assassinio nella cattedrale* «non sarà mai un aristocratico». L'unico «artista che sopravvive» in una società yankee è il «produttore cinematografico». Eliot in queste allocuzioni universitarie è allarmato perché la società è sempre più «corrosa dal liberalismo». Il tarlo dell'industrializzazione così come è stata imposta dal mondo nordista si è rivelato come «il più grande disastro della storia americana». Dalla «tragedia della Guerra di secessione» l'America «non si è mai ripresa e forse non si riprenderà mai». Anche se, negli Stati del Sud, rimasti fedeli alle loro tradizioni, una rinascita è ancora possibile, se non altro in quanto «sono i più lontani da New York» e da tutto ciò che la grande città rappresenta. In primis «l'invasione di razze straniere», a cominciare dagli ebrei. La tradizione, per Eliot, è questione di razza. Lo dice esplicitamente: «La tradizione è nel sangue, non nel cervello». È «il mezzo attraverso cui la vitalità del passato arricchisce la vita presente». È un «organismo vivente», non un «sentimento» o un'«astrazione politica». Parte importante di tale «organismo» sono la «stabilità», «l'omogeneità etnica» e «l'unità di un retroterra religioso comune». E «l'unica tradizione giusta per noi è quella cristiana». Ecco perché in questo tipo di società «gli ebrei liberi pensatori» non sono bene accetti. Nella società vagheggiata dall'autore dei *Quattro quartetti*, uno spirito eccessivamente tollerante «va deprecato». Dobbiamo condannare chi auspica una riconciliazione con il progresso, il liberalismo, la civiltà moderna. Il testo di riferimento, per Eliot, deve essere il *Sillabo* di Pio IX. Da queste conferenze verrà tratto un libro che Colombo definisce «in qualche modo maledetto», *After Strange Gods*, che Eliot «non vorrà mai più ristampare».

Nel 1948 il poeta conquisterà il Nobel. A differenza di Hamsun e Lorenz, gli altri due premiati a Stoccolma, Eliot aveva però fatto in tempo a prendere le distanze dalle sue idee precedenti. E lo aveva fatto già alla vigilia della Seconda guerra mondiale: in un pamphlet del 1939 aveva sferrato un durissimo attacco al razzismo nazista. Nel 1940, poi, si era pubblicamente ricreduto sul suo appoggio all'Action Française e aveva biasimato Maurras per essersi schierato con Vichy e con i tedeschi. Anche per questo, nel secondo dopoguerra non si sentirà mai in dovere di dare spiegazioni approfondite circa le sue prese di posizione degli anni Venti e Trenta.

Si può parlare di viltà? Colombo non si spinge a tanto ma parla esplicitamente di «viltà» per l'assenza di Martin Heidegger ai funerali del suo maestro (di origini ebraiche) Edmund Husserl che si tennero a Friburgo il 29 aprile del 1938. L'autore loda invece il coraggio mostrato con la domanda di grazia per Robert Brasillach da parte di François Mauriac, Paul Valéry, Jean Cocteau, Albert Camus e alcuni altri. Domanda che verrà ignorata dal generale De Gaulle e non risparmierà allo scrittore trentacinquenne la fucilazione il 6 febbraio del 1945.

Luigi Federzoni e il colpo di Stato contro Mussolini

Per correggere alcune deformazioni storiche, e capire nel dettaglio il contesto in cui si svolsero i fatti, uno strumento indispensabile è quello delle testimonianze di chi gli eventi li visse in prima persona. La ricorrenza dei settant'anni dalla caduta del fascismo (25 luglio 1943) ha portato alla pubblicazione di tre importanti libri di questo tipo, tutti e tre a cura dello storico Francesco Perfetti, incentrati sulle vicende che condussero alla defenestrazione di Benito Mussolini. I primi due, *Gran consiglio, ultima seduta* di Alberto De Stefani e *Memorie di un condannato a morte* di Luigi Federzoni, sono stati scritti da personaggi che erano stati al fianco del duce fin dall'inizio dell'avventura fascista anche se poi, nel 1943, non ebbero dubbi a provocarne la caduta. Il terzo, *La congiura del Quirinale* di Enzo Storoni, racconta invece la destituzione del duce dal punto di vista di casa Savoia e degli ambienti monarchici e liberali.

Alberto De Stefani era stato l'unico parlamentare eletto in una lista esclusivamente fascista alle elezioni del 1921 (gli altri seguaci di Mussolini erano stati portati in Parlamento dai Blocchi nazionali, insieme a liberali, nazionalisti, democratici, ex combattenti). «Il deputato d'assalto», lo definì Alberto Mario Perbellini su «Il Resto del Carlino» e lui fece sua questa «qualifica». Ma De Stefani fu soprattutto un economista di grande spessore. All'indomani della marcia su Roma (ottobre 1922), Mussolini lo volle con sé al governo come ministro delle Finanze e del Tesoro e De Stefani, per non deludere colui che gli aveva dato una così grande prova di fiducia, da quella postazione mirò a quello che era stato l'obiettivo delle grandi personalità della Destra storica: il pareggio del bilancio. Pareggio che ottenne nell'estate del 1925, poco prima di essere estromesso dal ministero per divergenze con il capo del fascismo, dissensi che datavano dai tempi dell'uccisione di Giacomo Matteotti. De Stefani tornò allora all'insegnamento universitario e alla collaborazione con il «Corriere della Sera», salvo essere richiamato in servizio dallo stesso Mussolini alla guida di un comitato per la riforma burocratica. Quel comitato, però, ebbe vita breve (1928-29). Dopodiché l'economista fu fatto entrare, non senza problemi, nel Gran consiglio del fascismo (1930). Negli anni Trenta De Stefani fu contrario alla guerra d'Etiopia e, quando l'Italia strinse un'alleanza con Tokyo in vista di un nuovo conflitto, lui – in contrasto con l'opzione giapponese – accettò di diventare consulente del governo cinese. Non c'è da stupirsi, perciò, che nel luglio 1943 sia stato tra i firmatari dell'ordine del giorno di Dino Grandi destinato a provocare il crollo del regime mussoliniano.

Diversa la biografia di Luigi Federzoni. Era stato, nel 1910, insieme a Enrico Corradini, uno dei fondatori dell'Associazione nazionalista italiana. In ottimi rapporti con Vittorio Emanuele III, al momento della marcia su Roma Federzoni aveva avuto un ruolo importantissimo nel tenere Mussolini al corrente – quasi in tempo reale – delle decisioni del sovrano. Il duce lo compensò affidandogli il ministero delle Colonie (ma lui avrebbe voluto gli Esteri) e poi, per premiarlo della fedeltà dimostrata ai tempi dell'affaire Matteotti, nel 1924 lo spostò agli

Interni, dove rimase fino al 1926. Ma anche lui, come De Stefani, negli anni Trenta non fece nulla per nascondere il suo dissenso ed ebbe cariche sostanzialmente onorifiche: la presidenza prima del Senato (1929-39), poi dell'Accademia d'Italia (1938-43). Fu tra i pochissimi che nel 1938 si oppose apertamente alle leggi razziali e, probabilmente per questo, perse la presidenza del Senato. Anche in questo caso non è perciò una sorpresa trovare il suo nome tra quelli dei congiurati del luglio 1943. Pur se, a suo dire, non si dovrebbe assolutamente parlare di congiura. «Prima di tutto» scrive in *Memorie di un condannato a morte* «niente "fellonia" né tampoco "agguato", "imboscata" ecc.: parole altrettanto gonfie di fragore quanto vuote di senso, con le quali ci si vorrebbe squalificare [...]. Grandi preavvisò Mussolini fin dalla mattina del 22 circa la nostra iniziativa, e poi gli inviò, a mezzo di Scorza, il nostro ordine del giorno.» Perciò, prosegue, non si può dire che ci fu colpo di Stato; si ebbe, invece, l'«esercizio legittimo di una potestà statutaria del sovrano, esercizio suffragato, sebbene non ce ne fosse bisogno, dal non meno legittimo voto del Gran consiglio.»

De Stefani è di parere diverso. Il fatto che Mussolini non avesse sollevato un'eccezione di costituzionalità in merito all'ordine del giorno Grandi, «benché non potesse essergli sfuggito» che quell'iniziativa era «incostituzionale», aveva comportato che egli stesso avesse «legalizzato» in qualche modo «l'iniziativa rivoluzionaria e il colpo di Stato del Gran consiglio». Del resto Mussolini era da tempo «uscito dai propri limiti legali avocando a se stesso con un atto rivoluzionario la rappresentanza del Fascismo e il diritto di interessarsi, eccedendo i propri poteri, di questioni riguardanti i supremi interessi della patria». Questa lettura della seduta del Gran consiglio del 25 luglio 1943, «che tende a sottolineare una dimensione rivoluzionaria e incostituzionale» e ad «avallare l'idea che in quella sede fosse stato realizzato un colpo di Stato», osserva Perfetti, «è in contrasto con le affermazioni fatte, in più sedi, da altri firmatari dell'ordine del giorno Grandi», i quali, al contrario, «hanno sempre rivendicato la correttezza giuridica dell'iniziativa e negato per essa ogni retropensiero di natura eversiva». Primo tra tutti Dino Grandi nel suo celeberrimo libro *25 luglio: quarant'anni dopo*, a cura di Renzo De Felice. D'altro canto, fa notare Perfetti, lo stesso De Stefani rigetta la categoria del «tradimento», richiamando l'attenzione sul fatto che l'ordine del giorno Grandi era un «documento tattico» che offriva a Mussolini un'opzione per il superamento della crisi. De Stefani mette poi in evidenza come le critiche alla degenerazione del fascismo fossero condivise anche da coloro che non avevano sottoscritto il documento. È significativo, prosegue Perfetti, l'accenno di De Stefani al fatto che Roberto Farinacci avesse svolto, in quella stessa seduta del Gran consiglio, una critica argomentata che «aveva investito tutta la politica del Duce assai più brutalmente dei commenti illustrati che Dino Grandi fece nel proprio ordine del giorno, dai quali esulava la critica della capacità politica del Duce, evidente invece nei discorsi di Farinacci». Altrettanto significativo è il riferimento al fatto che, a un certo punto, quasi tutti fossero preda di una sorta di «nostalgia del Capo», e si ebbe la tentazione di «far confluire l'ordine del giorno Grandi in quello del segretario del partito», con una «decisione di compromesso che avrebbe lasciato le cose al punto in cui erano». Secondo De Stefani, Mussolini aveva «già da quella notte sentito salire in se stesso la necessità storica della sua esclusione». E questo spiegherebbe perché sia stato così remissivo nel corso di quella lunghissima nottata: «L'ingresso del Duce nella sala del Gran consiglio» scrive De Stefani «è stato silenzioso; un'accoglienza di attesa; pareva non vedesse nessuno; rifletteva e dava l'impressione di chi si appresta ad ascoltare; la sua espressione era passiva, senza sintomi di reazione come quella di chi deve accettare un avvenimento e non vuole sottrarvisi; la macchina era stata messa in moto e avrebbe continuato a muoversi; non era più in nostro potere di arrestarne la implacabilità; noi stessi ne eravamo lo strumento; della nostra libertà si era impadronita quella misteriosa macchina che gli uomini dicono fatalità; la sua logica ci dominava e noi avevamo perduto la nostra libertà.» E ancora: «Il Duce è stanco: s'abbandona sul suo scranno per cercarvi un sostegno al suo abbandono; ordina al segretario del Partito di fare l'appello; siamo tutti presenti, anche coloro che soggiornavano fuori di Roma e che non avevano ricevuto l'invito; anch'essi erano tornati per un misterioso richiamo interiore; molti di noi avrebbero potuto essere legittimamente assenti, ma ognuno aveva sentito qualche cosa in sé che lo aveva fatto tornare; le risposte all'appello sono monotone, impersonali, hanno un timbro unico e sono date a mezza voce. La nostra personalità sembrava scomparsa, eravamo tutti lì per adempiere lo stesso dovere; nessuno aveva qualche cosa da esprimere di suo, di particolare che non fosse comune anche agli altri, o che anche gli altri non avrebbero detto».

Il libro di De Stefani prova poi a spiegare perché Mussolini non fece in quell'occasione alcun «intervento apprezzabile», limitandosi a «qualche spunto difensivo, qualche punto di vista frammentario sull'origine confessionale dello Statuto, sull'esercizio effettivo del Comando supremo, sull'impopolarità delle guerre». Con quell'«inerzia», secondo De Stefani, Mussolini avrebbe «dimostrato» la sua «lealtà monarchica» sacrificando ad essa «se stesso e il Regime». Perfetti obietta essere molto più probabile che Mussolini ritenesse che il re non gli avrebbe tolto il sostegno. Proprio per le circostanze in cui vennero scritte (cioè a ridosso degli eventi), sostiene Perfetti, «queste pagine finiscono per assumere, ben più di quanto avrebbe potuto accadere con un testo elaborato a posteriori, un valore documentario e di testimonianza intima e individuale, che travalica la rivelazione di particolari inediti sullo svolgimento della seduta, i quali, pure, non mancano». All'epoca in cui mise su carta queste notazioni, De Stefani era rifugiato in un monastero (dove sarebbe rimasto dall'ottobre del '43 fino al luglio del '47) per sottrarsi, ai tempi di Salò, alla condanna a morte in contumacia inflittagli nel processo di Verona per essere stato tra i firmatari dell'ordine del giorno Grandi. E per sfuggire, nel dopoguerra, alla detenzione nel corso dei mesi del processo intentato contro di lui presso la sezione speciale della Corte d'assise di Roma con l'accusa di aver «concorso ad annullare le libertà costituzionali, distruggere le libertà popolari e di aver commesso altri reati connessi con l'instaurazione e il mantenimento del regime fascista». Procedimento che si concluse il 17 settembre del 1947 con un'assoluzione piena dell'illustre imputato. Il dispositivo con cui gli si rendeva la libertà conteneva addirittura un elogio: «Giova ripetere che l'opera sua fu oltremodo proficua alla Patria e che meritò la stima e la considerazione dei suoi avversari politici, i quali tuttora lo tengono in gran conto, e pertanto non resta che proclamare l'innocenza di lui, assolvendolo con la formula più completa e restituendolo alla tranquillità della sua famiglia, di cui seppe conservare la nobile tradizione, e all'Italia, che di uomini della sua statura morale e intellettuale ha assolutamente bisogno nel periodo della sua ricostruzione». Con il che

De Stefani fu riammesso nella vita pubblica (anche se mai ne approfittò per tornare all'attività politica), in quella universitaria e alla scrittura a cui si dedicò fino all'anno della sua morte, il 1969.

Il libro di Federzoni è più aggressivo. «Dettate, spesso, dall'indignazione e percorse da una vena di profonda amarezza», scrive Perfetti, le *Memorie di un condannato a morte*, «al di là del valore documentario su alcuni episodi e particolari della storia del ventennio, sono anche una sorta di esame di coscienza di una personalità rappresentativa, prima ancora che del movimento nazionalista del quale fu uno degli esponenti più significativi e autorevoli, di tutto un mondo cresciuto nel culto del Risorgimento e della tradizione incarnata dalla Destra storica.» Nelle *Memorie*, l'autore accentua il «tema della contrapposizione tra il fascismo estremista, rivoluzionario, repubblicano e la Corona» rivelando che quando era ministro dell'Interno raccolse voci di un progettato tentativo di rapimento di Vittorio Emanuele III presentato come «strumento del ventennale ricatto» di Mussolini nei confronti del sovrano. Quello del 1922, dopo la marcia su Roma, era stato un «falso compromesso» con il re, non si era trattato «di un atto di adesione sentita», bensì di «una transazione suggerita dall'opportunità per conquistare il potere». Federzoni sostiene che l'intervento dell'Italia nella Seconda guerra mondiale era stato frutto di un'«iniziativa personale di Mussolini». «Nelle stesse sfere direttive della politica del regime, soltanto qualcuno dei consueti fanatici di mestiere, privi di qualsiasi autorità morale, aveva auspicato con l'incoscienza bruta quell'avventura ancor più rischiosa delle precedenti.» Fra i vecchi componenti dell'organo supremo del regime «non pochi l'avevano francamente avversata [la guerra], e Mussolini, proprio perché sapeva come essi la pensavano, si era ben guardato dal riunire il Gran consiglio medesimo prima di prendere la fatale decisione». Per conoscere «tempestivamente, ad esempio, il mio sentimento in proposito», scrive Federzoni, «gli erano bastate l'insistenza certo stucchevole con cui gli avevo espresso, ufficialmente e privatamente, il mio plauso per la dichiarazione di non belligeranza, e le motivazioni da me addotte per deprecare l'intervento; come non aveva ignorato che ero stato uno di coloro che avevano maggiormente sostenuto Galeazzo Ciano nell'ultimo tentativo di stornare quel folle divisamento, e – fra gli uomini investiti di uffici pubblici importanti – uno dei pochissimi che avevano sistematicamente declinato, avanti e durante la guerra, i ripetuti inviti a recarsi in Germania per conferenze, congressi culturali e altre manifestazioni filonaziste».

Impietosi sono i giudizi sui suoi compagni d'avventura. Achille Starace è presentato come un «arcipotente e inconcludente fanciullone, con i suoi divieti capricciosi, con le sue futili imposizioni». Farinacci è «un can da pagliaio». Roberto Forges Davanzati, «un puro in ogni senso di questa parola». Alfredo Rocco, un «estremista del fascismo», «il più zelante e impaziente propugnatore» della fusione tra nazionalisti e fascisti (alla quale lui, Federzoni, dice di non essere stato favorevole, anche se ci sono prove del contrario). E che avrebbe ceduto «per il suo temperamento dialettico all'ambizione di conferire una sistemazione teoretica al caos empirico del pragmatismo mussoliniano e alle molteplici e contrastanti esigenze "storiche" del regime».

Tutto vero, ma anche Federzoni era poi rimasto al fianco di Mussolini. Certo, spiega l'autore di *Memorie di un condannato a morte*, «dopo che era stato incautamente impegnato l'onore dell'Italia nel malaugurato cimento, mi ero sentito vincolato anch'io al dovere della disciplina patriottica e avevo sperato sinceramente che al mio Paese potessero essere risparmiate l'onta e la sventura della disfatta». Ma Mussolini «non si era mai potuto ingannare circa il mio stato d'animo in quel tempo, sicché mi faceva spedire di quando in quando dal suo ministro della Cultura popolare copie fotografiche di articoli e informazioni di giornali britannici, che mi indicavano come uno degli italiani profondamente contrari all'alleanza tedesca e alla guerra». Gli articoli della stampa inglese erano regolarmente accompagnati con una formula burocratica: «D'ordine superiore, si trasmette per notizia». Questa, scrive Federzoni, «era una cortesia che aveva sapore di monito». Perciò «se fra noi dissenzienti e lui ci fu tradimento, fu il suo; fu quello con cui egli premeditò di imbottigliare anche noi, a nostra insaputa e a nostro malgrado, nella responsabilità della guerra».

E venne la seduta del Gran consiglio. «Quella notte non finiva mai» racconta sua figlia, Elena Federzoni Argentieri. «Alle quattro di mattina si sentì il rumore delle chiavi ed era papà che tornava esausto. Raccontò alla mamma i fatti principali, le disse che Grandi era andato direttamente a riferire al ministro della Real casa Acquarone, perché informasse il re, poi si addormentò tranquillamente, mentre la mamma poverina non riuscì a trovare sonno. Il giorno dopo, 25 luglio, quasi tutti i firmatari dell'ordine del giorno Grandi vennero a casa nostra a Roma per stendere il verbale della seduta. Papà raccomandò la massima prudenza perché la vendetta di Hitler non si sarebbe fatta attendere; consigliò soprattutto coloro che avevano partecipato al Gran consiglio per la prima volta di non fidarsi di nessuno e di sparire. Quelli che gli dettero retta ebbero la vita salva, gli altri purtroppo no.» Tra questi ultimi, Galeazzo Ciano, genero di Mussolini. Federzoni, aiutato dall'allora sostituto alla segreteria di Stato vaticana (nonché futuro papa Paolo VI) monsignor Montini, trovò ospitalità nell'ambasciata del Portogallo. Successivamente si trasferì in Brasile dove, sotto falso nome, rimase fino alle elezioni del 18 aprile 1948 che segnarono la definitiva vittoria del democristiano Alcide De Gasperi sui socialcomunisti guidati da Palmiro Togliatti e Pietro Nenni.

Arriviamo così a Enzo Storoni, autore di *La congiura del Quirinale*, figlio di un importante deputato liberale ed esponente anch'egli del mondo che faceva riferimento a Luigi Einaudi e a Benedetto Croce. Fu legale di fiducia del duca Pietro d'Acquarone e tale rimase anche dopo che questi assunse l'incarico di ministro della Real casa. Fu proprio dal duca d'Acquarone, ricostruisce Perfetti, che Storoni nella primavera del 1943 ricevette l'incarico di predisporre «un promemoria da far pervenire al re sulla situazione politica e sulle possibilità di uscire dal conflitto». A fine maggio, Storoni aveva assistito a un colloquio tra Vittorio Emanuele e l'ex presidente del Consiglio d'epoca prefascista, Ivanoe Bonomi, cui «era stato sottoposto il promemoria e che sostenne la necessità dell'intervento della Corona, dell'arresto di Mussolini e di avviare segretamente trattative con gli anglo-americani per uscire dalla guerra». E fu sempre lui, Storoni, a consegnare il 20 luglio al duca d'Acquarone un secondo promemoria «destinato pur esso al Re, ma elaborato insieme al conte Alessandro Casati sulla base di conversazioni con altri personaggi di rilievo del mondo liberale, dal giornalista e senatore Alberto Bergamini al marchese Pietro Tomasi della Torretta allo stesso Bonomi: un promemoria, questo, che illustrava le riserve dei liberali su una soluzione della crisi affidata, come sembrava propendesse il sovrano, a un "gabinetto d'affari" o apolitico». Una sorta di governo tecnico che, a parere di Storoni, dai fascisti sarebbe stato considerato «un intruso e un nemico» e, nello stesso tempo, «non avrebbe avuto una sicura capacità di udienza presso le potenze alleate».

Interessanti sono i giudizi di Storoni – un liberale intransigente al pari di Leone Cattani, Nicolò Carandini, Franco Libonati – sull'opera degli antifascisti, «coraggiosa ma forzatamente modesta». Fino a tutto il 1942, riferisce, non c'era stato «nemmeno il più esile collegamento tra monarchia e antifascismo». I nemici di Mussolini, tutti antipatizzanti nei confronti del re, sottovalutarono (anzi, non presero neanche in considerazione) l'avversione al regime che andava maturando in casa Savoia. Soprattutto dopo la caduta della Tunisia e lo sbarco alleato in Sicilia. Questo spiega perché il sovrano e il suo entourage tenevano in scarsissimo conto l'opinione dei liberali con i quali avevano mantenuto un qualche contatto. Non furono dunque questi ultimi a spingere Vittorio Emanuele III all'azione. Anzi, si può affermare «senza tema di smentita» che «artefice unica del colpo di Stato sia stata la monarchia». Fu poi «la forza degli eventi, più che la capacità d'azione degli uomini» ad accelerare il processo che portò al 25 luglio, e la riprova è nel fatto che in merito alla destituzione di Mussolini «il progetto e i modi dell'attuazione di esso furono frutto di affrettata improvvisazione».

Notevoli sono le pagine del memoriale di Storoni dedicate alla formazione del governo Badoglio. I ministeri più importanti in quel momento erano tre: Esteri, Interni e Cultura popolare. Ma per quel che riguarda gli uomini ai quali questi dicasteri furono affidati, Raffaele Guariglia era lontano da Roma e per arrivare da Ankara «tardò cinque giorni, cinque giorni fatali»; Bruno Fornaciari, ex prefetto fascista, legato al regime da relazioni e amicizie, «aveva le mani legate, tanto che dopo poco si dovette sostituirlo»; Guido Rocco «dichiarava candidamente di non conoscere nulla della stampa italiana e sembrava persino ignorare l'esistenza della radio che ai nostri giorni è uno strumento essenziale per il governo», talché, «circondato da funzionari che lo avevano seguito dal ministero degli esteri, si limitò a istituire la censura preventiva e a sopprimere praticamente ogni propaganda radiofonica». Non male per il primo governo postfascista. Solo Leopoldo Piccardi, che era l'unico dei nuovi ministri ad aver avuto in tempi precedenti rapporti con gli uomini dell'opposizione, «cercava in tutti i modi, nonostante le tremende difficoltà del momento, di imprimere un indirizzo politico al suo ministero, mantenendo rapporti continui con i politici». Gli altri «oscillavano tra la preoccupazione di non mettersi in vista e lo zelo di farsi perdonare un passato troppo recente». Del resto quei nomi furono scelti a corte, su indicazioni estemporanee, da parte di persone che si sentivano domandare dal re: «Lei conosce il tale?», oppure: «Qual è, secondo lei, il migliore funzionario del ministero talaltro?».

Dopo il 25 luglio del 1943, Storoni fu commissario all'Alimentazione nel gabinetto Badoglio. Di quell'esperienza ricorda il grande caos. Ex ministri, piccoli e grandi personaggi del fascismo ancora in circolazione, anche se «gli inconvenienti che ne derivarono furono gravi ma non fatali». «Se molti prefetti fascisti tardarono ad essere rimossi, se molte nomine furono sbagliate, se troppi fascisti furono lasciati in libertà, se la stampa fu soffocata e la radio totalmente ignorata, se molti altri inconvenienti si verificarono, tutto ciò non ebbe un'influenza decisiva sul corso degli eventi. [...] Bisogna tener presente che non si trattava di un cambiamento di governo, ma della caduta di un regime che per vent'anni aveva intessuto una rete fittissima di interessi e di complicità, ed era ben difficile spezzarla d'un colpo.» In seguito all'armistizio, Storoni si diede alla clandestinità braccato dai nazisti. Per poi tornare al governo da sottosegretario all'Industria con delega al Commercio estero, nel gabinetto guidato da Ferruccio Parri (giugno-dicembre 1945) e sottosegretario al Commercio estero nel primo governo presieduto da Alcide De Gasperi (dicembre 1945 – luglio 1946). Fu una personalità di spicco del Partito liberale, scrisse su «Risorgimento liberale» e sul «Mondo» di Mario Pannunzio. L'interesse del memoriale di Storoni, osserva Perfetti, non riguarda soltanto la genesi e lo svolgimento del colpo di stato e il ruolo della monarchia in questa contingenza; esso ricostruisce bene «il clima di incertezza che travolse, all'indomani del 25 luglio, "le nascenti classi politiche", preoccupate della volontà di far uscire il Paese dalla guerra, confuse dalle voci contraddittorie su trattative in corso con gli alleati e spinte, quasi inconsapevolmente, ad attribuire a Badoglio le più varie responsabilità». Tutte negative, ovviamente. E ingiuste, come quella di voler «ingigantire di proposito l'inesistente pericolo dei tedeschi» così da poter «svolgere una politica reazionaria».

Il giudizio di Storoni su Badoglio è invece assai meno ostile perché, scrive Perfetti, l'autore fu ben consapevole delle difficoltà del compito affidato al maresciallo e del fatto che la principale preoccupazione del capo del governo, peraltro condivisa totalmente con il sovrano, riguardava, appunto, la reazione tedesca non solo al cospetto della liquidazione del fascismo ma soprattutto di fronte all'armistizio. A proposito del quale nel libro vengono poste in evidenza «le difficoltà e le ambiguità» del contesto in cui si svolsero le trattative con gli alleati.

Pochi si resero conto del fatto che – come sostenevano Badoglio e Vittorio Emanuele III – «il pericolo di una reazione tedesca particolarmente efferata era reale». E che l'apprensione per quel pericolo accompagnò «lo svolgimento di trattative nel corso delle quali le due parti in causa, italiani e alleati, parlavano un linguaggio diverso». In altre parole, gli angloamericani (e i partiti antifascisti) non valutarono che quel tipo di reazione da loro provocata avrebbe allungato la guerra anziché accorciarla. Guerra che sarebbe durata per altri venti, terribili mesi.

Così Dino Grandi riscrisse la storia del 25 luglio 1943

Restiamo sui drammatici giorni del luglio 1943, partendo però da una dichiarazione datata tre mesi dopo, cioè quando erano trascorsi meno di cento giorni dalla defenestrazione di Benito Mussolini. Il suo successore, Pietro Badoglio, parlando agli ufficiali pronunciò queste testuali parole: «Il fascismo non è stato rovesciato da noi, da Sua Maestà o da me; il fascismo è caduto non per forza esterna, ma per la sua crisi interna; non poteva resistere più. Lo hanno abbattuto gli stessi componenti del Gran consiglio [...] che votarono, la sera del 24 luglio, a maggioranza contro Mussolini e ne segnarono la fine. Finalmente!». Il maresciallo Badoglio, in quell'occasione, raccontò solo una parte della verità, essendo stato poi accertato che dai vertici militari (i generali Vito Ambrosio, Giuseppe Castellano e il capo della polizia Carmine Senise, a ogni evidenza non all'insaputa di Vittorio Emanuele III) furono precedentemente predisposti i piani per un colpo di Stato. Un golpe elaborato senza coinvolgere nessuno dei gerarchi del regime. E che – magari non in quel preciso istante – sarebbe scattato comunque. Ne è certo Emilio Gentile, come si evince dalle pagine iniziali di *25 luglio 1943*.

Il Gran consiglio, istituito nel 1923, nel 1928 era diventato l'organo supremo del regime fascista. Nei suoi vent'anni di vita, si era riunito 186 volte; l'ultima, prima di quella del 24 luglio, il 7 dicembre 1939. Poi per quasi quattro anni non era stato più riconvocato, neanche al momento dell'ingresso dell'Italia nella Seconda guerra mondiale (10 giugno 1940) allorché Vittorio Emanuele aveva dovuto cedere, molto malvolentieri, alla richiesta avanzata da Mussolini di essere delegato al comando supremo di tutte le forze armate. Quel comando che adesso, secondo l'ordine del giorno presentato da Dino Grandi, all'epoca presidente della Camera dei fasci e delle corporazioni, avrebbe dovuto essere restituito al re.

E veniamo ai giorni decisivi. Il 10 luglio del 1943 le truppe alleate erano sbarcate in Sicilia e la reazione dell'esercito mussoliniano era stata del tutto inefficace. Nel pomeriggio del 16 luglio, Carlo Scorza (segretario del Pnf dal 19 aprile) assieme ad alcuni gerarchi era andato da Mussolini per un «conciliabolo» sul da farsi a seguito di quegli insuccessi militari. Il 19 luglio Mussolini aveva incontrato Adolf Hitler a Feltre per chiedere aiuto contro gli invasori. In quelle stesse ore Roma era stata bombardata da aerei inglesi e americani dopo che erano stati lanciati volantini in cui si suggeriva alla popolazione di ribellarsi alla prospettiva di «morire per Mussolini e per Hitler». Il 22 luglio Grandi fu ricevuto da Mussolini e gli parlò apertamente della sua intenzione di presentare un ordine del giorno. Il 24 lo stesso Grandi fece pervenire al ministro della Real casa Pietro d'Acquarone una lettera per il re con il testo dell'ordine del giorno (a condizione che il plico venisse consegnato al sovrano solo dopo le 17, quando la riunione dell'organo supremo del regime aveva già avuto inizio). Questa l'accertata successione degli eventi.

Furono, in tempi successivi, lo stesso Grandi e Luigi Federzoni a sostenere di essere stati loro ad aver preteso la convocazione di quel consesso. I due affermarono inoltre di aver avuto fin dall'inizio l'intenzione di «abbattere il Duce e la dittatura», più precisamente di «eliminare» Mussolini. Ma secondo Giuseppe Bottai – che ne scrisse sul proprio diario il 23 agosto del 1943 – l'arresto di Mussolini era stato, invece, conseguenza «d'un moto indipendente dal nostro, di ormai accertate origini militari»; Badoglio aveva svolto null'altro che il ruolo di «deus ex machina messo dalla Corona tra il nostro moto e il moto militare». Mussolini, un anno dopo i fatti, il 1° luglio del 1944, raccontò sul «Corriere della Sera» di aver con queste parole messo in guardia i suoi oppositori nel terzo e ultimo intervento da lui pronunciato in quella notte concitata: «Signori, attenzione! L'ordine del giorno Grandi può mettere in gioco l'esistenza del regime». Per poi aggiungere, dopo il voto per la restituzione al re del comando delle forze armate: «Voi avete provocato la crisi del regime!». L'ultimo segretario del Pnf, Carlo Scorza, confermò, nel 1968, di aver udito quelle frasi. Ma Tullio Cianetti – che ne scrisse in carcere nel dicembre del 1943, alla vigilia del processo di Verona – diede una versione difforme dell'accaduto: quelle parole Mussolini non le aveva mai pronunciate. Gentile, uno dei più autorevoli allievi di Renzo De Felice, mette in dubbio – sulla base di un'accurata esegesi delle testimonianze di tutti gli altri partecipanti alla seduta del Gran consiglio e di documenti inediti provenienti dalle carte di Federzoni – le ricostruzioni di Grandi e dello stesso Mussolini. Tra l'altro lo fa in polemica esplicita con il suo maestro: «Sorprende» scrive «che uno storico scrupoloso come De Felice abbia accreditato, senza avanzare alcun dubbio, la veridicità delle frasi mussoliniane sulla base delle citazioni di Scorza e di Grandi nei loro libri, trascurando il fatto che sia Grandi sia Scorza in un'altra versione del loro racconto le avevano ignorate». In ogni caso, prosegue

Gentile, «dai nuovi documenti risulta provato che le versioni sulla notte del Gran consiglio, date da Grandi, da Federzoni e da altri gerarchi nei loro resoconti, sono state più volte rielaborate e modificate con evidente abuso del senno del poi».

La verità che emerge dal libro di Gentile è che furono altri – non certo Grandi – i gerarchi che presero l'iniziativa di sollecitare la convocazione del Gran consiglio; che i diciannove votanti dell'ordine del giorno Grandi non si proponevano obiettivi comuni; che comunque tra questi obiettivi non c'era la destituzione di Mussolini, né tanto meno il suo arresto e neppure la fine del regime; che il duce stesso, infine, non ebbe una lucida contezza di quel che stava accadendo in quella notte. Se Mussolini considerava l'ordine del giorno Grandi, da lui conosciuto prima della riunione, un atto «inammissibile e vile» (come «sembra» che lo avesse definito lui stesso), perché, si chiede Gentile, «accettò che venisse discusso in Gran consiglio e di chiedere su di esso la votazione, anche se non era obbligato a fare né l'una né l'altra cosa, dal momento che solo al capo del governo, presidente di diritto del Gran consiglio, spettava di fissare l'ordine del giorno delle sedute?». E perché «non propose un proprio ordine del giorno o non rinviò la seduta come era in suo potere di fare e come altre volte in passato era accaduto?».

Su quel che realmente si dissero i gerarchi nella lunga riunione notturna del Gran consiglio (durò dieci ore) non c'è certezza. Alcuni dei congiurati si riunirono a casa di Federzoni nel pomeriggio del giorno successivo (al momento in cui Mussolini, uscito dall'incontro con il re, fu caricato su un'autoambulanza e privato della libertà). Lì redassero un verbale che avrebbe dovuto far fede delle parole realmente pronunciate. Ma questo prezioso documento non è mai venuto alla luce e quel che ne sappiamo risponde alle versioni lacunose e contraddittorie che ne fecero poi quasi tutti i partecipanti, alcuni molto tempo dopo l'accaduto. Grandi, il principale artefice della cospirazione, poteva vantare di aver scritto, il 21 aprile 1940, una lettera a Mussolini suggerendogli, con dotte argomentazioni, di tenere l'Italia fuori dal conflitto. Il duce non gradì quella missiva e definì quelle di Grandi «profezie cervellotiche di un intellettuale che legge troppi libri e fa poca ginnastica». Poi però, poco più di un mese dopo, a seguito del crollo della Francia, Grandi si era ricreduto e Galeazzo Ciano, il 9 agosto 1940, aveva annotato sul proprio diario i termini di questo ripensamento: adesso Grandi era diventato un grande fautore dell'alleanza con Hitler. L'ex ambasciatore italiano a Londra andò poi a combattere sul fronte greco-albanese. Da qui inviava al duce lettere piene di entusiasmo ma, secondo le sue ricostruzioni successive, fu proprio in questo momento – nel 1941 – che si convinse della necessità di metter fine alla dittatura mussoliniana. Chi lesse allora gli scritti pubblicati da Grandi fra il 1941 e l'inizio del 1942, scrive Gentile, «mai avrebbe sospettato in lui un gerarca avverso allo Stato totalitario, alla continuazione della rivoluzione fascista, al razzismo, all'antisemitismo, all'alleanza con la Germania nazista, alla guerra in corso». Avversione che, nel libro *25 luglio: quarant'anni dopo*, Grandi avrebbe retrocesso addirittura al 1932 (eccezion fatta per Hitler, che all'epoca non era ancora salito al potere). È vero però – ce ne sono testimonianze – che dopo essere tornato in Italia dalla Grecia, Grandi, privatamente, iniziò a polemizzare con il regime. «A Bologna – mi ha riferito Arpinati – Grandi fa il frondista liberale e monarchico» annota Ciano nel suo diario. Nel gennaio del '42 avrebbe detto (la fonte è sempre Ciano): «Non so come ho fatto a contrabbandarmi per fascista durante venti anni». All'epoca (fino al febbraio del '43) Grandi era ministro della Giustizia e, in quanto tale, incontrava il re due volte alla settimana per la firma delle leggi. Talvolta lasciava trasparire le sue esitazioni e il sovrano regolarmente gli rispondeva con cinque parole: «Si fidi del suo re». Secondo il generale Puntoni, questi incontri duravano pochi minuti. Una volta il gerarca si sfogò con il genero del duce confidandogli che a suo avviso il re era «rimbecillito». Vittorio Emanuele III probabilmente non voleva dar spazio alle confidenze di Grandi perché non se ne fidava e perché sapeva che questi avrebbe voluto al posto di Mussolini il maresciallo Enrico Caviglia, nemico personale di Badoglio, al quale invece pensavano lo stesso re e le persone sulle quali faceva affidamento. Per di più Grandi nelle ore che precedettero la seduta del Gran consiglio intendeva cedere a Giuseppe Bottai il suo incarico di presidente della Camera. È singolare, osserva acutamente Gentile, che pensasse a ciò con il consenso del duce «negli stessi giorni in cui meditava su come defenestrarlo».

Sul frondismo di Federzoni esiste invece qualche testimonianza di Giuseppe Bottai. Ma non si tratta di gran cosa: «Anch'egli annaspa; tutti annaspiamo» ammette lo stesso Bottai. Federzoni, tra l'altro, non andò neanche alla citata riunione del 16 luglio convocata da Scorza a Palazzo Venezia. In conclusione, scrive Gentile, «le versioni di Grandi e di Federzoni sull'origine del 25 luglio e sul loro ruolo non corrispondono alla realtà effettuale degli eventi e neppure al ruolo che gli aspiranti tirannicidi hanno raccontato di aver svolto nella notte del Gran consiglio».

E siamo alla notte del Gran consiglio. Grandi racconterà di essersi recato all'appuntamento con delle bombe in tasca e di aver avuto un ruolo da protagonista. «Nella realtà» precisa Gentile, anche qui «le cose si svolsero diversamente da come Grandi le ha raccontate, con frequenti discordanze nella cronologia e nella sequenza degli incontri con altri gerarchi, con inesattezze o invenzioni di cose dette o fatte.» Il giorno successivo – mentre Mussolini è a colloquio con il re – Grandi si rende irreperibile. Bottai anche. E pure Federzoni. Uno dei pochissimi che in quelle ore sembra aver mantenuto un contegno all'altezza degli eventi è Giuseppe Bastianini. La conclusione a cui giunge Gentile è che, nel senso pieno del termine, «non ci fu congiura per eliminare politicamente il duce» e non ci fu «complotto con il re». Tra l'altro il sovrano, come si evince dal diario di Bottai, era considerato dai promotori dell'ordine del giorno «infido»: sarebbe stato capace, scriveva l'ex ministro dell'Educazione nazionale, «di "scoprirci" dinnanzi a Mussolini. Non sarebbe stata la prima volta, né noi saremmo stati le prime vittime del gioco "mussoliniano", non "fascista", si badi, del re». Che poi molti gerarchi, a cominciare da Grandi, si siano voluti vantare – anni e anni dopo – di aver avuto un ruolo da giganti in quella cospirazione e di aver con ciò contribuito a cambiare (in meglio) la storia è qualcosa di umano e di comprensibile. Anche se le loro ricostruzioni risultano davvero traballanti ad un attento esame – come quello di Gentile – di ciò che è realmente accertabile.

Italia 1944: l'incursione tattica di Stalin e Togliatti

Altro che discontinuità. Quando, nella seconda metà degli anni Quaranta del Novecento, l'Italia divenne una potenza amica degli Stati Uniti, in realtà non fece che portare a compimento una politica sotterranea che, a dispetto (ma forse non del tutto) di quella mussoliniana, si era sviluppata sotto traccia già nel corso dei due decenni precedenti. Del resto, come scrisse Giuseppe Prezzolini, «uno Stato può essere democratico o totalitario, monarchico o repubblicano nella politica interna; ma in politica estera è soltanto uno Stato». E nel libro *La gabbia infranta. Gli Alleati e l'Italia dal 1943 al 1945*, Ennio Di Nolfo e Maurizio Serra sostengono che la storia del nostro Paese dalla caduta del regime fascista alla liberazione e alla resa tedesca sembra confermare che la politica estera fu il motore della continuità dello Stato nazionale. Nel senso che tutto quello che venne alla luce dopo, nell'Italia liberata, era stato già ampiamente preparato prima nell'Italia fascista. «Il mancato equilibrio tra emozioni e realismo – altro paradosso, nella patria di Machiavelli – conduce a vedere nelle "catastrofi" come nelle "vittorie" (con una preferenza, soprattutto mediatica, per le prime) più di quanto esse non contengano» scrivono Di Nolfo e Serra. «Ma le une e le altre fanno parte dell'evoluzione storica, segnano l'alternanza tra epoche di maggiore e minore rigoglio che caratterizza ogni

Stato-nazione, ogni soggetto dell'ordine internazionale considerato nel lungo periodo; a valutarle con la dovuta ponderatezza, entrano le une e le altre nella coscienza di un popolo, nella sua memoria collettiva. E sarà così fino a che non prevarranno altre, ancora lontane, aggregazioni dei soggetti internazionali».

Ma torniamo alle relazioni con gli Stati Uniti. Al di là «dell'alleanza occasionale tra Hitler e Mussolini avviata nel 1936 e conclusa formalmente nel 1939», scrivono Di Nolfo e Serra, «durante il periodo tra le due guerre si erano invece formati vincoli ben più solidi tra l'Italia (e l'Europa) e gli Stati Uniti che solo l'incontrollabile progetto hitleriano poteva, per qualche anno, accantonare senza poterli spezzare. Ciò significa che, nonostante la guerra, la struttura delle relazioni bilaterali italo-americane non veniva distrutta, poiché essa era costruita sulle basi ben solide della contiguità finanziaria, imprenditoriale e commerciale che la politica economica protezionistica o "autarchica" adottata da Mussolini nella seconda metà degli anni Trenta non riuscì a sradicare». E chi erano gli uomini al centro di questo rapporto con l'America? Il conte Giuseppe Volpi, che al mercato americano si era rivolto per sviluppare le proprie iniziative; Amedeo Giannini e Achille Olcese, il fondatore (all'indomani della Prima guerra mondiale) e l'amministratore (alla vigilia della Seconda) della Banca d'America e d'Italia che gestiva le rimesse degli emigranti; il figlio di Luigi Einaudi, Mario, che emigrato nel '33 negli Stati Uniti insegnava alla Cornell University nello Stato di New York; personalità dell'emigrazione antifascista quali Gaetano Salvemini e Carlo Sforza; Giovanni Agnelli, Vittorio Valletta, Alberto Pirelli, l'amministratore delegato della Banca commerciale italiana Giuseppe Toeplitz.

Anche Mussolini fu quantomeno ambivalente nei

confronti degli Stati Uniti. Ufficialmente nemico, ma in realtà... Fino alla primavera del 1940, cioè poche settimane prima dell'ingresso dell'Italia in guerra, restò sul tappeto l'ipotesi di un suo incontro con il presidente americano Franklin Delano Roosevelt e, ancora all'inizio del '42, dopo che l'Italia aveva dichiarato guerra agli Stati Uniti, il capo del fascismo diceva al capo della polizia Carmine Senise: «Non vi meravigliate se un giorno mi sentirete fare un discorso alla radio in onore di Roosevelt». Del resto il libro attribuisce «eccezionale importanza» a un episodio spesso trascurato dagli storici: quando l'Italia dichiarò guerra agli Usa, l'ambasciatore italiano, il principe Ascanio Colonna di Paliano, che lasciava Washington imbarcandosi su una nave passeggeri di un Paese neutrale, la Danimarca, fu raggiunto da un funzionario governativo americano, Frederick Lyon, il quale gli disse di riferire a Mussolini che gli Stati Uniti avrebbero avuto sempre una considerazione più benevola nei confronti del nostro Paese e molto diversa da quella riservata alla Germania.

E quando venne meno il riguardo americano per Mussolini, grande attenzione fu riservata agli ambienti antifascisti milanesi che si muovevano attorno all'ufficio studi della Banca commerciale italiana (Ugo La Malfa, Adolfo e Sinibaldo Tino, Ferruccio Parri). Un loro documento programmatico fu inviato a Washington su iniziativa di Rino De Nobili, un diplomatico italiano rifugiato in Svizzera dopo che aveva lasciato la carriera per avversione al fascismo. E un secondo documento fu inviato nel giugno del 1942 tramite Enrico Cuccia, allora semplice funzionario della Banca commerciale che sotto la copertura di una missione bancaria riuscì a raggiungere Lisbona e a contattare George F. Kennan, in quel momento addetto all'ambasciata americana in

Portogallo. Altra importante personalità di questa trama segreta fu Myron C. Taylor, rappresentante personale di Roosevelt presso Pio XII, a cui il regime fascista concesse di atterrare a Ciampino e raggiungere il Vaticano passando per le strade di Roma, nonostante fosse la capitale di un Paese in guerra con gli Stati Uniti.

Fino all'ultimo ci fu nella stessa Italia fascista chi cercava una via per evitare al nostro Paese la catastrofe. Personaggio chiave di questa fase politica (di più, a detta degli autori di *La gabbia infranta*: «protagonista») fu Giuseppe Bastianini, già sottosegretario agli Esteri con Galeazzo Ciano (1936-39), successivamente ambasciatore a Londra (1939-40), quindi governatore della Dalmazia occupata dalle forze italiane e dal febbraio 1943, quando Ciano fu rimosso e mandato a fare l'ambasciatore presso la Santa sede, di fatto ministro degli Esteri, nei panni di sottosegretario di Mussolini che aveva avocato a sé la titolarità del ministero. Tra il febbraio e la fine di luglio Bastianini, fortemente inviso ai tedeschi e soprattutto a Joachim von Ribbentrop per le sue riconosciute inclinazioni filooccidentali, effettuò un ampio e mirato movimento diplomatico (in particolare inviò a Lisbona, centro nevralgico per le trattative con i «nemici», Renato Prunas, destinato a svolgere successivamente le funzioni di ministro degli Esteri nel Regno del Sud) per cercare un canale di comunicazione con gli anglo-americani. Il fine di Bastianini era quello di costruire (con Romania e Ungheria) un Asse trasversale danubiano balcanico che mettesse l'Italia in condizione di uscire dalla guerra e di resistere, in una stagione successiva, a una penetrazione sovietica. Bisogna riconoscere, scrivono Di Nolfo e Serra, che Bastianini, nei limiti della sua visione, «mostrava coerenza e preveggenza nell'anticipare in una certa misura gli scenari della guerra fredda».

Ma Bastianini rimase inascoltato e per Mussolini fu la fine nella seduta del Gran consiglio del 25 luglio 1943. Il suo successore, Pietro Badoglio, riprese a tessere la trama del rapporto con gli americani. E però la pregiudiziale antimonarchica (cioè la richiesta da parte delle formazioni antifasciste di dimissioni del re Vittorio Emanuele III) tenne bloccato il suo governo anche dopo la firma dell'armistizio, resa pubblica l'8 settembre di quello stesso anno. «L'impedimento che urge rimuovere» dichiarò Benedetto Croce a un quotidiano inglese «è la persona del re, Vittorio Emanuele III, che ha aperto le porte al fascismo, lo ha favorito, sostenuto, servito per oltre vent'anni, lo ha seguito in tutte le sue azioni e persecuzioni più contrarie alla moralità [...]. Pretendere che l'Italia conservi il presente re, è come pretendere che un redivivo resti abbracciato con un cadavere.» Tesi che fu ribadita con decisione nel congresso dei partiti antifascisti riuniti a Bari il 28 e 29 gennaio 1944. E riaffermata senza tentennamenti dai comunisti Velio Spano ed Eugenio Reale in un incontro con Badoglio che chiedeva loro di entrare al governo. Finché a fine marzo 1944 il leader comunista Palmiro Togliatti, rientrato in Italia dall'Unione Sovietica, sbloccò la situazione con la «svolta di Salerno» accantonando la pregiudiziale di cui si è detto. Ed è su questo passaggio che si concentrano i capitoli più interessanti di *La gabbia infranta*. Già Elena Aga Rossi e Victor Zaslavsky avevano assai approfondito il tema dimostrando l'intreccio e la complementarietà tra le decisioni di Stalin e quelle di Togliatti anche in quello specifico frangente. Di Nolfo e Serra si spingono più in là investigando su una missione in Italia compiuta dal viceministro degli Esteri sovietico Andrej Vyšinskij tra la fine di novembre e i primi di dicembre del 1943, allorché l'emissario di Stalin incontrò rappresentanti del governo italiano, Guido Pazzi, Raimondo Manzini nonché il già citato Prunas per discutere di come giungere al riconoscimento diplomatico del governo Badoglio e di come far rientrare in Italia Togliatti. Il progetto andò in porto e rese possibile la nascita (il 21 aprile 1944) di un secondo governo, presieduto sempre da Badoglio ma appoggiato dai partiti antifascisti.

E qui viene il capitolo significativamente intitolato «La leggenda della svolta di Salerno», nel quale i due autori ridimensionano fortemente la portata della mossa di Togliatti. Secondo Di Nolfo e Serra gli americani erano pronti già in quel momento a dare un avallo alla svolta e, non fosse stato per un veto di Churchill, «avrebbero accelerato lo sviluppo della dialettica politica interna, senza dare al Partito comunista quel ruolo demiurgico che esso parve assumere dopo il ritorno di Togliatti in Italia e isolandolo, piuttosto, nelle sue posizioni di estrema contrarietà a un compromesso che presupponeva il riconoscimento della continuità del sistema politico italiano, così come esso era stato ricostituito da Badoglio dopo la caduta di Mussolini e, più ancora, dopo l'armistizio e la dichiarazione di guerra alla Germania». Fu, dunque, solo il braccio di ferro tra Gran Bretagna e Stati Uniti sul destino immediato del nostro Paese a consentire a Stalin e Togliatti l'incursione tattica. La quale fece però «perdere di vista a Togliatti e ai suoi suggeritori le conseguenze che l'accelerazione imposta alla politica italiana avrebbero inevitabilmente provocato; Togliatti barattò, per una questione importante dal punto di vista del Pci ma tale da provocare un effetto controproducente per il suo stesso partito, il colpo di teatro a un prezzo troppo elevato perché fosse davvero accettabile per gli altri partiti, inoltre offrì a Badoglio e agli Alleati il destro per rovesciare, e in maniera ben più durevole, l'equilibrio esistente tra le forze politiche italiane; ciò che ottenne in cambio fu la partecipazione del Pci a un governo che sarebbe durato poco più di un mese e che sarebbe poi stato sostituito da un altro governo, nel cui ambito il Pci non avrebbe avuto una posizione egemone ma subalterna». L'effetto più immediato «fu di risvegliare dal sonno gli americani, che sino a poco prima avevano guardato distrattamente alle cose d'Italia».

In questo modo «la manovra di Togliatti e il riconoscimento sovietico finivano per ritorcersi contro chi ne era stato l'autore» per «la maniera unilaterale e segreta con la quale la diplomazia sovietica, aggirando lo spirito dell'armistizio, e sorvolando sulla questione della piena fluidità delle informazioni fra alleati, aveva cercato di eludere le preclusioni anglo-americane, senza tener conto delle suscettibilità che ciò avrebbe sollevato e dei sospetti che avrebbe fatto sorgere». Il tutto nella continuità e nella piena legittimità formale del governo Badoglio, «il che accentua il carattere della cosiddetta svolta di Salerno come momento conclusivo e non come momento costituente del nuovo assetto politico italiano».

La svolta di Salerno, in altre parole, è l'occasione in cui Roosevelt si rende conto che le divisioni tra Stati Uniti e Gran Bretagna offrono a Stalin la possibilità di incunearsi più di quanto lui stesso avesse messo nel conto. E da questo momento il presidente americano si mostra molto più risoluto nei confronti di Churchill. A giugno (1944) le truppe alleate entrano a Roma e in un batter d'occhio Badoglio viene sostituito alla guida del governo da Ivanoe Bonomi. Churchill scrive al presidente americano: «La sostituzione di Badoglio con questo gruppo di vecchi e famelici politicanti è, credo, un grande disastro. Dal momento in cui, sfidando il nemico, Badoglio ci ha consegnata sana e salva la flotta, egli è stato per noi un utile strumento. Era inteso, credo, che egli sarebbe dovuto rimanere al suo posto». Stalin prova ad appoggiare le rimostranze di Churchill, ma Roosevelt tira dritto. Da questo momento, per chi sa osservare i movimenti delle cose, gli Stati Uniti sono la nuova stella polare della politica italiana. Parte una missione per gli Usa guidata dal già menzionato Guido Pazzi («pressoché ignorata dalla ricerca storica», lamentano i due autori). Ma Pazzi ha il torto – agli occhi di un'amministrazione americana che già intravede all'orizzonte il rischio di un nuovo conflitto con la Russia staliniana – di prospettare un ruolo italiano nell'ambito di un'alleanza Usa-Urss in funzione antinglese. Parte poi una seconda missione, ancor meno nota della precedente, guidata da Enrico Scaretti. E poi una terza – più conosciuta – di Quinto Quintieri (già ministro delle Finanze con Badoglio, poi presidente della Banca di Calabria) e di Raffaele Mattioli (amministratore delegato della Banca commerciale italiana) assistiti rispettivamente da Mario Morelli e da Enrico Cuccia. Ma anche da un funzionario del ministero degli Esteri voluto da Prunas: Egidio Ortona. Questa terza missione è connotata da un intento ostile alla Gran Bretagna ma assai meglio dissimulato e soprattutto senza nessuna apertura di credito all'Urss. E costituisce la pietra miliare del nascente rapporto tra Italia e Stati Uniti, di un'importanza pari a quella del viaggio di Alcide De Gasperi in America nel 1947. La svolta di Salerno era servita dunque più che a mettere i comunisti al centro del nuovo gioco politico, a risvegliare gli Stati Uniti e a far nascere oltre Atlantico una politica per l'Italia che nel secondo dopoguerra avrebbe fatto da cardine alla ricostruzione del nostro Paese.

Il vero tradimento del maresciallo Pétain

Fu tradimento quello di Pétain che collaborò con la Germania nazista, dopo la sconfitta dell'esercito francese a opera delle truppe hitleriane (maggio del 1940)? E chi può essersi considerato tradito se la stragrande maggioranza dei francesi – nonché il loro Parlamento, eletto nella seconda metà degli anni Trenta in condizioni democratiche – si schierò dalla parte del maresciallo? È l'interessante interrogativo posto da Avishai Margalit nella parte centrale del suo saggio *Sul tradimento*.

Lo studioso mette a paragone il destino che toccò in quello stesso frangente storico alla Polonia (brutalmente sottomessa e colonizzata dai tedeschi) e quello della Francia a cui fu, appunto, concessa l'«opportunità di collaborare» con gli invasori. Opportunità fatta propria, come si è detto, da gran parte dei francesi, i quali considerarono un fatto positivo che i tedeschi avessero lasciato al regime di Vichy l'amministrazione di ben quattro quinti del territorio nazionale. A mettersi di traverso fu però il generale De Gaulle, con l'effetto di essere considerato per lungo tempo egli stesso un «traditore»: traditore della volontà della maggioranza dei suoi connazionali. Eppure il collaborazionismo, scrive Margalit, è per definizione «l'associazione con il nemico», e perciò «la forma più odiosa di collaborazionismo è il tradimento da parte di individui o gruppi che condividono l'ideologia dei vincitori». Questo collaborazionismo «è più ripugnante di quello che segue un tornaconto personale, dato che il tradimento qui non consiste solo nell'aiutare il nemico, ma ne sostiene anche la superiorità spirituale, anziché limitarsi a constatarne la superiorità della forza militare». Inoltre, «l'identificazione ideologica con il nemico offre una giustificazione al fatto che gli occupanti tengano ben stretti gli artigli sulle proprie prede».

I tedeschi, fa notare Margalit, tra il 1940 e il 1944 governarono su oltre trentotto milioni di francesi senza dover ricorrere ad altri che a una «minuscola parte dei propri amministratori e dei propri poliziotti». L'interesse degli occupanti a ridurre al minimo il dispendio di uomini nella gestione dell'occupazione poté essere realizzato solo grazie a una «massiccia» collaborazione da parte della popolazione sottomessa. Tale occupazione «morbida» ebbe un costo, per l'occupante tedesco: quello di lasciare una certa autonomia all'occupato. Il guadagno fu però che in questo modo la Germania nazista riuscì ad «acquistare» (per così dire) il consenso degli sconfitti. E infatti i francesi scelsero di «farsi comprare»: «Non tutti i francesi e non per tutta la durata dell'occupazione, ma la maggior parte dei francesi e per la maggior parte dell'occupazione, accettarono di collaborare». La maggioranza dei francesi si mostrò – forse anche per giustificarsi agli occhi di se stessa – convinta che il collaborazionismo fosse «il solo modo per limitare i danni della sconfitta e per evitare un governo gestito direttamente dai nazisti». All'epoca De Gaulle, sottolinea Margalit, risultava per molti suoi connazionali «irrilevante se non peggio, irritante». L'autore tuttavia ha parole poco diplomatiche anche nei confronti di coloro che si opposero a Pétain: il movimento della resistenza francese, secondo lui, «sembrava talvolta più un genere letterario che un'attività ribelle effettiva». Se si misura la resistenza francese in base alle divisioni che i nazisti impiegarono a combatterla, essa «non sembra essere stata molto significativa». Le forze della Francia libera di De Gaulle, scrive Margalit, erano «abbastanza impressionanti per quanto riguardava le cifre, ma non per l'equipaggiamento»; nel momento di massimo splendore, verso la fine del conflitto, comprendevano trecentomila soldati. Naturalmente, prosegue il filosofo israeliano, «dopo la guerra convenne a tutti alimentare il mito secondo cui la Francia era spaccata tra una maggioranza di resistenti e una minoranza di collaborazionisti». Fandonie. Questo mito fu peraltro ridotto in frantumi già nel 1969 dal documentario di Marcel Ophüls *Le chagrin et la pitié* nel quale si registrava in modo assai persuasivo l'altissimo grado di consenso dei francesi all'occupazione nazista e al regime di Vichy.

Su questo dato si fonda l'interrogativo di Margalit: se effettivamente Pétain era sostenuto da gran parte dei suoi compatrioti, in che senso li avrebbe traditi? E, data la sconfitta subita dalla Francia nel maggio del '40, quali furono le colpe del regime che nacque da quel rovescio? Nel caso di Vichy e di Pétain, secondo l'autore di *Sul tradimento*, «depone contro di loro l'atto inconfutabilmente malvagio dei rastrellamenti e delle deportazioni di ebrei francesi nei campi di sterminio». Spogliare gli ebrei francesi della loro cittadinanza significava «tradire la Francia come nazione votata alla sua missione universale». È qui che, secondo Margalit, si annida il «tradimento». Perché? In seguito alla Rivoluzione, Parigi si vedeva unanimemente designata alla realizzazione della volontà universale: la Francia assumeva «la prospettiva dell'umanità in senso lato», in opposizione «a qualsiasi definizione etnica del popolo francese». Il regime di Vichy era volto a «distruggere questa eredità della Rivoluzione francese». Il tradimento collaborazionista ai danni degli ebrei francesi dovrebbe essere dunque considerato come il tradimento dell'eredità della Rivoluzione, secondo cui la solidarietà è fondata unicamente sulla cittadinanza conferita universalmente.

A questo punto della sua ragionata ricostruzione, Margalit piazza un colpo a effetto che impreziosisce la sua dissertazione e propone quello che lui stesso definisce «un argomento a favore del collaborazionismo». Se il tradimento a danno degli ebrei francesi costituì la cartina di tornasole del collaborazionismo con la Germania, scrive, esso presenta anche qualcosa «che gli apologeti del collaborazionismo di Pétain possono utilizzare con profitto a proprio vantaggio». Si parte da Drancy, il campo di transito da cui tra il 1942 e il 1944 gli ebrei francesi vennero deportati nei campi di sterminio, «ciò che costituisce innegabilmente una pagina terribile e tragica». È vero: «tra i deportati ci furono anche seimila bambini». È altrettanto vero: i collaborazionisti del regime di Vichy ebbero «un ruolo vergognoso in questa vicenda». Quel che si è testé detto (e che è ampiamente documentato) è inoppugnabile. Ma «bisognerebbe mettere a confronto le cifre» dalle quali balza agli occhi che «il destino degli ebrei nei Paesi collaborazionisti fu molto migliore di quello che veniva riservato loro nei Paesi che non collaborarono con i tedeschi». Si scopre che «nei luoghi in cui la popolazione sceglieva il collaborazionismo anziché la "polonizzazione", sopravvisse una percentuale più alta di ebrei». In Francia, dei 350.000 ebrei presenti sul territorio prima della guerra, «solo» 77.000 furono assassinati, mentre nell'eroica Jugoslavia ne furono trucidati 60.000 su 78.000. Nel Belgio collaborazionista il rapporto fu di 29.000 assassinati su 66.000

israeliti di prima della guerra, mentre nella vicina Olanda, governata direttamente dai tedeschi, ne vennero uccisi 100.000 su 140.000. In sostanza «per gli ebrei fu meglio vivere sotto un regime collaborazionista». Certamente nessun Paese scelse di collaborare con i nazisti «per il bene degli ebrei». Ma «sembra che all'atto pratico per gli ebrei il collaborazionismo sia stata una scelta migliore della polonizzazione». Il collaborazionista nega che il suo sia «un gioco rigorosamente competitivo in cui una parte guadagna esattamente ciò che l'altra perde». Il collaborazionismo è odioso e umiliante, ma «entrambe le parti, nonostante l'enorme asimmetria, possono guadagnarci». In che senso? L'occupazione, scrive il filosofo, comporta una coercizione, ma coercizione non significa che l'accordo offerto alla parte sconfitta, ovvero la collaborazione, non sia migliore dell'assenza di qualsiasi accordo: il collaborazionismo, questa specifica forma di tradimento, secondo Margalit, «è ciò che di meglio si può fare in alcune circostanze nefaste». Coloro che detengono il potere e che scelgono di accettare questo genere di accordo «non dovrebbero essere considerati dei traditori ma dei patrioti che hanno il coraggio di scegliere il male minore in una situazione di estrema difficoltà». Nel corso della Seconda guerra mondiale, per gli ebrei – pur in un dramma di proporzioni immani – fu meglio trovarsi a vivere in Paesi «traditori» e collaborazionisti come Francia e Belgio che in quelli che «non tradirono» e «non collaborarono» come la Polonia o la Jugoslavia.

Nonostante ciò, secondo Margalit, fu giusto considerare Pétain un traditore. È la «storia condivisa del popolo francese» scrive «che Pétain ha corrotto e tradito». Il maresciallo «ha tradito con il suo tentativo di creare una Francia sradicata dalla propria memoria e dall'eredità della Rivoluzione francese». Avrebbe potuto sostenere «di aver radicato più di chiunque altro le proprie azioni in un passato condiviso, un passato che la Rivoluzione aveva distorto creando una Francia omogenea e artificiosa [...]. In questo senso, chi poteva accusare proprio lui, tra tutti, di aver tradito il passato condiviso?». Ogni passato, tiene a specificare Margalit, è composito, è una miscela di elementi nobili e di elementi ripugnanti. Essere leali a un «passato condiviso» significa «qualcosa di più che accettare tanto i lati positivi quanto quelli negativi». Significa «impegnarsi a mantenere in vita ciò che si ritiene essere la parte migliore del proprio passato». Ed è a questo impegno che Pétain, l'eroe vittorioso della Prima guerra mondiale, è venuto meno. Se interpretiamo «il tradimento come tradimento della volontà generale della popolazione occupata», possiamo vedere nel collaborazionismo anche «il tradimento delle generazioni passate». L'idea è che i rapporti forti di una comunità in un Paese occupato vadano al di là della popolazione presente in un determinato momento storico e dovrebbero anzi includere «la comunità del passato». Un consenso contingente nella comunità che vive sotto l'occupazione potrebbe «tradire la comunità del passato».

A fine conflitto Pétain, il 15 agosto del 1945, fu condannato a morte per alto tradimento (salvo poi veder commutata la pena in ergastolo), mentre De Gaulle fu acclamato come un eroe nazionale. Ma anche De Gaulle, per Margalit, merita qualche considerazione. Se portate d'urgenza in ospedale un vostro amico privo di sensi, scrive, potete decidere a nome suo, pur in assenza di una delega formale, su alcune questioni che riguardano la sua salute. Si potrebbe vedere in De Gaulle un «amico» di questo genere, il rappresentante informale dei francesi, «in uno stato di necessità di una Francia momentaneamente priva di sensi» che in quel lasso di tempo si sarebbe trovato «nella posizione migliore per esprimere il bene comune del proprio Paese». Ma, avverte l'autore di *Sul tradimento*, «l'idea che in uno stato di necessità un rappresentante possa incarnare il bene comune di una collettività è un'idea rischiosa: sembra un invito rivolto a individui affetti da manie di grandezza o dal cosiddetto "complesso del Messia" ad agire in nome del popolo con la pretesa di insegnare alle persone ciò che è meglio per loro». E non è solo un problema di porte spalancate ai megalomani. Si può anche legittimamente avere paura che la «volontà generale» spiani la strada alla «democrazia totalitaria». Però, una volta prese le dovute precauzioni, conclude in proposito Margalit, «l'idea di una volontà generale in una forma o nell'altra è indispensabile per affrontare la questione di chi ha diritto di parlare a nome di un popolo che appartiene a un Paese militarmente occupato».

Dopodiché il giudizio finale deve tener conto di alcune importanti circostanze: «De Gaulle, che apparteneva al medesimo ambiente conservatore di Pétain, aveva il corretto senso storico di ciò che valeva la pena conservare della storia francese e, cosa ancor più importante, di ciò che avrebbe comportato il suo tradimento». Invece Pétain, oltre a un giudizio storico sbagliato, «elaborò un giudizio morale erroneo, sostenendo un regime fondato sulla distruzione dell'idea stessa di umanità». In un certo senso, Pétain «tradì anche il popolo con il quale sentiva di avere un rapporto estremamente forte, corrompendo i valori del passato condiviso». O anche solo accettando che fossero corrotti.

In merito al collaborazionismo, Margalit non si sottrae a un giudizio sul «caso orribile» degli Judenräte, i consigli ebraici che il regime nazista istituì in molti ghetti, costretti a fornire manodopera forzata, a tenere registri di coloro che venivano mandati nei campi di sterminio e a collaborare alla deportazione delle vittime. Non c'è dubbio, scrive il filosofo israeliano, che nell'Europa sottoposta all'occupazione nazista gli ebrei subissero, sia collettivamente che individualmente, una «brutale costrizione» da parte dei tedeschi. Ciò non ha evitato che dopo la guerra il termine Judenrat tra gli ebrei divenisse sinonimo di collaborazionismo e di tradimento, ed essere stato un membro di tali consigli equivaleva – nel loro giudizio – a esser stati collaborazionisti. Si trattava, scrive Margalit, di un giudizio «crudele, sommario e non basato sulla conoscenza dei fatti». Anche se poi «sullo scivoloso crinale del collaborazionismo non ci sono appigli a cui aggrapparsi per attutire la caduta». Il che indurrebbe a pensare che per il tradimento, anche quello «a fin di bene», ci sia poi un prezzo da pagare. Sempre.

De Gaulle ingrato con Churchill e Roosevelt

Quella di Adolf Hitler – che iniziò nell'aprile del 1940 con l'attacco alla Scandinavia – fu un'offensiva davvero travolgente a cui arrise un successo che Olivier Wieviorka in *Storia della Resistenza nell'Europa occidentale 1940-1945* definisce «spudorato». Il risultato fu che all'inizio dell'estate i principali Paesi europei – Gran Bretagna a parte – avevano deposto le armi e da Bruxelles a Varsavia, da Parigi a Oslo, da Praga ad Amsterdam sventolava la bandiera nazista. I capi di Stato o di governo di Belgio, Norvegia e Olanda avevano trovato riparo a Londra; «nutrite schiere di volontari» risposero agli appelli diffusi dal francese Charles de Gaulle, dal belga Hubert Pierlot e dal norvegese Johan Nygaardsvold e, con il fondamentale sostegno degli Alleati, diedero inizio a una resistenza contro le truppe che marciavano dietro il vessillo con la croce uncinata. Finita la guerra, però, dappertutto nei Paesi che avevano resistito fu promossa una politica della memoria che «minimizzava il contributo degli Alleati quando addirittura non lo passava sotto un indifferente silenzio». Lo stesso De Gaulle, nel discorso che tenne a Parigi il 25 agosto del 1944, rese omaggio al proprio Paese liberato «con le proprie mani, dal proprio popolo, con l'aiuto degli eserciti della Francia, con l'appoggio e il concorso della Francia tutta, della Francia che lotta, dell'unica Francia, della vera Francia, della Francia eterna!». Limitandosi, sottolinea Wieviorka, a «salutare con un fugace e striminzito omaggio i "nostri cari e ammirevoli alleati"». In Danimarca la Resistenza fu considerata come qualcosa a cui i britannici si erano limitati a «fornire i mezzi». E fu così dappertutto. Lì per lì la cosa parve naturale. Del resto, come ha osservato lo storico Pieter Lagrou, «esaltare il contributo dei movimenti di resistenza endogeni era l'unico modo che [quei Paesi] avevano a disposizione per costruire un mito nazionale». Questa «visione idilliaca», scrive però Wieviorka, «corrisponde ben poco ai fatti, quantomeno a quelli colti dagli storici». Anche per quel che riguarda la coalizione nata all'ombra della Union Jack e della bandiera a stelle e strisce che «risentì degli aspri rancori del periodo tra le due guerre e portò con sé concezioni divergenti, quando non opposte, dell'avvenire dell'umanità». È noto che, pur cooperando, Londra e Washington vennero più volte ai ferri corti. Quanto ai fattori nazionali, ebbero sì «un ruolo eminente nella nascita della Resistenza», ma poi, nella crescita della reazione ai nazisti, «la parte svolta dagli angloamericani fu di indiscutibile centralità».

Se vogliamo ricostruire la storia della Resistenza in Norvegia, Danimarca, Paesi Bassi, Belgio, Francia e Italia – la zona di intervento angloamericana – è necessario, secondo Wieviorka, sfuggire a «quattro forme di semplificazione». La prima è di «credere che gli Alleati onnipotenti tirassero le fila delle resistenze locali». La seconda di «ritenere che queste ultime potessero svilupparsi adeguatamente senza aiuti esterni». La terza di «immaginare che la necessità di abbattere il nazismo abbia fatto scomparire d'un sol colpo le logiche di interesse». La quarta di «sopravvalutare il ruolo svolto dalla dimensione nazionale della lotta comune». Ne viene fuori un quadro assai più sfaccettato di come andarono le cose. Quel che davvero accadde nell'Europa continentale travolta dalle armate naziste fu assai poco lineare. Spesso, anzi, assai in contrasto con la versione accreditata degli eventi. A partire dalla stizzita reazione francese alla subitanea capitolazione dell'Olanda e del Belgio. «Ecco che nel vivo della battaglia il re del Belgio Leopoldo III senza degnare neppure di uno sguardo e una parola i soldati francesi e inglesi che in risposta al suo appello angosciato erano accorsi in aiuto del suo Paese, ha deposto le armi» protestava il presidente del Consiglio francese Paul Reynaud, stigmatizzando la resa belga come «un fatto storico senza precedenti». Per proseguire con lo sconcerto generale allorché, dopo l'invasione hitleriana della Norvegia, il partito comunista locale, allineato sulle posizioni di Mosca, chiese la collaborazione con Berlino pur reclamando «per contrappeso» l'abdicazione del re Haakon (fuggito in Inghilterra) e la formazione di un «governo degli operai, dei contadini e dei pescatori». Anche la regina Guglielmina d'Olanda riparò in Gran Bretagna mentre il «suo» governo (guidato da Dirk Jan de Geer, presto indotto alle dimissioni) cercava la via di un compromesso con Hitler. In Belgio, il ministro degli Esteri Paul-Henri Spaak confortava il re Leopoldo III scrivendogli che, se la Germania non avesse riportato al più presto «una vittoria decisiva», il suo destino sarebbe stato di essere «sconfitta». Era il 26 maggio 1940. Quarantott'ore dopo, il 28 maggio, l'esercito belga si arrese, il re si consegnò prigioniero e l'intero Consiglio dei ministri riparò in Francia, ai primi di luglio fu a Vichy per cercare una trattiva con il Führer. Tutto ciò mentre il ministro della sanità Marcel-Henri Jaspar era scappato in Inghilterra per pronunciare dalla Bbc un discorso echeggiante quello del generale De Gaulle. Dopodiché i ministri, mai presi in considerazione da

Hitler, espatriarono in Inghilterra dove però non furono considerati granché a causa della loro performance alla corte di Philippe Pétain. In ogni caso la stessa Londra esitava a rompere con Vichy nella speranza che alcuni importanti ufficiali – come il generale Weygand – «passassero prima o poi al campo della libertà». Winston Churchill ordinò sì il cannoneggiamento della squadra navale francese ancorata nella base algerina di Mers-el-Kébir, nei pressi di Orano (ciò che provocò la rottura tra Londra e Vichy) ma cercò ancora di tenere il piede in due staffe evitando di affidarsi in toto a De Gaulle e di infierire sul vincitore di Verdun. Una Francia neutrale, dal suo punto di vista, «restava preferibile a una Francia legata mani e piedi alle sorti del Reich». Un identico calcolo fu alla base della strategia britannica nei confronti della Danimarca. Un quadro assai confuso. Così come l'altro quadro, quello del contrasto europeo al nazismo, fu assai deludente.

A questo punto il ministro dell'Economia di guerra, il laburista Hugh Dalton, scrisse a Churchill: «Dobbiamo organizzare nei territori occupati dal nemico movimenti paragonabili al Sinn Féin irlandese, alle guerriglie cinesi attualmente operative contro il Giappone, agli irregolari spagnoli che tanto peso hanno avuto nella campagna di Wellington [contro Napoleone, 1808-13] o ancora – si può ben ammetterlo – alle organizzazioni che gli stessi nazisti hanno sviluppato in modo così degno di nota in quasi tutti i Paesi del mondo». Hugh Dalton proponeva di costituire un'«Internazionale democratica» – fu lui stesso a definirla così – che avrebbe dovuto produrre «sabotaggio industriale e militare, scioperi e agitazioni dei lavoratori, propaganda incessante, atti terroristici contro i traditori e i capi tedeschi, boicottaggi e sommosse». Il 19 luglio del '40 nacque il Soe (Special Operations

Executive) che fu annesso al ministero di Dalton con il compito di «incendiare l'Europa».

Non fu affatto semplice dar inizio alle operazioni. La disponibilità a opporsi ai nazisti gradualmente andò aumentando in tutti i Paesi d'Europa, tranne in Italia. «Non abbiamo nessun italiano in addestramento» si dispiaceva il capo del Soe nell'ottobre 1941 «non abbiamo linee in Italia (a parte due vaghi contatti con base in Svizzera); e abbiamo assolutamente fallito nel reclutamento di persone che potessero servire al Regno Unito, al Medio oriente o a Malta.» Wieviorka fa osservare che le condizioni dell'Italia (fino all'8 settembre del '43) sono diverse da quelle degli altri Paesi occupati dalle armate hitleriane. Nel senso che il nostro Paese, fino all'estate del '43, è ancora sotto il regime mussoliniano e alleato con Hitler. Però gli inglesi ugualmente non si capacitano dell'apatia politica degli italiani (escludendo i comunisti, con i quali non entrarono se non marginalmente in contatto). Poi, con l'andare del tempo, per quel che riguardava l'Italia, scrive Wieviorka, «la Gran Bretagna passò di delusione in delusione». Gli inglesi non avrebbero voluto far perno sugli esiliati che consideravano «sconosciuti o dimenticati dai loro compatrioti» (come il conte Sforza, don Sturzo o Gaetano Salvemini, che pure aveva creato nel '39 la Mazzini Society). Si illusero che potesse accendere una miccia Carlo Petrone, rifugiato in Inghilterra dal 1939, al quale nel gennaio del '41 fu affidato il compito di dar vita a un Comitato dell'Italia libera. Ma si accorsero ben presto che Petrone era «assolutamente ignoto al grande pubblico», le sue capacità di manovra apparivano «sommarie», il suo ascendente «limitato». Inoltre in luglio alcuni membri del Comitato si rivoltarono, revocarono il mandato a Petrone e lo sostituirono con Alessandro Magri, «un annunciatore che lavorava per la propaganda britannica», messo su due piedi a capo del Movimento dell'Italia libera. Risultato? Petrone sostenne di essere stato esautorato per il fatto di esser lui un cattolico e inondò di rimostranze le autorità britanniche. «Molti miei amici come io stesso» scriveva «siamo preoccupati della tendenza di estrema sinistra che sembra prevalere in seno al Movimento dell'Italia libera [...]. Comincia ad apparirmi necessaria la formazione di un nuovo organismo, più rappresentativo, in grado di esprimere i sentimenti degli italiani che sono leali nei confronti di questo Paese e più aggiornati sulla situazione che regna nel nostro.» Poi aggiungeva considerazioni che al Foreign Office furono lette con un certo stupore: «Su un centinaio di membri [del gruppo capeggiato da Magri] più della metà sono ebrei. Va sottolineato che un tale movimento non è rappresentativo della situazione esistente in Italia». Anche se si sentì in dovere di precisare: «Non parlo evidentemente "da un punto di vista razziale" ma da un punto di vista psicologico, sociale e religioso». I britannici stabilirono che Petrone era diventato «un fastidio».

A questo punto andarono quindi a cercare ribelli italiani tra gli internati nei campi di prigionia in India e in Africa del Nord. A loro fu rivolto un appello alla lotta che però non venne raccolto. Purtroppo, si legge su un rapporto dei servizi inglesi, «i soldati italiani catturati sono perlopiù assolutamente felici di restare prigionieri e non mostrano alcun desiderio, mosso dal denaro o da altri motivi, di rientrare nel loro Paese alla ventura». Per attirare i volontari dai campi di internamento, ricostruisce Wieviorka, fu addirittura lanciato un giornale – «La Diana» – «dalle colonne piene d'amore e di sesso, due argomenti ritenuti attraenti per dei maschi privati dei piaceri della carne». Ma senza risultato. A un certo punto gli inglesi imputarono questi insuccessi all'assenza di un «capo prestigioso», un «De Gaulle italiano» che, dopo molte ricerche, fu individuato nel generale Annibale Bergonzoli, soprannominato «Barba elettrica». Ma il generale Francis Davidson dopo un periodo di collaborazione ne fornì questo ritratto: «Ritenuto dai bersaglieri un ciarlatano, compie improvvise visite a sorpresa nelle unità e raramente si fa trovare in ufficio [...]. Lo ritengo inadatto a diventare il capo di qualsiasi movimento dell'Italia libera essendo di temperamento esaltato e vagamente instabile. Ha probabilmente raggiunto il rango che ricopre sottomettendosi al Partito fascista. In ogni caso quando ha combattuto contro di noi ha mostrato più velocità che fegato».

La lotta clandestina fu poi danneggiata, secondo Wieviorka, dai paraocchi ideologici dei grandi di Stati Uniti e Gran Bretagna. Il «gretto antigollismo» di Franklin Delano Roosevelt «indebolì l'efficacia della Resistenza francese», così come il «conservatorismo» di Winston Churchill «sfavorì la sua omologa italiana, a cui fu intimato di sottomettersi a un re senza più credito e a un maresciallo in pesante passivo». Beninteso: «Con o senza Resistenza, l'Europa occidentale sarebbe stata liberata dalle forze angloamericane». Ma, riconosce l'autore, i partigiani favorirono l'avanzata delle truppe alleate e permisero di limitare il costo umano di un conflitto spaventoso. Evitarono anche pericolosi vuoti di potere, «riuscendo a farsi carico del passaggio di testimone fra le autorità tedesche, sostenute da minoranze collaborazioniste, e i nuovi governi». E questo non fu un dettaglio da poco.

II

FORZATURE E DEFORMAZIONI

Gli errori di Federico II nel suo ruolo di padre

Il rapporto col passato vive anche di momenti di rinnovato interesse per periodi e personaggi storici. Un fenomeno che abbiamo visto all'opera a partire dai primi anni Duemila nei confronti di Federico II. In questa linea si inserisce il testo monumentale di Wolfgang Stürner *Federico II e l'apogeo dell'impero*, all'interno del quale merita un'attenzione particolare l'introduzione di Ortensio Zecchino, dove si analizza come diverse correnti storiografiche nonché diversi regimi hanno tentato di far propria la figura del sovrano vissuto tra il 1194 e il 1250 che segnò di sé la sua epoca e quelle successive. Ma l'imponente libro di Stürner è uno strumento indispensabile per fare luce su importanti questioni connesse all'esperienza fridericiana e ad alcune sue vicende esistenziali, prima tra tutte il conflitto che lo oppose al figlio Enrico destinato a diventare il suo erede e che invece segnò drammaticamente la loro vita per risolversi, infine, in tragedia.

In passato Enrico è stato quasi sempre trattato dagli storici alla stregua di uno stolto e spesso la denigrazione a suo danno appariva motivata più dalla necessità di cantare le lodi del padre che da suoi peccati di comportamento. Come vedremo ci sono studiosi che attualmente rivalutano Enrico re di Germania e quasi sposano, per così dire, le ragioni che lo indussero allo scontro con l'imperatore Federico. Non è il caso dell'opera di Stürner, che però anche su questa vicenda appare più approfondita, dotta e sottile delle innumerevoli che l'hanno preceduta.

Enrico, nato nel 1211, trascorse i primi cinque anni di vita con la madre, Costanza d'Aragona, alla corte di Palermo. In seguito, su disposizione del padre, si recò con Costanza in Germania (1216) e lì, allorché Federico ottenne da papa Onorio III la corona imperiale a Roma (1220), crebbe in assenza dei genitori. Incoronato re ad Aquisgrana (ma sotto la tutela di un reggente) a undici anni, a quattordici fu costretto a sposare Margherita d'Austria che era molto più anziana di lui. Quando nel 1231 Enrico manifestò l'intenzione di divorziare dalla moglie per sposare Agnese di Boemia, Federico si oppose. Il problema di fondo, ha scritto Hubert Houben nel suo *Federico II. Imperatore, uomo, mito*, era di natura politica: Federico voleva che il figlio governasse attenendosi scrupolosamente ai suoi ordini; Enrico dovette però considerare il divieto di separarsi da Margherita come lesivo del suo rango regale, una sorta di limitazione della sua autorità. E fu scontro. Che si concluse con la deposizione di Enrico, la sua lunga prigionia, il suo ammalarsi di lebbra e infine il suicidio (1242). Alla morte del figlio, Federico lo fece seppellire con tutti gli onori nel duomo di Cosenza e nella lettera (scritta dal capo della sua cancelleria Pier della Vigna) con la quale esortava il clero del Regno di Sicilia a pregare per il defunto si soffermò con queste parole sul conflitto che li aveva divisi: «Anche se non siamo stati piegati dalla superbia di un re vivo, siamo commossi dalla morte di questo nostro figlio; non siamo i primi e non saremo gli ultimi a sopportare i danni delle trasgressioni dei figli e ciò nonostante a piangere dopo i loro funerali [...]. Né l'acerba sofferenza generata dalla trasgressione è per i genitori una medicina efficace contro il dolore: la natura, pungendoli, li fa dolere per la morte dei figli, anche se essi li hanno offesi con la loro irriverenza, che si oppone alle leggi della natura stessa».

Stürner – come si diceva – dedica grande attenzione al dissidio tra Federico e suo figlio Enrico mettendolo in relazione, almeno per quel che riguarda la fase iniziale, alla rivolta di Messina che esplose nell'agosto del 1232 e che costrinse l'imperatore a rimanere in Sicilia dall'aprile del 1233 al febbraio del 1234. La sommossa di Messina – che si era poi estesa a Siracusa e a Nicosia – era stata provocata dalla durezza, o meglio dal rigore di Riccardo di Montenegro, rappresentante di Federico in quella regione. Era stato del resto lo stesso Federico a disporre il divieto alle città di eleggere propri funzionari e giudici, a decidere per un consistente aumento degli oneri fiscali e a stabilire il mancato rinnovo dell'esenzione della dogana per il porto di Messina. Come reazione ebbe una sommossa di cui Riccardo di Montenegro fu solo un bersaglio apparente. E per aver ragione dell'insurrezione l'imperatore si vide costretto a promettere un perdono generale; poi però, una volta che ebbe domato la rivolta, non tenne fede alla parola: fece arrestare i capi di quei moti, ne impiccò o mise al rogo la gran parte, imprigionò o bandì dalla città i loro seguaci e fece distruggere completamente alcune colonie che si erano distinte nei tumulti. Perdonò, invece, e promosse di rango Riccardo di Montenegro.

Scottato da quell'esperienza, Federico affrontò la questione del figlio con particolare durezza. Enrico era stato assai leale, alla fine degli anni Venti, nei confronti del padre, scomunicato da Gregorio IX nonostante avesse ottenuto – al termine di un negoziato con il sultano d'Egitto – la restituzione di Gerusalemme ai cristiani. Enrico si era scontrato con tutti coloro che si andavano alleando con papa Gregorio (in primis Ludovico di Baviera) in cospirazioni che sembrava avessero come fine la destituzione dell'imperatore. Ma il padre non gliene fu affatto grato. Anzi. secondo Stürner l'imperatore prese spunto dal complesso rapporto tra il figlio e i principi tedeschi per rendere pubblica la sua contrapposizione a Enrico. La dieta di Worms del gennaio 1231 «aveva costretto Enrico a revocare le concessioni fatte in un primo tempo alle città sulla Mosa ma anche a ratificare il ruolo di predominio dei principi che governavano le città». I cittadini non potevano concludere patti o alleanze tra loro contro la volontà dei principi e il re non avrebbe potuto approvare tali alleanze. La successiva dieta che si tenne di nuovo a Worms, alla presenza del sovrano, dalla fine di aprile all'inizio di maggio dello stesso anno, «si spinse più in là. Richiamando l'accordo che Federico aveva stretto con i principi ecclesiastici nel 1220, i principi imperiali ottennero la ratifica della loro posizione di *domini terrae* attraverso un privilegio reale. Il re rinunciava espressamente a fondare città, a costruire castelli o nuove strade, istituire mercati o zecche nei loro territori senza il loro consenso». Oltre a ciò, il re «concedeva ai principi l'esercizio indisturbato della giurisdizione e dei diritti feudali e si impegnava a tenere a freno le tendenze espansionistiche delle città sul suolo regio, cui quelli guardavano, come sempre, con preoccupazione». Il re proibiva altresì «alle città di occupare i suburbi e di appropriarsi di beni, di accogliere i servi della gleba fuggiti dai loro signori, di estendere la loro giurisdizione e il diritto di scorta nei territori limitrofi e di compiere atti amministrativi a spese dei principi». Questo documento metteva in luce la forte posizione che i principi tedeschi avevano acquisito rispetto al re. A differenza del 1220, inoltre, «i principi imperiali, laici ed ecclesiastici, rappresentarono i loro interessi in maniera compatta, come un unico ceto, e il re – ciò che può risultare importante nel giudizio su Enrico – non ricevette nulla in cambio della propria compiacenza, del suo ufficiale riconoscimento dell'evolversi degli eventi a loro favore».

Nel 1232 l'imperatore convocò in modo assai brusco suo figlio ad Aquileia (non si vedevano da dodici anni, da quando Enrico ne aveva nove) dove riconobbe in maniera formale e piena le sue decisioni e la sua dignità regale, ma ribadì anche l'assoluto predominio della propria posizione «obbligando Enrico a una drastica, rigorosa e perfino umiliante sottomissione al suo potere imperiale». Il re rientrò in Germania molto scosso e ferito nell'orgoglio e il padre da quel momento non si fidò più di lui. E fu la rivolta di Messina, con la feroce repressione che ne seguì. In quell'occasione papa Gregorio IX, scrive Stürner, «non solo sospettò che Federico avesse messo al rogo i suoi avversari, facendoli passare per eretici, ma biasimò anche le dure misure imperiali contro l'insurrezione siciliana, definendole senza troppe perifrasi crudeli e ingiuste, e accusò inoltre Federico di aver spinto alla ribellione i sudditi con la sua politica di oppressione invece di conquistarli con l'amore, come si conveniva a un regnante cristiano: sembrava quasi che volesse negare al sovrano temporale il diritto di usare la forza».

E il dispetto dell'imperatore fu assai grande allorché nell'agosto del 1233 Enrico, accompagnato a sorpresa dal vescovo di Strasburgo ma anche dall'arcivescovo Sigfrido di Magonza e dal vescovo Ermanno di Würzburg, per oscuri motivi mosse con un grande esercito contro Ottone figlio di Ludovico e nuovo duca di Baviera, infliggendogli una pesante sconfitta. Dispetto che si trasformò in collera quando nel dicembre del 1234 Enrico strinse un accordo con Milano e le città della Lega: «Agli occhi dell'imperatore», scrive Stürner, «quell'accordo dovette apparire un crimine assurdo e orrendo che dimostrava con assoluta chiarezza i propositi di alto tradimento di suo figlio, miranti alla rovina dell'impero». Nel 1235 Federico scatenò la guerra contro Enrico e, nonostante quest'ultimo avesse inviato ambasciatori per chiedergli perdono e annunciare la sua sottomissione, non si fermò finché non lo ebbe sconfitto e imprigionato, con le conseguenze di cui si è detto all'inizio.

Stürner a questo punto si misura con i lavori su Federico II di due importanti storici tra loro contrapposti: Christian Hillen e Theo Broekmann. Concorda con Hillen il quale ha sostenuto che «i principi imperiali, al pari dei nobili tedeschi, ebbero contatti molto più intensi con il padre che dimorava nella lontana Italia che con il giovane re, furono sostenuti da Federico e contribuirono a plasmare la sua idea sugli avvenimenti tedeschi, mentre attuavano i suoi propositi. E che Enrico non riuscì, evidentemente, a creare un'analoga rete di rapporti personali incentrata su di sé: e così alla fine non ebbe più appoggi tra le personalità di rango, come pure tra i rappresentanti della ministerialità». Dissente invece da Broekmann che ha approfondito il conflitto tra padre e figlio sostenendo che «Federico sarebbe stato influenzato dal modo di risolvere le divergenze vigente in Sicilia, fondato sul *rigor iustitiae*, sull'autorità e la spietata durezza, mentre Enrico, agendo in conformità con il sistema di valori vigente a nord delle Alpi, avrebbe combattuto in difesa del suo onore e del suo prestigio di re; dalla sua sottomissione egli si sarebbe quindi atteso, fino alla fine, non solo di ricevere il perdono imperiale, ma anche, grazie a questo, il proprio *honor regio*». Di fatto

Broekmann accusa Federico di non aver saputo dar prova di misericordia. Un imperatore duro, spietato, contro un re tedesco mite. Ma Stürner gli contesta che «Federico biasima sempre, senza eccezione, la durezza del diritto romano che egli intendeva alleviare con la mitezza e la misericordia delle proprie costituzioni». Naturalmente, prosegue, «nella prassi politica lo svevo dimostrò di saper punire in maniera estremamente crudele; ma si trattò quasi sempre di casi di aperta e palese infrazione della legge o di alto tradimento come la rivolta dei Saraceni in Sicilia o la congiura del 1246. D'altra parte fin da giovane Federico mostrò di saper perdonare le ribellioni, una volta sconfitte, richiamandosi alla propria misericordia e pietà, e promulgò il *corpus* di Melfi [...] soltanto dopo un'accurata consultazione con i rappresentanti del regno». Né «gli erano estranee le usanze nordiche, e quando giunse in Germania praticò per lungo tempo, con convinzione e successo, le forme di sovranità consuete in quei luoghi (perciò biasimate ancora da qualche storico dei nostri giorni) come dovette sperimentare anche suo figlio». Da quest'ultimo «lo separava forse soprattutto la divergenza di fondo circa il ruolo dei principi imperiali; e questa divergenza spiega il rifiuto di Enrico di recarsi alla fine del 1231 alla grande dieta organizzata dal padre a Ravenna, come pure la sua alleanza, certamente sfortunata, con i tradizionali antagonisti dei sostenitori più fedeli dell'imperatore, nonché il patto da lui stretto infine con Milano, l'acerrima nemica di Federico». Tutte decisioni, queste, che «portarono al duro contrasto tra padre e figlio, fino a renderlo insanabile; sicuramente Enrico maturò la profonda convinzione di essere stato costretto alla lite con il padre dalla volontà di tutelare la propria dignità e orgoglio regio. Ma di certo Federico poteva rivendicare lo stesso, con altrettanta convinzione, forte anche delle concezioni vive nell'impero e insistere inoltre sul suo superiore rango, come pure – fatto per lui decisivo – sull'obbedienza che il diritto divino e naturale prescriveva al figlio nei confronti del padre».

Stürner, pur inserendosi nel solco degli storici tradizionali tutti impegnati a sostenere le ragioni di Federico, attenua – ed è la prima volta – il giudizio sui torti di Enrico. Imputa a quest'ultimo una «percezione troppo ottimistica dei propri spazi di azione» e gli muove l'accusa «politica» di non aver tranquillizzato – con la mutevolezza delle sue prese di posizione – la borghesia cittadina ma soprattutto, nella collaborazione che ebbe con i principi dell'impero, di aver parteggiato per coloro che era evidente prima o poi sarebbero entrati in conflitto con la causa sveva, mettendosi in urto con quelli che erano destinati a restare fedeli alla sua famiglia. Ma il libro contiene rilievi anche per il padre. «Da parte sua» sostiene Stürner «Federico non facilitò certo le cose, pretendendo dal figlio, senza avere con lui rapporti o vincoli personali, la sottomissione al comandamento che ingiungeva l'obbedienza al padre, ossia un atto tanto infantile quanto formale: per risvegliare nel figlio il senso di un simile dovere e al contempo conquistarlo alla propria concezione politica, avrebbe dovuto offrirgli un'attenzione paterna continua, con parole e consigli personali. Se il figlio fallì per le sue debolezze caratteriali e per un'errata percezione delle possibilità di manovra della dignità regale tedesca, il padre mancò nel compito di trasmettere al figlio questa percezione.» Siamo solo agli inizi della revisione di quel rapporto tra padre e figlio, ma il riequilibrio di giudizio c'è ed è di sostanza.

Dante Alighieri e il digiuno del conte Ugolino

Nel XXXIII canto dell'*Inferno* Dante Alighieri fu spietato con la città di Pisa fino ad augurarsi che l'Arno la inondasse e tutti i cittadini morissero annegati. Ma, poche terzine dopo, lo fu altrettanto con Genova e soprattutto con i Genovesi, spingendosi ad auspicare che fossero «del mondo spersi». A suo modo, l'autore della *Divina Commedia* fu dunque equidistante in merito al conflitto che aveva contrapposto Genova e Pisa nel Duecento, secolo in cui, quasi per intero, la posta in gioco tra le due città di mare era stata l'egemonia nelle acque del Tirreno. Precedentemente, a dire il vero, Genova e Pisa si erano sostenute l'un l'altra nella difesa dagli assalti saraceni che avevano conosciuto l'apice con la devastazione del porto genovese (934-935), quando – come riferisce Liutprando di Cremona – i nordafricani piombarono a più riprese sulla città, uccidendo quasi tutti gli uomini dopo aver saccheggiato le chiese. Pisa fu poi aggredita dai predoni «mori», ma in modo meno violento, nel 1005 e nel 1011. Verso la fine dell'XI secolo i corsari arabi si fecero meno aggressivi e tra le due città iniziò l'era della breve pace e della lunga competizione. Competizione ogni anno più accesa, fino allo scontro finale che è oggetto dell'interessantissimo libro di Antonio Musarra *1284. La battaglia della Meloria*.

Si parla della battaglia navale che l'autore ribadisce essere «la più grande del Medioevo» tra due di quelle che il Risorgimento ci avrebbe poi «malamente abituato» a definire repubbliche marinare laddove «di repubblicano – per come intesero i maggiori – avevan in fin dei conti poco». Battaglia che, diciamolo subito, si concluse con una clamorosa vittoria dei genovesi e che «fu avvertita come decisiva per l'ascesa di Genova e la decadenza di Pisa». Lo scontro tra le due città, scrive Musarra, non fu «affatto una faida di campanile, così come, talvolta, si trova etichettato». Si inserisce invece in quello che potrebbe essere definito «il secolo degli Italiani». Quantomeno, afferma lo storico, «il secolo in cui gli Italiani – termine qui utilizzato per praticità, sia chiaro – mostrarono un dinamismo tale da ritrovarsi a predicare in terre assai lontane e a commerciare su tutti i mercati di una certa rilevanza: dal Mar Nero alle Fiandre, dall'Africa settentrionale alla penisola iberica, dalle foci del Danubio all'Asia, dalla Provenza alle coste dalmate, greche, anatoliche, siro-palestinesi ed egiziane».

Il Duecento è il secolo della «rivoluzione commerciale» provocata da un clamoroso balzo nella modernità dell'economia di scambio e di mercato. Volendo fornire un «esempio inusuale», Musarra chiama a testimone delle proprie tesi san Francesco con la sua «condanna dell'accumulo improduttivo e la conseguente spinta all'investimento, mezzo per accrescere il bene comune (altro che disputa sulla povertà!)». Dopodiché «la crescita di volume degli scambi incise profondamente sulle relazioni tra i principali protagonisti – potremmo dire, i centri propulsori – della cosiddetta "rivoluzione commerciale", configurando, sovente, situazioni di conflitto». Quanto ai contendenti di cui si parla in questo libro, «il Tirreno diventava progressivamente troppo angusto per contenere gli uni e gli altri». Le basi dell'antagonismo tra pisani e genovesi erano rintracciabili nel tentativo di accaparrarsi il monopolio delle rotte e degli scali lungo la direttrice che da Genova recava alla Sicilia e ai porti del Maghreb, e che, inevitabilmente, attraversava le acque della Corsica e della Sardegna, sulle quali entrambe le città avevano messo mano ricavandovi parte del proprio sostentamento». Ma sulla questione pesarono altri fattori, «dall'instabilità interna ai rivolgimenti del quadro politico peninsulare ed europeo, al puro e semplice desiderio di preservare l'*honor civitatis*». Il commercio, l'annona, l'entrata daziaria erano voci importanti, ma si mescolarono a una situazione internazionale – «utilizzo volentieri un altro anacronismo» precisa Antonio Musarra – «in veloce mutamento, capace di incidere profondamente sugli assetti di entrambe le città».

I rapporti tra Genova e Pisa iniziarono a essere tesi nel mar Tirreno proprio a causa della Corsica, isola irrequieta in cui il papato possedeva un cospicuo patrimonio fondiario. Tra il 1077 e il 1078 papa Gregorio VII aveva incaricato il vescovo di Pisa, Landolfo, grande sostenitore della riforma gregoriana, di «domare» la Corsica. Papa Urbano II nel 1092 aveva premiato gli sforzi compiuti dai pisani nell'impresa voluta dal suo predecessore, elevando la loro città a sede arcivescovile e concedendo al presule i poteri metropolitani sulle diocesi corse. Concessione rinnovata senza problemi fino al 1120 allorché Genova, da tempo ingelosita del primato concesso alla città rivale, mise in mare una flotta per muovere all'assalto del Porto Pisano. L'operazione si concluse con un insuccesso, ma ebbe l'effetto di inorgoglire eccessivamente i pisani, al punto di indurre il loro arcivescovo a entrare in conflitto con papa Callisto II. Poi, ai tempi del successore di Callisto, Onorio II, i rapporti tra Pisa e il papa si ristabilirono. Nel frattempo, però, i genovesi avevano moltiplicato gli attacchi, piccoli e grandi: nel 1129 avrebbero inseguito i pisani sino a Messina, il cui borgo fu saccheggiato per aver dato riparo agli odiati rivali.

Nel 1133, in occasione dello scisma che sconvolse la Cristianità occidentale, Pisa e Genova si ritrovarono dalla stessa parte, schierate a sostegno di papa Innocenzo II in opposizione all'antipapa Anacleto II. Ma Innocenzo, che ne aveva bisogno in funzione antinormanna (oltreché per staccarla dalla diocesi milanese a lui ostile), elevò Genova ad arcidiocesi e le affidò la «cura» di tre vescovati corsi, sottoponendo di fatto al controllo ligure metà dell'isola. Ormai tra le due città marinare lo scontro era aperto e definitivo. Nel giugno del 1162 il quartiere genovese di Costantinopoli fu assalito dai pisani; i genovesi reagirono attaccando nuovamente Porto Pisano e depredando le navi di Pisa che incrociavano al largo della Corsica e della Sardegna.

Fu poi nel Duecento che le due città giocarono tra loro una complessa partita tra guelfi e ghibellini. Ai tempi di Federico di Svevia, i Genovesi appoggiarono l'imperatore (con una politica che però Musarra definisce «ondivaga»). Il ghibellinismo genovese fu piuttosto «d'etichetta». La città che soffriva dell'isolamento causatole dall'Appennino non ebbe mai l'opportunità che aveva avuto Pisa di districarsi tra l'agro – «paludoso quanto si vuole ma, comunque, ampio» – e il mare. La struttura urbana genovese, così come la diffusione al proprio interno di un'economia incentrata sulla proprietà navale e sull'investimento, spingeva verso l'immagazzinamento di modeste quantità di merci, che, dunque, sostavano nel porto per il breve tempo del pagamento dei diritti di dogana. Piuttosto «erano i capitali a fare gola». E in ciò Genova ebbe una grande spinta verso la modernità. Il resto lo fece quello che Musarra – riprendendo una definizione di Arthur Conolly a descrivere il conflitto tra

Russia e Gran Bretagna per il controllo nell'Ottocento di alcune regioni dell'Asia Centrale – battezza «Great Game mediterraneo». Un «grande gioco» condotto tra Costantinopoli, Alessandria d'Egitto, Creta, lo stretto di Messina e quello di Bonifacio, Baleari, Corsica, Sardegna, Sicilia, le coste del Maghreb, quelle iberiche fino alle colonne d'Ercole.

E siamo alla Meloria, al 6 agosto 1284. Il conflitto aveva avuto inizio attraverso anni di «azioni solo apparentemente estemporanee», mirate in realtà a «ritardare e ostacolare i piani bellici dell'avversario». Pareva, annota Musarra, «che le flotte delle due città andassero cercandosi a vicenda, senza mai trovarsi l'una di fronte all'altra, premettendo le ragioni della guerra di corsa, del blocco del vettovagliamento, delle comunicazioni e del trasporto di truppe armate allo scontro vero e proprio». Il primo scontro, in maggio, tra le due flotte avvenne in Sardegna, a Tavolara, isola a cui, per parte pisana, il conte Ugolino della Gherardesca aveva voluto allargare il conflitto: i pisani ebbero la peggio, perdendo quattordici galee.

E venne il giorno della battaglia. A prendere la direzione della costa pisana erano state le navi genovesi, i cui equipaggi erano fiaccati a causa della traversata. Ma i pisani non attaccarono al mattino quando avrebbero potuto giovarsi della stanchezza dei nemici: attesero tutto il giorno sotto il sole agostano, armati dalla testa ai piedi. I genovesi, invece, si erano riposati – senza indossare le armature – per gran parte della giornata e, quando attaccarono, fecero a pezzi gli avversari. Alla Meloria, sostiene Musarra, si scontrarono «sostanzialmente due opposte concezioni della guerra e della guerra navale in particolare». Più «antiquata» e «legata maggiormente alle tecniche e agli armamenti della guerra di terraferma, quella pisana, che prevedeva l'uso di galee corazzate – dunque più lente negli spostamenti – e di uomini pesantemente armati, oltre che di arcieri». La concezione dei Genovesi era invece più «moderna», caratterizzata «dalla rapidità di manovra, dall'adozione di armature leggere e dall'uso prevalente di balestrieri». E i balestrieri ebbero la meglio sugli arcieri.

Genova trattenne in seguito oltre novemila prigionieri pisani. E il trattato di pace con Pisa venne solo quattro anni dopo la Meloria, nel 1288. A farne le spese fu il conte Ugolino, podestà di Pisa, che aveva cercato di districarsi tra le diverse istanze dei suoi concittadini e quelle dell'arcivescovo Ruggieri per poi finire rinchiuso assieme ai suoi figli e nipoti nella Torre dei Gualandi o della Muda dove morì di inedia. Forse addirittura indotto a cibarsi in extremis della carne di alcuni dei congiunti, come potrebbe aver lasciato intendere Dante nel XXXIII canto dell'*Inferno* di cui si è detto all'inizio («più che 'l dolor, poté 'l digiuno», ma i più sono convinti che l'Alighieri non volesse alludere a un episodio di cannibalismo). In ogni caso si salvò un figlio di Ugolino, Lotto di Donoratico, che era stato catturato dai genovesi a seguito della catastrofe della Meloria e che fu incarcerato a Genova nella casa di Niccolò Boccanegra. Lotto sarebbe stato liberato nel 1292 – otto anni dopo essere stato imprigionato e tre dopo la morte di suo padre, dei suoi fratelli e nipoti – a seguito del pagamento di ventimila lire genovesi, oltreché della cessione di alcune proprietà nel cagliaritano e dell'impegno ad acquistare degli immobili nel distretto genovese. Cosa che gli avrebbe consentito di acquisirne la cittadinanza.

In passato, scrive l'autore, «si tendeva ad attribuire agli esiti infausti della battaglia un mutamento strutturale dell'economia pisana, costituito dall'abbandono generale della navigazione in favore d'un ripiegamento verso le attività di terra». Ma, «se la reale consistenza di tale mutamento è ancora dibattuta, senza dubbio non è più possibile attribuirne le cause alla Meloria». Semmai, ci si può riferire «a dinamiche complesse e di lungo periodo». Ad esempio, «il rapporto con gli altri agglomerati urbani dell'interno – in particolare con Firenze e Lucca –, la predilezione per determinate tipologie di merci», ma anche «la progressiva assunzione da parte di alcune società di mercato, generalmente a base familiare, di formule "aziendali"». Un fatto nuovo nell'economia pisana due-trecentesca è costituito, infatti, dal sorgere di compagnie bancarie e mercantili («diciamo, per far arrabbiare qualcuno, dal sapore squisitamente fiorentino» ironizza Musarra) dotate di basi e postazioni in tutto il Mediterraneo, capaci di garantire a Pisa «una discreta vivacità per buona parte del Trecento». E anche successivamente, dopo che i fiorentini di Gino Capponi, corrompendo il capitano del popolo Giovanni Gambacorta, conquistarono Pisa nell'anno 1406.

La leggenda del doge Marino Falier precursore del Risorgimento

Nella notte tra il 15 e il 16 aprile 1355 il doge Marino Falier prese parte a una congiura atta a sovvertire i poteri veneziani. Forse addirittura la ordì. Lo avrebbe fatto perché adirato con i nobili della sua città i quali, a suo giudizio, non lo avrebbero difeso con un'adeguata condanna del giovane patrizio Michele Steno (futuro doge), reo di aver oltraggiato lui e la sua giovane moglie: il nobile avrebbe scritto sulla sedia del doge: «Marin Falier de la bela moier, altri la galde [la gode] e lui la mantien». Ma il complotto fallì. Scoperto, Falier fu mandato a morte: immediatamente, la sera del 17 aprile, gli venne tagliata la testa. La sua immagine fu poi rimossa dal Palazzo ducale dove venivano esposti i ritratti dei dogi e sostituita dalla scritta: «Questo fu il posto di ser Marino Falier decapitato per il crimine di tradimento». Quando poi, più di due secoli dopo, il Palazzo ducale andò in fiamme (1577), al posto del quadro che avrebbe dovuto ritrarlo fu vergata una nuova scritta con l'intento di ricordare come Falier fosse stato l'unico doge mandato a morte in quel modo atroce per aver tradito le istituzioni. Giorgio Ravegnani, nel libro *Il traditore di Venezia. Vita di Marino Falier doge*, riesamina quella lontana vicenda prendendo le distanze sia dalla versione, per così dire, romantica che ne fu data all'inizio sia da quelle più politiche dei secoli successivi.

La storia è nota perché a essa – oltre alle molteplici trattazioni teatrali, nonché ai quadri di Joseph-Nicolas Robert-Fleury, Eugène Delacroix e Francesco Hayez – Lord Byron dedicò (nel 1820) una celebre tragedia. Byron – come lui stesso raccontò in seguito – fu inizialmente colpito dall'aspetto passionale di quell'affaire. Successivamente un amico, Matthew Lewis, gli fece osservare che se avesse proposto un Falier geloso si sarebbe messo «in contesa con gli scrittori ormai consolidati, per non parlare di Shakespeare, e con un argomento già sfruttato». Decise allora di fare del «suo» Falier una sorta di precursore del Risorgimento italiano presentandolo come «un rivoluzionario ante litteram che tenta di liberare Venezia dai tiranni da cui è dominata». Un personaggio «perfettamente adattato ai modelli della propaganda repubblicana dell'epoca». Al Falier morente, fa notare Ravegnani, vengono messe in bocca da Byron «frasi meravigliose, ma alquanto fuori luogo in quello che dobbiamo presumere essere stato il vero contesto storico». In un libro della seconda metà dell'Ottocento, *Le dogaresse*, Pompeo Molmenti giustificò Byron pur con una punta di ironia: «Il poeta non guarda le pergamene, non cerca di risuscitare il passato su le testimonianze storiche, ma crea una storia nella quale solo documento è la fantasia che si lascia attrarre dal fascino delle lontananze, dai vani fantasmi della tradizione lusingatrice». Stesso discorso dovrebbe valere per l'opera che alla decapitazione del doge dedicò, nel 1835, Gaetano Donizetti, su libretto di Giovanni Emanuele Bidera. In essa la moglie del doge è calunniata dal patrizio Steno ma ama in segreto il nipote di Falier, Fernando; Steno uccide Fernando e Falier ordisce la congiura per vendicare il congiunto; scoperto, viene mandato al patibolo, sua moglie gli confessa l'amore per il nipote e lui, in punto di morte, la perdona. Sulla falsariga di questa versione venne realizzato, nel 1909, anche un film muto di cui regista e interprete principale fu Giuseppe De Liguoro.

Ma torniamo ai tempi del doge decapitato. La vicenda colpì, all'epoca, Francesco Petrarca il quale, pur con qualche cautela, parteggiò per i nobili che avevano mandato a morte Falier, talché raccomandò ai futuri capi veneziani di considerarsi non «padroni» bensì «onorati servitori» della Repubblica. E allora cosa c'è che non torna in quella vicenda di sette secoli fa?

Già nell'Ottocento uno dei più celebri storici di Venezia, Samuele Romanin, fece osservare che del presunto oltraggio da parte del giovane nobile «nulla dicono i più antichi e migliori cronisti, i quali non fanno punto parola dello Steno». Cristina Nadin, autrice di *Marin Faliero, lo sventurato doge di Venezia* (con i testi di Lord Byron e Marin Sanudo, a cura di Lorenzo Somma), la considera a tutt'oggi una storia mai definitivamente chiarita. Ravegnani fa presente che quando Falier divenne doge aveva all'incirca settant'anni, un'età a quei tempi assai avanzata, pur essendo lui ancora vigoroso e intellettualmente lucido. Era inoltre molto ricco, cosa che, si pensava, lo avrebbe reso immune da ogni forma di avidità. Qualità rimarcate da Gian Giacomo Caroldo che scrisse due secoli dopo la sua morte: Falier era «huomo di grand'età, ma di corpo robusto et molto animoso nelle terrestri et maritime imprese della Republica esercitato; era ricco d'entrata et di contanti et liberale». Si era ai tempi della guerra fra Genova e Venezia e durante una tregua successiva alla sconfitta dei veneziani all'isola di Sapienza (1354), Falier – nominato doge da appena un anno – avrebbe deciso, dunque, di ordire una congiura per rovesciare il governo della sua città e farsene signore. La moglie c'entra poco, quantomeno per quel che riguarda la storia del tentato colpo di mano. Forse è vero che la giovane consorte ricevette apprezzamenti offensivi dal giovane Steno. Ma la dogaressa, in quanto moglie del doge – scrive Ravegnani – non ebbe mai un ruolo politico nella Venezia di quei secoli, né tanto meno poteva aspirare ad esercitarlo in assenza del marito. Pur se gli usi le riservavano «un posto di rilievo nella società cittadina», il suo «ruolo pubblico non andava al di là dei protocolli previsti dal cerimoniale e non ebbe mai una funzione assimilabile a quella di una sovrana». Anche il doge – tra l'altro – non contava più di tanto. Quella del doge – carica istituita verso la fine del VII secolo nel quadro del sistema amministrativo adottato da Bisanzio – era una figura quasi esclusivamente rappresentativa (anche se non priva di poteri) soprattutto dopo il 1143 quando era nato il Comune. A ridurre ancor più l'autorità del doge, nel 1310 venne istituito il potentissimo Consiglio dei dieci, nato per fronteggiare una crisi che fu un importante antefatto della storia di Falier. Quando e perché Falier decise allora di scendere in campo in quel modo? Quando e come gli sia venuta «un'idea apparentemente così balzana e così poco in linea con quella che era stata la sua carriera pregressa», scrive Ravegnani, «non è dato di sapere con esattezza e quello che ci dicono i rapporti del tempo lascia molto a desiderare, se non altro per completezza». In ogni caso è assai verosimile che Falier abbia assecondato il golpe per diventare – come implicitamente suggerisce Petrarca – il «padrone di Venezia».

A questo punto però dobbiamo tornare indietro di quarant'anni, al 1315, quando «incontriamo Marino Falier per la prima volta nella vita pubblica». Un documento del 10 ottobre ce lo presenta trentenne come uno dei capi del Consiglio dei dieci al momento della decisione di attribuire un premio ad un certo Rossetto di Camponogara che aveva ucciso Nicolò Querini, uno dei congiurati del 1310. Stiamo parlando della cospirazione del «Gran cavaliere», al secolo il nobile Baiamonte Tiepolo che capeggiò un tentativo insurrezionale di una fazione avversa agli aristocratici veneziani nella persona del doge Pietro Gradenigo. Il popolo in quell'occasione dapprincipio stette a guardare poi, a partita quasi conclusa, si schierò dalla parte dei vincitori, cioè dei poteri costituiti. I cittadini si affacciarono alle finestre, inveendo contro i traditori ormai quasi sconfitti e una popolana che abitava nelle Mercerie – a pochi passi dalla Torre dell'orologio – lasciò cadere dalla finestra un mortaio che colpì l'alfiere di Tiepolo, uccidendolo. L'alfiere teneva in mano uno stendardo con la scritta «libertà» e la sua uccisione (forse involontaria) provocò la definitiva rotta dei rivoltosi. La «Vecia del morter» a cui fu dedicata una scultura – ancor oggi visibile nel sottoportico del Cappello – venne «sfruttata dal governo a fini di propaganda» ed elevata a simbolo dell'attaccamento popolare alle istituzioni veneziane.

Falier, dunque, si affacciò giovanissimo alla politica a ridosso di quel tentativo insurrezionale. Dal suo osservatorio, all'apice del potere, seppe individuare i punti forti della Repubblica. Ma anche quelli deboli. Sapeva benissimo che non era stata la sollevazione popolare a far fallire il putsch. E che se fosse prevalso il Tiepolo, la «Vecia del morter» e tutti quelli come lei avrebbero gridato «morte ai tiranni!». Sapeva altresì che, pur non essendo quella del doge una figura politica munita di grandi poteri, nei momenti decisivi poteva essere determinante a far pendere la bilancia da una parte o dall'altra. Cosa sarebbe potuto accadere se, per dire, Gradenigo si fosse schierato, quando i giochi ancora non erano fatti, dalla parte degli insorti? In quegli anni tra il 1315 e il 1320 Falier fu tra i più fieri persecutori dei compagni d'avventura del Tiepolo e, in quelle vesti, conquistò la piena fiducia dell'aristocrazia veneziana. La sua carriera ebbe dell'incredibile. Nel corso della sua ascesa divenne sempre più mellifluo ma anche più arrogante. Marin Sanudo racconta che una volta schiaffeggiò in pubblico il vescovo di Treviso perché era arrivato in ritardo ad una cerimonia. Si sparse la leggenda che avesse ucciso un bottegaio di Rialto senza che nessuno osasse mandarlo a giudizio per il delitto. Dopodiché è vero che Falier entrò in guerra con gli Steno e probabilmente si risentì per una pena troppo mite a qualcuno che lo aveva calunniato. Ma, scrive Ravegnani, l'uomo «era persona troppo navigata nella vita pubblica per non sapere che, allorché si trattava di nobili che offendevano la maestà ducale, le pene comminate erano di norma leggere».

E allora? Falier molto più probabilmente, conosciuti i termini della sconfitta dei veneziani a Portolongo nonché consapevole del risentimento di marittimi e armatori nei confronti dell'inetta aristocrazia veneziana (ai loro occhi responsabile del disastro), decise di cavalcare questa rabbia e di ordire una congiura dal «carattere marcatamente classista e antinobiliare» che sapesse servirsi «dei popolani come massa di manovra». Conosceva i punti deboli dei nobili e ricordava quali erano state le défaillance del piano di Tiepolo. I vertici del complotto, ricostruisce Ravegnani, «si incontrarono a Palazzo ducale con Falier per parecchie notti di seguito in modo da definire le modalità dell'azione e, a quanto pare, venne messa in atto anche una sorta di campagna di disinformazione, simile per qualche verso alle moderne tecniche di pressione psicologica, al fine di aizzare nel popolo l'odio contro la nobiltà». Il piano era perfetto e prevedeva che il doge facesse suonare le campane di San Marco spargendo la voce che erano in arrivo cinquanta galere genovesi; al che i nobili, come da prassi, si sarebbero riversati a Palazzo ducale e lì sarebbero stati attaccati dagli insorti. Ma alla vigilia dell'ora X, Falier volle incontrare un ricco e potente capopopolo, Nicolò Zucuol, al cospetto del quale si mostrò esitante. Il suo voleva essere un modo di prendere le distanze dal progetto insurrezionale nell'eventualità che le cose non fossero andate per il verso auspicato. Un tentennamento che Ravegnani definisce «tardivo e sconclusionato». Tentennamento che si abbatté sui congiurati pronti all'azione avviandoli allo sbando. Da quel momento fu una rincorsa a chi tradiva per primo (il più lesto fu il pellicciaio Vendrame) e, quando il piano avrebbe dovuto scattare, il Consiglio dei dieci aveva tutte le notizie atte a sventarlo e le testimonianze per mettere Falier, già all'alba del giorno successivo, con le spalle al muro. Il doge provò goffamente a discolparsi, ma tra i congiurati che si sentivano traditi fu una gara a chi lo incastrava con prove sempre più inconfutabili. Petrarca ne trasse la conclusione che evidentemente quell'uomo aveva usurpato per anni la fama di sapiente.

Il Vendrame di cui si è detto, per aver denunciato la congiura, chiese come premio la casa dei Santi Apostoli di Falier, cento ducati al mese per tutta la vita, di essere accolto nel Maggior consiglio e di avere per sempre la licenza di portare armi. Una commissione di saggi giudicò le richieste eccessive ma lo ammise nel Maggior consiglio, gli concesse l'autorizzazione a girare armato e un adeguato vitalizio. Vendrame continuò poi a vantarsi di aver salvato Venezia e a dire in giro che, in ragione dei suoi meriti, avrebbe potuto impadronirsi della città con uno schiocco di dita. Finché, per queste sue vanterie, fu arrestato. Venezia era ancora impaurita per il pericolo corso per ben due volte in mezzo secolo (lo resterà a lungo) e decise di mandare in esilio a Ragusa (oggi Dubrovnik) l'imprudente pellicciaio. Da Ragusa però Vendrame si apprestò a fuggire in Ungheria. Dove non arrivò mai perché un gruppo di compagni che aveva denunciato lo raggiunse e lo uccise. Quanto alla Venezia terrorizzata, dieci anni dopo la congiura di Falier un giorno di novembre fu avvistata vicino all'isola di San Giorgio un'imbarcazione su cui viaggiavano, si disse, seguaci del doge decapitato. I passeggeri, tra cui un frate eremitano, furono catturati e torturati per un mese. Alla fine i presunti cospiratori dovettero essere tutti liberati perché, ammisero le autorità, si era trattato di un abbaglio.

Il papa che non capì Lutero

Quando nel 1517 si trovò a dover gestire il «caso Lutero», il fiorentino Giovanni de' Medici, figlio di Lorenzo il Magnifico, aveva quarantadue anni, quattro dei quali già vissuti da papa, con il nome di Leone X. Era stato avviato alla carriera religiosa quando di anni ne aveva sette, nominato cardinale – dopo un complesso negoziato tra suo padre e Innocenzo VIII – a tredici e, appena divenuto pontefice (nel 1513), aveva affidato l'archidiocesi fiorentina al cugino Giulio de' Medici. Il quale Giulio era figlio di Giuliano, fratello di Lorenzo il Magnifico, morto per un colpo di pugnale al culmine della congiura dei Pazzi (1478). Poco dopo, avergli «donato» l'archidiocesi, Giovanni nominò Giulio cardinale e, successivamente, lo volle al proprio fianco come vicecancelliere, cioè nelle vesti di consigliere politico.

Uno dei non trascurabili meriti di *Lutero l'eretico. La riforma protestante vista da Roma*, il libro di Volker Reinhardt pubblicato a cinquecento anni esatti dall'affissione delle 95 tesi sul portone della chiesa del castello di Wittenberg (anche se Gianfranco Ravasi, sulla base di recenti studi, ha messo in dubbio che ciò sia accaduto nei termini in cui ci è stato tramandato), consiste nell'aver tratteggiato con accuratezza la figura di Leone X, il papa che si trovò ad affrontare quella che per la Chiesa fu una crisi assai grave. L'autore, pur mettendone in evidenza i passi falsi, smonta una per una le leggende che dal Cinquecento hanno avvolto la figura del pontefice fiorentino. A cominciare da quella che gli attribuì le parole «Godiamoci il Papato, poiché Dio ce l'ha dato». Questo, tiene a precisare Reinhardt, «non tanto per "riabilitare" il Papato rinascimentale, quanto per considerare nella sua interezza un processo storico complesso».

Per una singolare coincidenza, l'anno in cui Martin Lutero uscì allo scoperto, il 1517, fu lo stesso di una pericolosa cospirazione ordita ai danni di Leone X da un gruppo di cardinali guidati dal senese Alfonso Petrucci, che fu poi strangolato a Castel Sant'Angelo. Il cardinale Raffaele Sansoni Riario, nipote di Sisto IV della Rovere, che, se il complotto avesse avuto successo, avrebbe dovuto sostituire papa Medici, dovette rinunciare – per punizione – alla proprietà del suo grande palazzo vicino a Campo de' Fiori. Ma la vera rappresaglia per il tentativo di golpe subito fu, secondo Reinhardt, la nomina da parte di Leone X di trentuno nuovi cardinali, «sei in più di quelli che avevano partecipato alla sua elezione quattro anni prima». Sicché, «con l'improvviso raddoppio del numero dei cardinali, il rapporto di forza tra papa e collegio cardinalizio si spostò decisamente a vantaggio del secondo». Il che in quel frangente rinvigorì la posizione di Giovanni de' Medici. Da allora la missione che Leone X (sul quale il giudizio di Reinhardt, pur senza minimamente giustificare le degenerazioni del pontificato rinascimentale, è complessivamente positivo) si assegnò fu quella di destreggiarsi tra Francia e Spagna, anche al prezzo di trascurare le terre tedesche. Terre da cui il pontefice tentò ugualmente di trarre il massimo beneficio per la Chiesa (nonché per la propria famiglia). Fu nell'ambito del mantenimento di questo complicato equilibrio che Giovanni de' Medici avvertì tra i primi lo scricchiolio che nel 1517 si produsse a Wittenberg. L'umanista Girolamo Aleandro – detto dai suoi nemici «Aleandro il marrano» per la sua eccellente conoscenza dell'ebraico – che, per conto del pontefice, era stato a lungo nella terra di Lutero, aveva messo Leone X prontamente in allarme a proposito del fatto che in Germania si stava preparando una «tempesta di inusitata violenza». I tedeschi, avvertiva Aleandro, erano convinti di essere «depredati dalla Curia». Ma per Leone X la Germania era e restava periferia, «anche se ciò era dissimulato, conformemente al suo ruolo ufficiale di padre di tutti i cristiani».

Leone X, pur non avendo letto personalmente le tesi luterane, intuì dunque immediatamente le dimensioni della valanga che si era messa in moto a Wittenberg. In una lettera a Gabriele della Volta – appena eletto generale degli eremiti agostiniani in sostituzione di Egidio da Viterbo, elevato al rango di cardinale – papa Medici scriveva: «Voglio che vi interessiate in prima persona del problema Martin Lutero, un prete del vostro ordine. Come sicuramente saprete, questi introduce in Germania inaudite innovazioni senza precedenti e insegna ai nostri popoli nuovi articoli di fede. Dovreste opporvi a queste manovre con l'autorità che vi conferisce la vostra carica [...]. Se realizzate il tutto con rapidità, a mio parere questa fiamma si potrà velocemente soffocare. Tutto ciò che è ancora piccolo e in via di formazione non regge a contromisure forti. Ma se aspettate e il male acquista forza, temo che non potremo più arginare l'incendio con nessun mezzo» (3 febbraio 1518).

Lutero in ogni caso non si piegò. Si giunse così, nel giugno del 1520, alla bolla di scomunica. C'è un dettaglio di questa bolla che colpisce Reinhardt ed è l'accusa di collaborazione segreta con i Turchi. Che senso aveva quell'imputazione? Lutero avrebbe detto che la lotta contro i Turchi sarebbe stata contro la volontà di Dio, il quale, tramite i musulmani, avrebbe inteso punire l'ingiustizia dei cristiani. In realtà, osserva lo storico, Lutero aveva effettivamente fatto riferimento ai Turchi come alla «virga» con la quale Dio stava castigando i cristiani dimentichi dei loro impegni. Aveva detto anche che, prima di inneggiare alla «guerra turca», le potenze d'Europa avrebbero dovuto pentirsi dei loro peccati e che solo in seguito a questo atto di pentimento la lotta contro i nemici del cristianesimo avrebbe potuto avere successo. Ma la verità era che Lutero non aveva dubbi sul fatto che la guerra contro l'Impero ottomano nelle condizioni dette era voluta da Dio e quindi poteva essere considerata una missione cristiana. Bollarlo in modo sommario come simpatizzante degli infedeli, significava «stravolgere il senso delle sue parole», e di ciò «chiunque avesse letto i suoi scritti avrebbe potuto convincersi». Davvero, si domanda Reinhardt, la Curia era così ottusa da non comprendere l'autentico significato delle sue affermazioni? E davvero era «così prevenuta nei confronti del suo nemico da attribuirgli anche il tradimento del cristianesimo»? La risposta a queste domande è che «molti indizi portano a pensare che Roma avesse una percezione del suo antagonista talmente ottenebrata che finì con l'attribuirgli di riflesso i peggiori intenti». Fu a quel punto, in ogni caso, che i rapporti di forza tra il grande pontefice e il grande eretico iniziarono a capovolgersi. E Lutero approfittò dell'occasione: il 10 dicembre del 1520, assieme ai suoi studenti, diede alle fiamme la bolla di scomunica davanti alle mura di Wittenberg.

Il 27 gennaio 1521 ebbe inizio la dieta di Worms che, malgrado la tempesta di indignazione suscitata in Germania dalla Bolla di scomunica, si concluse con un editto di condanna imperiale nei confronti di Lutero (16 maggio). Eppure Lutero conobbe in quella dieta un suo personale successo. Aleandro aveva lottato fino all'ultimo per evitare che al monaco fosse concesso il diritto di parlare. Poi fu lo stesso Aleandro a pronunciare, il 13 febbraio, al cospetto dei principi elettori, una requisitoria di tre ore contro l'eretico. Il 16 aprile però fu accordata la parola a Lutero. Il quale – a differenza di Aleandro, sottolinea Reinhardt – aveva in mente con precisione chi fossero le persone che lo avrebbero ascoltato. «Io sono tedesco, franco e diretto, la finzione ad arte non è cosa per me: così suonavano le premesse del suo intervento, che dovevano procurargli la simpatia per lo meno dei principi tedeschi.»

Nel 1521 Leone X morì, all'età di quarantasei anni. Il conclave a quel punto restò paralizzato ed esitò di fronte alla prospettiva di nominare papa un altro Medici. Nel gennaio del 1522 fu individuato un successore: il sessantatreenne Adriaan Florensz, nato a Utrecht (sarebbe stato l'ultimo papa non italiano prima di Giovanni Paolo II), all'epoca vescovo di Tortosa, in Spagna. Prese il nome di Adriano VI e per indole avrebbe potuto aprire alla riforma: invitò a Roma Erasmo da Rotterdam che, però, scelse di restare a Basilea. Costretto a proseguire nella politica dei grandi equilibri inaugurata dal suo predecessore, ostaggio di una curia più che ostile nei suoi confronti, Adriano VI morì dopo un anno e mezzo di pontificato, nel 1523. E fu la volta dell'altro Medici. Dopo otto anni da «vicepapa» di Leone X, Giulio de' Medici ascese a sua volta al soglio pontificio il 19 novembre 1523 e prese il nome di Clemente VII. Fu Francesco Guicciardini il primo a interrogarsi sulla politica «irragionevole» di quel pontefice che, pur essendo un intellettuale di notevole spessore, di lì alla morte (1534) diede alla Chiesa un decennio di totale incertezza. Tant'è che il grande storico tedesco della Riforma, Leopold von Ranke, lo avrebbe definito, nell'Ottocento, il «più nefasto di tutti i papi». Appena giunto, con fatica, a una decisione, dopo una lunga riflessione su vantaggi e svantaggi della stessa, scrive Reinhardt (sulla scia dell'analisi guicciardiniana), Clemente VII cadeva preda della «forza persuasiva delle ragioni opposte»; al punto da revocare la decisione presa poco prima ed emanare un ordine contrario. Leone X e Giulio de' Medici erano stati «una squadra forte perché neutralizzavano reciprocamente le loro debolezze». Con Clemente VII, invece, regnò il caos in Vaticano, a maggior ragione per il fatto che le lobby del partito francese e di quello spagnolo si bilanciavano in Curia. Fu proprio Guicciardini a rilevare che spesso venivano inviati corrieri con importanti aperture verso Francia o Spagna ai quali, a breve distanza, seguivano messaggeri che revocavano le disposizioni precedenti, talvolta mandando a monte accordi appena conclusi. In questo modo, secondo Reinhardt, «venivano disattesi trattati validi e fomentati i rancori». Per di più il nuovo papa Medici «non aveva fiuto per i pericoli che si avvicinavano, vedeva rischi dove non esistevano e li sottovalutava dove, invece, diventavano minacciosi». Ma, osserva lo storico, per quanto queste diagnosi siano indiscutibilmente corrette, esse non sono sufficienti a spiegare «la decadenza, ai limiti dell'autodistruzione, del potere della Santa Sede tra il 1524 e il 1534».

Per quel che riguarda Lutero, poi, assai grave fu l'equivoco in cui Clemente VII cadde nel 1525 quando ritenne esser l'eretico l'ispiratore della guerra dei contadini che sconvolse gran parte della Germania meridionale. E che perciò, dopo la sconfitta dei rivoltosi, avrebbe pagato le conseguenze di quell'azzardo. Sfuggì alla Curia che nella sanguinaria repressione della guerra dei contadini si erano «concordemente uniti i princìpi imperiali cattolici e quelli luterani». Venne così allo scoperto l'«incapacità romana di distinguere tra i riformisti radicali come Thomas Müntzer e quelli fedeli all'autorità». Clemente VII sarebbe morto nel 1534 (dopo essersi opposto al divorzio di Enrico VIII da Caterina d'Aragona e aver provocato lo scisma anglicano). Lutero fece in tempo a cimentarsi con un altro papa, Paolo III (Alessandro Farnese) e morì nel 1546.

Oggi «non si tratta di stabilire chi avesse torto e chi ragione – come accadeva nel XVI secolo – o chi sostenesse gli argomenti migliori o presentasse la moralità più alta». Nel libro di Reinhardt non ci sono né «buoni» né «cattivi», e neanche si esprimono preferenze per un partito o per l'altro. Soprattutto non ci si propone di stabilire chi sia stato il primo a «denunciare, diffamare o demonizzare», quanto piuttosto di riesaminare gli eventi al culmine dei quali si è giunti a quella rottura che sconvolse la storia della Chiesa. La più grave dell'intero millennio.

Le ingiuste accuse contro Caterina de' Medici

Quando a Roma, nel 1828, Stendhal visitò la Sala Regia del Palazzo del Vaticano, destinata a ricevere i sovrani in visita ufficiale, si fermò a guardare le decorazioni murarie e disse: «Dunque c'è un luogo in Europa in cui l'assassinio è pubblicamente onorato!». Nello spazio a destra della porta che conduce alla Cappella Sistina, infatti, Giorgio Vasari aveva dipinto – su commissione di papa Gregorio XIII – il ferimento del capo degli ugonotti Gaspard de Coligny; sulla parete nord, a destra del trono papale, il massacro dei calvinisti francesi nonché l'uccisione e la defenestrazione dello stesso Coligny; a sinistra del seggio pontificio, il re di Francia Carlo IX nell'atto di assumersi in Parlamento l'intera responsabilità di quella strage. Stendhal aveva colto nel segno: con quegli affreschi, papa Gregorio (insediatosi nel 1572, l'anno stesso della uccisione dei protestanti parigini) aveva inteso rendere onore alla strage di San Bartolomeo in omaggio alla quale, peraltro, aveva fatto celebrare un solenne rito di ringraziamento, aveva disposto che fosse coniata una medaglia commemorativa e si era ufficialmente complimentato con la famiglia reale francese. Tale omaggio fece e fa ancora scandalo. Ed è a questo scandalo, oltreché al massacro, che è dedicato il coraggioso libro di Stefano Tabacchi *La strage di San Bartolomeo. Una notte di sangue a Parigi.*

L'eccidio di protestanti è oggetto ovviamente di numerosi libri pubblicati in Italia, dal resoconto di Tommaso Sassetti scritto a ridosso degli eventi (*Il massacro di San Bartolomeo*, a cura di John Tedeschi) ai saggi di Tommaso Gar (*La strage di San Bartolomeo. Monografia storico-critica*), Benedetta Craveri (*Amanti e regine. Il potere delle donne*), Ivan Cloulas (*Caterina de' Medici*), Corrado Vivanti (*Le guerre di religione nel Cinquecento*), Éliane Viennot (*Margherita di Valois. La vera storia della regina Margot*). Ma il libro di Tabacchi rifiuta di adeguarsi al mito demonizzante che avvolge l'uccisione degli ugonotti consumata a fine agosto del 1572. Un mito che ha sempre presentato Carlo IX come un sovrano sostanzialmente succube della madre, Caterina de' Medici, intrigante e sanguinaria. E i calvinisti come vittime di una «guerra di religione» voluta – strage inclusa – dalla Chiesa di Roma. La notte di San Bartolomeo, scrive a tal proposito lo storico, è stata «rapidamente individuata come una delle numerose macchie della storia europea, frutto di cieco fanatismo religioso». Tant'è che già nel corso dell'età moderna, anche nel mondo cattolico, si è manifestato «imbarazzo per quella pagina così sanguinosa»: lo stesso papa Francesco l'ha richiamata con disappunto in diverse occasioni («Anche noi dobbiamo chiedere perdono [...]. Caterina de' Medici non era certo una santa!» sono state le parole del pontefice). Come se intendesse in tal modo «bilanciare lo sdegno per gli attacchi del terrorismo islamista», nota Tabacchi.

Caterina, vedova di Enrico II, fu in realtà – tiene a precisare lo storico – «una personalità politicamente avvertita e culturalmente sfaccettata». Quando morì il marito, aveva dato il consenso a che suo figlio Francesco II introducesse nel Paese una forte discontinuità politica. Ove mai possa essere considerato tale, il suo «grave errore» era stato quello di incoraggiare la «rivoluzione di palazzo» di Francesco II che aveva prodotto una saldatura tra le grandi famiglie aristocratiche escluse dal potere. Il cui malcontento andò ad ammantarsi con i panni della riforma calvinista che nel 1560 (l'anno successivo alla morte di Enrico II) aveva già conquistato due milioni di francesi, circa il dieci per cento della popolazione. E il 1560 fu l'anno della prima sollevazione ugonotta che si concluse con una sconfitta.

E qui si apre la fase più interessante di questa storia: Caterina e suo figlio Francesco, anziché procedere a una brutale repressione degli ugonotti, scelsero la via dell'«interlocuzione» e misero in campo, con il cancelliere Michel de l'Hospital, i «*politiques*» (politici) e i «*moyenneurs*» (mediatori) che facevano riferimento a due vescovi moderati, Jean de Monluc e Charles de Marillac. Ma gli ugonotti la presero come una prova di debolezza, si mobilitarono militarmente e tentarono di occupare Lione. Stavolta – siamo alla fine di quello stesso 1560 – Francesco II reagì con durezza. Però immediatamente dopo il re, diciassettenne, morì. E Caterina, reggente, imboccò nuovamente la via di «una (relativa) tolleranza religiosa». E si giunse all'editto di Saint-Germain-en-Laye (1562) in cui si riconosceva ai calvinisti un diritto a esercitare il loro culto. Niente da fare: i cattolici più integralisti – dietro ai quali agivano alcune famiglie aristocratiche, prima tra tutte i Guisa – vissero quell'editto come un tradimento. I calvinisti – che erano mossi da altre famiglie dell'aristocrazia, i Borbone, i Coligny, i Rohan, i La Rochefoucauld – considerarono quell'editto come la prima tappa di un cammino che li avrebbe portati a una totale vittoria. E mossero alla guerra conquistando gran parte della Francia centrale e meridionale. La riscossa dei cattolici, guidati dal duca

Francesco di Guisa fu implacabile. Finché, nel febbraio 1563, il duca fu ucciso a tradimento – un atto che «negava alla radice l'etica militare-cavalleresca dell'aristocrazia francese» – mentre poneva sotto assedio Orléans, principale centro della resistenza ugonotta: l'uomo che aveva sparato il colpo, il riformato Jean de Poltrot, signore di Méré, indicò come mandanti del suo gesto Coligny e Teodoro di Beza (destinato a divenire, dopo la morte di Calvino, il leader religioso dei protestanti).

A quel punto la radicalizzazione a sfondo iconoclasta degli ugonotti non risparmiò più neanche i simboli della monarchia. A Cléry violarono la tomba di Luigi XI. A Orléans gettarono ai cani i resti di Francesco II. A Bourges riesumarono per farlo a pezzi il cadavere (o quel che restava) di Giovanna di Francia, prima moglie di Luigi XII. E fu in quel momento di totale subbuglio che Caterina il 17 marzo del 1563 riuscì a far proclamare re il tredicenne Carlo IX facendone dichiarare dal Parlamento di Rouen la «maggiore età». E due giorni dopo, il 19 marzo 1563, fu reso pubblico l'editto di pacificazione di Amboise. Il tutto per dispiegare nuovamente una politica di mediazione, di tolleranza, di conciliazione anche in contrasto con il nuovo duca di Guisa, Claude. Ma gli ugonotti mossero di nuovo all'attacco e nella notte di san Michele tra il 29 e il e il 30 settembre del 1567, a Nîmes, eliminarono decine di ecclesiastici e notabili cattolici. Tant'è che, secondo la studiosa statunitense Barbara B. Diefendorf, quelle violenze sarebbero da considerarsi (in più piccolo e a parti invertite) un'anticipazione della notte di San Bartolomeo. Gli ugonotti furono nuovamente sconfitti dall'esercito regio ma ad un tempo avevano in pugno un discreto numero di città fortificate (Orléans, Nîmes, Valence, Mâcon, Montpellier, Auxerre), nella valle della Loira ricevettero l'aiuto di diecimila mercenari inviati dall'elettore del Palatinato Federico III e avevano stabilito rapporti con i calvinisti dei Paesi Bassi ribellatisi a Filippo II di Spagna. Oltretutto i calvinisti potevano contare sull'appoggio militare del principe Guglielmo d'Orange, di Elisabetta I d'Inghilterra e del duca Wolfgang di Baviera che nel 1569 invase la Borgogna con circa quindicimila mercenari. Ma Carlo IX, che secondo Tabacchi «non era una personalità scolorita o debole come è stato spesso rappresentato», riuscì a riguadagnare un equilibrio: dopo la battaglia di La Roche-l'Abeille (giugno 1569) in cui avevano vinto i riformati, le truppe regie guidate dal maresciallo Tavannes ottennero una rivincita a Moncontour (ottobre 1569). E fu un'ennesima pace suggellata dal celebre editto di Saint-Germain (8 agosto 1570) il quale stabiliva che «la memoria di tutte le cose passate da una parte e dall'altra, sia nel corso che dopo i disordini avvenuti nel nostro Regno e in loro occasione, rimanga estinta e addormentata come cosa non avvenuta». L'editto avrebbe dovuto essere considerato «perpetuo» e «irrevocabile». Invece trascorsero appena due anni e...

Dopo il 1570 Carlo IX divenne sempre più ben disposto nei confronti degli ugonotti e antipatizzante nei confronti della Spagna. Finché uno strano attentato a Coligny e la confusione delle ore successive (gli ugonotti chiesero sostanzialmente la cogestione del potere) aprirono le porte alla mattanza. Nella notte tra il 23 e il 24 agosto del 1572, nella capitale francese furono uccisi – per ordine o con l'avallo implicito del re – molti aristocratici protestanti. Primo tra tutti lo stesso Coligny. Nelle ore che seguirono, precisa lo storico, il massacro si estese «in maniera largamente autonoma» (cioè non su impulso del re) e determinò la morte di alcune migliaia di persone. Qui il primo interrogativo: fu un'ecatombe preparata con cura per mesi o addirittura per anni? No, risponde Tabacchi, «non c'è alcun documento veramente probante» che dimostri l'ordito di Caterina de' Medici per eliminare – come si disse allora – i capi ugonotti. Anzi la strage segnò «un improvviso cambio di politica di una monarchia che aveva puntato il suo prestigio e la sua autorevolezza nell'affermazione della concordia tra cattolici e calvinisti [...] concordia che doveva essere consacrata da un matrimonio che fu all'origine della strage». Cinque giorni prima di quel 23 agosto, infatti, si era svolto a Parigi il matrimonio tra la sorella del sovrano, Marguerite de Valois – la regina Margot del romanzo di Alexandre Dumas (padre) – e il più importante aristocratico ugonotto, Enrico di Borbone, re di Navarra, futuro Enrico IV di Francia. Sembrava dovesse essere l'apice della concordia e invece fu l'inizio della notte più buia della storia francese. Fu sufficiente una provocazione ugonotta e scattò una rappresaglia senza quartiere. Quel che accadde quella notte è ben descritto da un quadro dell'artista ugonotto François Dubois conservato al Museo cantonale delle belle arti di Losanna, con circa centocinquanta figure, definito da Tabacchi un autentico «catalogo degli orrori di quella giornata, una sorta di apocalisse macabra, con bambini e donne incinte massacrati a colpi di spada, di fucile, di bastone oppure impiccati».

Nella Roma di Gregorio XIII (eletto papa a maggio, che non ebbe alcun ruolo se non marginale negli eventi di Francia), la vittoria contro i turchi a Lepanto nell'ottobre 1571 e le uccisioni nella notte di San Bartolomeo nell'agosto 1572 «crearono, per un breve spazio di tempo, l'illusione di una ricostruzione della cristianità europea sotto l'egida del papato». Ricostruzione che, nelle intenzioni del pontefice, avrebbe dovuto pareggiare i conti con i danni provocati dalla riforma luterana. Ma non fu così. Quella notte (e ciò che ne seguì) fu molto di più. E di diverso. Tra l'altro la partita, se così la vogliamo definire, non fu né «solo politica», né «semplicemente religiosa». Riguardò piuttosto «la grande questione di cosa dovesse essere lo Stato francese»: una monarchia tendenzialmente assoluta e in prospettiva abilitata ad «assorbire il dualismo confessionale nella "sacralizzazione" del potere» o «una realtà caratterizzata da un policentrismo politico e religioso fortemente conflittuale e quindi incapace di produrre stabilità istituzionale». Probabilmente optare per la prima via, in un continente peraltro già di per sé insanguinato dalle guerre di religione, fu una scelta non impropria. Forse addirittura saggia. Perciò, richiamare adesso alla memoria quella notte del 1572 come se si trattasse di un lontano antefatto alle azioni terroristiche di al-Qaeda o dell'Isis non ha, a ogni evidenza, «niente a che vedere con la riflessione storiografica», scrive Tabacchi. Fa parte piuttosto di un tipo di ricorso alla storia che, specialmente in Europa, «appare sempre più caratterizzato da una generale tendenza delle autorità politiche, religiose e del ceto giornalistico-intellettuale a promuovere forme di riconciliazione rispetto a eventi storici più o meno antichi e a riconoscere a una miriade di gruppi (etnici, religiosi, politici) un diritto a qualche forma di riparazione per i torti subiti». Torti subiti, anche cento, cinquecento, mille, duemila anni fa. Di qui, si sdegna lo storico, «il proliferare di "leggi memoriali" di cui anche la dottrina giuridica più avvertita comincia ormai a segnalare la confusione concettuale e le pesanti conseguenze sull'ordinamento». A cosa si deve tutto questo? Tabacchi lo spiega con la crisi, «probabilmente irreversibile», della «capacità degli Stati europei di fondare una memoria pubblica». Più specificamente alla scelta di dare corpo alla costruzione dell'Unione europea inventando un passato «che tenda a espungere le identità più connotate in senso conflittuale e ad affermare un riconoscimento universale delle molteplici identità, offrendo generosamente forme di riabilitazione, simbolica e non solo, dei torti subiti». Veri o presunti.

Si è insomma passati dalla esaltazione delle «memorie nazionali, centrate su una storia "gloriosa" di successi e vittorie», a una «diffusa e pervasiva valorizzazione di sconfitte, persecuzioni e catastrofi». Il rischio connesso a questo modo di procedere è, a ogni evidenza, quello che gli antichi richiami al passato non vengano sostituiti da alcun «mito fondatore», bensì «da una generale decomposizione identitaria». Il «paradigma vittimario» e le semplificazioni non offrono però nessun aiuto a chi sia desideroso di capire cosa accadde davvero in questo o quel momento del passato. Collocare la notte di San Bartolomeo all'interno di una «storia del fanatismo religioso dai confini non ben definiti o ideologicamente manipolabili» fa perdere di vista ogni specificità dell'evento e lo fa tornare a essere «pressoché incomprensibile, come era per molti contemporanei». Considerazioni, quelle di Tabacchi, che valgono evidentemente per un'infinità di eventi storici. Tutti, probabilmente.

Elena Orsini, lo scandalo della badessa

Abbiamo già visto come la letteratura sia in grado di restituire rappresentazioni semplificate o distorte di fatti e personaggi storici. Nel 1839 Stendhal pubblicò *La badessa di Castro* sulla «Revue des Deux Mondes» presentandola, con un artificio tipico del romanzo storico ottocentesco, come una traduzione «da due voluminosi manoscritti, uno romano e l'altro fiorentino». Raccontava una storia del Cinquecento, quella di Elena di Campireali che aveva amato Giulio Branciforte, figlio di un brigante protetto dalla famiglia Colonna: la Campireali, credendo che Giulio fosse morto, si era rinchiusa nel convento della visitazione di Castro, dove era diventata badessa e ben presto l'amante di un monsignore, Francesco Cittadini, «il più bell'uomo della corte pontificia». Cittadini l'aveva messa incinta, ne era nato uno scandalo per il quale i due erano stati processati e condannati. Elena era stata rinchiusa nel convento romano di Santa Marta. Lì aveva appreso che Branciforte non era morto come le aveva fatto credere la famiglia. Cosa era accaduto? Il figlio del brigante aveva dato credito a voci che davano la bella Elena per sposata con un altro uomo, e, per dimenticarla, era andato a combattere in Messico. Saputo di questo inganno che le aveva cambiato la vita, la Campireali si era uccisa.

Il racconto di Stendhal ebbe grande successo e qualche critico, in seguito, lo considerò addirittura una prova generale di *La certosa di Parma*. Ma come era nato? Lo scrittore, durante un suo soggiorno a Roma (nel 1833), aveva realmente potuto consultare alcune carte – messegli a disposizione da Teresa Caetani, duchessa di Sermoneta – relative a un processo della seconda metà del Cinquecento contro una badessa e un vescovo, trascinati in giudizio per il loro amore proibito. Quegli stessi documenti erano stati mostrati nel 1832, stavolta dai principi Torlonia, a Walter Scott ma la salute cagionevole del romanziere scozzese aveva reso impossibile che fosse lui ad utilizzarle. Dopodiché, nel 1859, si era tenuta a Londra una grande asta da Sotheby & Wilkinson nella quale era stata messa in vendita la collezione di manoscritti del patriota italiano (vissuto a lungo in Francia) Guglielmo Libri ed era venuto «alla luce» un codice di duecentocinquantatré fogli intitolato *Inquisitionis Processus contra Elenam Orsini Abbatissam de Castro, pro fornicatione cum Episcopo Castrensi* relativo all'autentico processo che, tra il 1573 e il 1574, aveva trattato questo caso scabroso.

Lisa Roscioni ha ricostruito le complesse vicende in uno straordinario volume, *La badessa di Castro. Storia di uno scandalo*. La Roscioni è colpita dalla circostanza che il processo non era stato intentato dall'Inquisizione come scritto nel frontespizio del codice messo in vendita a Londra nel 1859, bensì al tribunale dell'*auditor camerae*. Perché allora era stata tirata in ballo l'Inquisizione? Perché essa era «funzionale a quella visione moderata ma anticlericale» di coloro che avevano avuto a che fare con la documentazione battuta all'asta a Londra: Antonio Panizzi, il già citato Guglielmo Libri e Prosper Mérimée. Ai loro occhi quel processo alla badessa rappresentava «la vivida testimonianza dell'altra faccia della Renaissance» e rivelava «quel lato oscuro del Cinquecento sprofondato nella Controriforma dominata da una Chiesa oppressiva e in realtà corrotta». Chiesa la cui corruzione «giustificava», a metà Ottocento, «lo slancio libertario risorgimentale» degli intellettuali in questione.

Adesso l'intera vicenda può essere ricostruita in modo, per così dire, più asettico. E si deve partire dall'importanza del fatto che il vero nome della badessa fosse Elena Orsini, figlia di Giovan Francesco Orsini conte di Pitigliano. Il problema che si è posta la Roscioni è stato relativo al peso che si doveva dare a «quella fitta trama di allusioni, omissioni, rimaneggiamenti e interpolazioni che, dal processo al racconto e viceversa, lega scritture apparentemente così diverse per stile e finalità». Si è chiesta in altre parole, la studiosa, se ci si dovesse «limitare al ristretto perimetro della verifica documentale», scartando tutto ciò che non fosse «suffragato da altre evidenze», o se non si dovesse invece «considerare il concetto stesso di verità», e a un tempo di fatto, «come costruzione complessa, sostanzialmente argomentativa, frutto di negoziazione tra amministrazione della prova, interrogazione delle fonti e modalità narrative di ricostruzione dei fenomeni».

Tanto più che, circostanza non irrilevante, ottant'anni dopo il processo e duecento prima della pubblicazione del racconto di Stendhal, Castro era stata «demolita con i picconi, palazzo per palazzo, casa per casa, quasi a cancellarne l'ombra sinistra che da sempre aleggiava, come una maledizione sulla rupe su cui era stata costruita». Lo stesso Stendhal, nelle *Passeggiate romane*, aveva accennato a Castro soltanto «a proposito di Urbano VIII Barberini e della sua guerra per impadronirsi del ducato, ricordando unicamente l'increscioso episodio di quando l'esercito pontificio, guidato dal nipote del papa, Taddeo, ritrovatosi nei pressi di Bologna davanti a quello dei Farnese, si era dato alla fuga». Già dopo l'arresto della badessa il suo convento era stato «svuotato» dalle monache, abbandonato e lasciato andare in rovina, tant'è che all'inizio del Seicento era diventato un deposito di polveri a uso militare. Poi nel 1649, dopo l'uccisione di un vescovo, Cristoforo Giarda – omicidio di cui era ritenuto mandante Ranuccio II Farnese – papa Innocenzo X aveva ordinato la distruzione di Castro, della quale era stato incaricato addirittura il comandante delle truppe pontificie, Davide Vidman.

Un papa la radeva al suolo così come un suo predecessore, Paolo III Farnese, l'aveva edificata. Castro avrebbe dovuto essere, nelle intenzioni di Paolo III, capitale di un ducato (creato nel 1537) per suo figlio Pier Luigi e che si estendeva tra l'Aurelia e la Cassia dal lago di Bolsena fino al Tirreno. Formalmente il ducato si trovava nel patrimonio di San Pietro, ma di fatto era «indipendente, con una milizia propria e una zecca per battere moneta». Pier Luigi ne aveva affidato il progetto all'architetto fiorentino Antonio da Sangallo, nell'idea di farne una nuova Pienza, la «città ideale» che Pio II, Enea Silvio Piccolomini, aveva edificato a metà del Quattrocento nei pressi di Siena. Poi, a seguito di una lunga serie di congiure e uccisioni, Castro era finita nelle mani di Gerolama Orsini (moglie di Pier Luigi) e del loro figlio, il cardinale Alessandro Farnese. Ma la malaria affliggeva il piccolo centro talché madre e figlio se ne tenevano il più possibile a distanza. E anche l'ambizioso progetto architettonico del Sangallo si era fermato alla sua fase iniziale.

Fu nel 1557 che Porzia Orsini, figlia di Giovan Francesco Orsini conte di Pitigliano, «guidata» dalla sorella del padre, la zia Gerolama, entrò in convento a Viterbo per poi prendere i voti, l'anno successivo, con il nome di Elena. Nel 1565 suor Elena fu fatta badessa e nel 1566 il monastero fu trasferito a Castro. Qui «regnava» il cardinale Ranuccio Farnese, figlio di Gerolama e perciò cugino della badessa Elena. Di qui l'aura di potere che avvolgeva la religiosa. E sempre a Castro, nell'inverno del 1569, giunse come vescovo Francesco Cittadini. All'epoca Castro era già nota per l'aria poco salubre che vi si respirava. Nelle sue prime lettere, Cittadini si sforzò di rassicurare i suoi conoscenti di non aver ancora riscontrato «quell'aere cattivo che si dice», quantomeno nella zona intorno alla cattedrale e al vescovado, esposti alla tramontana. Ma, osserva Lisa Roscioni, «il fatto stesso di sottolinearlo rivelava il timore, tutt'altro che infondato, di ammalarsi». Timore per cui sia il vescovo sia la badessa desideravano soltanto fuggire via da Castro. Ciò che fu impossibile. Ma la religiosa, in compenso, aveva ottenuto un ammodernamento del monastero e fu in virtù di questi lavori di restauro che i due ebbero occasione di incontrarsi. Sempre più di frequente. Da questo rapporto, nel 1571, ebbe inizio la loro relazione.

La distanza tra il convento della Visitazione e il vescovado era di «non più di trecento passi». Un testimone durante il processo riferì che lungo quelle poche decine di metri si ebbe nell'inverno del 1572 un continuo andirivieni, «come un formicaro». Presule e badessa si scambiavano «doni e favori»: il vescovo mandava in convento «limoncelli, melangoli, amandole con la guscia, pollastrelli e starne»; la badessa ricambiava con «maccheroni, zuccari et altre cose da monache». Inoltre lavava «lenzole, camisce et altre sorte di panni» appartenenti al vescovo. Nel settembre del 1573, la svolta. Improvvisamente giunse a Roma la notizia che la badessa aveva partorito un figlio concepito in uno «stuprum» («inteso nel senso di rapporto sessuale illecito, anche senza violenza» precisa Lisa Roscioni) del vescovo. Il cardinal

Farnese volle occuparsi personalmente della faccenda e fece arrestare un servitore del vescovo, Cesare Del Bene, per confondere le acque e arginare le chiacchiere. Dopodiché usò lo scandalo a fini politici per danneggiare la famiglia degli Orsini (che contendeva ai Farnese la contea di Pitigliano) e, con essa, quella dei loro importanti protettori: i Medici. Ma «trattandosi comunque di sua cugina», sottolinea la Roscioni, considerò fosse bene «che ciò avvenisse direttamente sotto il suo controllo, in modo che tutta la colpa ricadesse sul vescovo». Come contraccolpo, a sua volta lo stesso cardinal Farnese fu sommerso da insinuazioni che gli attribuivano un amore con una dama altolocata, sempre di Castro.

A differenza della monaca di Monza – la Gertrude dei *Promessi sposi*, Virginia Maria de Leyva – che avrebbe partorito nel 1604 confessando all'istante la propria «colpa» (incluso il nome del padre del bimbo), la badessa di Castro all'inizio fu reticente. Su tutto. Identico fu il comportamento del vescovo che, però, in un confronto a due accusò suor Elena di essere una «bugiarda»: ciò provocò in lei, che si sentì umiliata, un cedimento della linea di difesa. Di lì a un'esplicita accusa il passo fu brevissimo. A quel punto il Cittadini provò a reagire: «Signora abbadessa [...] vi ho honorata da sorella santamente, come havete ardire di mettermi questa calumnia tanto a torto, che non è vero né principio, né mezzo, né fine di quello che incolpate me et vui lo sapete?». Ma lei, come era stata irremovibile prima nel coprirlo, adesso non si era lasciata impietosire. Quello sgradevole confronto fu in ogni caso l'ultima volta che i due si incontrarono.

Al termine del processo, la badessa fu «murata viva» nel convento romano di santa Marta. Quanto al vescovo, la famiglia gli procurò ben sedici testimoni a discarico e i suoi interrogatori andarono avanti fino al mese di maggio del 1574. E qui, colpo di scena, si chiude la documentazione dell'intero caso giudiziario. È probabile che papa Gregorio XIII, temendo lo scandalo che avrebbe potuto derivarne, abbia avocato a sé l'intero incartamento e si sia pronunciato per un atto di clemenza (poi revocato dal suo successore, Sisto V). Qualcuno sostiene che nel frattempo la badessa fosse morta (forse addirittura avvelenata) e che fosse stata questa sua scomparsa a provocare la subitanea fine del processo. È un fatto che il vescovo Cittadini non ebbe a patirne le conseguenze, tant'è che è stata ritrovata una sua lettera al cardinal Borromeo – di cinque anni dopo la fine dell'inchiesta – nella quale chiedeva di essere trasferito a Milano da una località vicino a Lecco dove era stato relegato. Richiesta sorprendentemente accolta (ed esaudita) proprio per un intervento specifico del cardinal Borromeo.

La mancanza di una sentenza e quindi di una punizione esemplare, scrive Lisa Roscioni, «aprì il varco alle cronache successive che rielaborarono reinventandole le affabulazioni, ritrattazioni e figurazioni degli interrogati». Da un autore anonimo all'altro, tutti si conformarono «alle esigenze stilistiche dei "casi occorsi" sotto alcuni pontificati – e in special modo sotto Sisto V – o del genere emergente ancorché elitario delle "relazioni tragiche"». Tra Seicento e Ottocento, «una fitta trama di allusioni, rielaborazioni e interpolazioni finirono per trasfigurare completamente la storia». Da tipico e «forse anche banale scandalo di convento apparentemente simile a molti altri» la vicenda finì per fare da canovaccio all'unico «romanzo storico» di Stendhal e a un'infinità di romanzi minori che ottennero sempre una discreta accoglienza. Con l'Unità d'Italia – e in particolare dopo la breccia di Porta Pia, «nel clima apertamente anticlericale che accompagnò nel 1872 la soppressione delle congregazioni religiose», andò in scena a Roma, nei teatri Corea e Quirino, *L'abbadia di Castro*. Ebbe un grandissimo successo. «L'Osservatore romano» definì quella rappresentazione un «aborto letterario», mentre «La civiltà cattolica» identificò, in quel ritratto di papi, cardinali e monache quali «mostri di intemperanza, di scostumatezza e di ogni vizio più laido», l'«inizio dell'anarchia». Non era, invece, l'inizio di alcunché. Si trattava esclusivamente di una manipolazione di vicende effettivamente accadute ai fini di una battaglia politica contingente.

Matteo Ricci e gli intrighi alla corte dell'imperatore cinese

L'impresa fu straordinaria, ebbe quasi dell'incredibile e basterebbe da sola a testimoniare il ruolo che ha avuto nella storia la Compagnia di Gesù, fondata nel 1534 da Ignazio di Loyola, tra non poche complicazioni ben descritte in un importante libro di Guido Mongini, «Ad Christi similitudinem». *Ignazio di Loyola e i primi gesuiti tra eresia e ortodossia.* Mongini riferisce come il fondatore fu processato dall'Inquisizione otto volte, in Spagna, Francia e Italia. Comunque alla fine la Compagnia di Gesù fu approvata, nel 1540, da papa Paolo III, al secolo Alessandro Farnese. E nel giro di pochi decenni tale struttura fu in grado di «offrire» alla Chiesa personalità che ne avrebbero radicalmente cambiato il volto. Personalità cattoliche che avrebbero guidato il mondo nella modernità.

Ed eccoci all'impresa. L'uomo che ne fu il protagonista, Matteo Ricci, era nato a Macerata nel 1552. Fu mandato dal padre, farmacista, a Roma nel 1568 perché si iscrivesse all'università, studiasse diritto e di lì spiccasse il volo per una brillante e redditizia carriera. Matteo però deluse il genitore e il 15 agosto del 1571, alla vigilia del compimento dei diciannove anni, si presentò al noviziato dei gesuiti sul colle del Quirinale per chiedere di essere ammesso nella Compagnia. Ma era solo un primo passo. All'epoca, sotto il patronato dei re e dei viceré portoghesi, i gesuiti – sulle orme di Paolo da Camerino, Antonio Criminali, Niccolò Lancellotti e successivamente Alessandro Valignano, i primi a essersi recati in missione a Goa e sulla costa malabarica – erano già divenuti la più potente arma spirituale della presenza lusitana in India, dove avevano fondato sei collegi e sedici, più piccole, residenze. Nel 1577 Ricci compì il passo successivo e decise di partire, via Lisbona, alla volta dell'India. Aveva ventiquattro anni. Ed era solo l'inizio di un'avventura che lo avrebbe portato a Pechino, addirittura nel cuore della città proibita. E infatti *Un gesuita nella città proibita* è il titolo del libro scritto da Ronnie Po-chia Hsia – storico cinese (docente all'Università della Pennsylvania) già molto conosciuto per un eccellente studio sulla Controriforma – che ha il pregio di essere costruito su un esame assai accurato della ricca e complessa documentazione di parte cinese sull'intera vicenda.

La Lisbona in cui Ricci giunge nel 1577 è, con i suoi centomila abitanti, la terza città europea in ordine di grandezza. Più importanti di Lisbona ci sono solo Parigi e Istanbul, anche se il Portogallo, con un milione e mezzo di abitanti (contro i quattordici, ad esempio, della Francia) è uno dei Paesi meno popolati d'Europa. Siede sul trono Sebastiano, nipote per parte di madre dell'imperatore Carlo V d'Asburgo e cugino di Filippo II di Spagna. Sebastiano è galvanizzato dalla vittoria di Lepanto (1571) in cui le navi spagnole, veneziane e pontificie hanno sconfitto la flotta ottomana. Guarda lontano, incoraggia perciò la missione dei gesuiti in India e, poco dopo la partenza di Ricci (23 marzo 1578) si mette alla testa di un esercito di quindicimila uomini alla volta del Marocco dove troverà prematura morte quattro mesi dopo nella bruciante sconfitta di Alcazarquivir. Ma all'epoca di Alcazarquivir i nostri gesuiti si erano già imbarcati su tre velieri diretti verso l'India. In un viaggio nel quale alle insidie dei mari si aggiungevano le malattie (l'indice di mortalità dei religiosi nel corso di quel genere di tragitti era del quindici per cento) e altri rischi. Nel 1570, ricorda Po-chia Hsia, un'imbarcazione portoghese proveniente dal Brasile era stata intercettata da pirati francesi (ugonotti): raggiunto il veliero, i francesi lo avevano preso d'assalto e saccheggiato. Avendo poi trovato fra i passeggeri Ignacio de Azevedo, superiore della missione gesuitica in Brasile, insieme a un gruppo di missionari novizi, gli ugonotti avevano risparmiato l'equipaggio portoghese, ma avevano gettato in acqua i quaranta gesuiti, divenuti da allora martiri della Compagnia.

I seguaci di Sant'Ignazio davano un carattere assai religioso alla loro navigazione: il mattino «dedicavano un'ora alle preghiere e, una volta alla settimana, alla confessione»; facevano quindi il giro della nave visitando gli ammalati «per portar loro sollievo spirituale e fisico»; recitavano regolarmente le litanie «spesso più volte al giorno», e «di notte guidavano l'equipaggio nel canto degli inni e nelle preghiere per evitare le risse». In quei giorni, per propiziare i venti (ma probabilmente lo avrebbero fatto comunque), «guidarono una processione da poppa a prua e poi di nuovo a poppa nella quale furono esposte le reliquie destinate alla loro chiesa di Goa»: la «testa di santa Gerasina, compagna di sant'Orsola, consolatrice delle undicimila vergini martiri di Colonia» e quella di San Bonifacio martire; a fine maggio su ciascun veliero «furono organizzate, per celebrare il Corpus Domini, processioni accompagnate da musica e dall'ostensione delle reliquie». Le preghiere e gli atti di devozione coincisero – anche se sarebbe arduo stabilire un rapporto di causa ed effetto tra le due cose – con l'arrivo dei venti da ovest, venti che favorirono la navigazione verso il capo di Buona Speranza.

Ci vollero sei mesi per giungere a Goa. Lì i convertiti costituivano la maggioranza della popolazione. «E ciò spiega l'importanza della cristianizzazione come una delle fonti essenziali per il mantenimento del colonialismo lusitano» scrive Po-chia Hsia; «in buona sostanza i portoghesi (clero compreso) consideravano l'appartenenza alla cristianità sinonimo dell'essere portoghese, anche per ciò che concerneva la lingua parlata, il modo di vestire, il cibo e la fede». A Goa Ricci si distinse perché entrò a far parte di quella minoranza che si batteva contro la discriminazione razziale e, anzi, per l'immissione degli indiani nella Compagnia. E in quel luogo rimase tre anni. Ancora più importante fu il passaggio successivo, quando il nostro gesuita si trasferì a Macao sulla costa cinese. Qui i portoghesi (ottocento circa) erano apprezzati perché, a causa del divieto di rapporti commerciali tra Cina e Giappone, fungevano da indispensabili intermediari tra i due Paesi. Anche in virtù del fatto che – a differenza degli emissari inglesi e spagnoli – avevano accettato tutti i rituali di sottomissione come quello di genuflettersi al cospetto dei mandarini e chinare il capo fino a toccare terra. Nel 1575 papa Gregorio XIII aveva promosso Macao a diocesi (con giurisdizione su Cina, Giappone e Corea) e l'aveva affidata al vescovo Belchior Carneiro, anch'egli gesuita. Ma i religiosi della Compagnia in quel fazzoletto di terra erano solo cinque. Ed erano cinesizzati. In un breve volgere di tempo Matteo Ricci si fece egli stesso, per così dire, cinese. Lo spagnolo Alonso Sanchez, uno dei suoi compagni nella missione in Cina, così lo ritrasse: «È simile in tutto e per tutto ai cinesi e sembra uno di loro per la bellezza dell'ingegno, per la delicatezza, gentilezza, soavità e specialmente per la grande intelligenza e memoria, tutte doti che loro tengono in grande considerazione; di fatti, oltre a essere un ottimo teologo e astronomo, cosa che loro tanto apprezzano, egli ha imparato in brevissimo tempo la loro lingua e così tanti caratteri da essere in grado di parlare con i mandarini senza bisogno di un interprete, un fatto che essi apprezzano e ammirano enormemente». Di qui, vestiti e rasati di barba e capelli alla maniera dei monaci buddisti, lui e Michele Ruggieri si trasferirono a Zhaoqing dove furono presi sotto la protezione di una delle massime autorità del luogo: Wang Pan. Wang Pan desiderava un erede maschio e quando lo ebbe ritenne che fosse merito di Ricci e del suo compagno. A Ruggieri, che secondo l'autore «fu in effetti il fondatore della missione gesuita in Cina», fu concesso di tradurre il catechismo in cinese adattandolo al pubblico a cui era destinato. Il primo battesimo fu somministrato a un povero trovato per strada e in punto di morte. I successivi, invece, furono per degli autentici convertiti. Ma non tutto filò liscio: in questo periodo Ricci fu «angosciato dalla latente (se non dichiarata) ostilità della popolazione locale»; si trovò «molto più a suo agio in compagnia delle élite intellettuali a cui era più affine»; presto fu chiaro che le sorti sue e di Ruggieri «dipendevano dalla benevolenza dei mandarini». Poi, nel 1588, Ruggieri tornò a Macao, quindi a Lisbona e a Roma per invocare l'invio di un'ambasceria papale presso la corte Ming e Ricci rimase solo. In seguito fu raggiunto dal giovane gesuita Antonio Almeida e successivamente da Francesco de Petris. Ma nel giro di un paio di anni (1589-1591) morirono entrambi. Gli fu mandato allora Lazzaro Cattaneo e con lui Ricci compì la «svolta confuciana»: nel 1595 decise di lasciare le vesti buddiste per indossare lunghi abiti di seta e il cappello a quattro punte tipico degli eruditi confuciani. La meta, dopo una lunga serie di peregrinazioni in terra cinese, era a questo punto Pechino. Ma avrebbe dovuto attendere il 1600 quando ottenne il permesso di entrare nella città (che aveva già visitato nel 1598) nonostante l'ostilità dell'eunuco Ma Tang. Nel frattempo però aveva conquistato i letterati di Nanchang (dove era rimasto tre anni) i quali erano «meravigliati dalla sua abilità nel citare interi passaggi dei classici confuciani e rimanevano senza parole quando mostrava di saper recitare anche al contrario qualsiasi brano gli venisse sottoposto». «Più Ricci si comportava come un membro dell'élite cinese» sottolinea Po-chia Hsia «più il suo successo cresceva.» Successo che raggiunse l'apice allorché nel settembre del 1596 ci fu un'eclissi solare che lui, a differenza dell'osservatorio astronomico imperiale, aveva previsto con mesi di anticipo. Poi a Nanchino (già capitale della Cina fino al 1421 e per molti versi rimasta tale anche nei secoli successivi) era entrato nei favori del potente Wang Zhongming.

Qui inizia la parte più avvincente del libro di Ronnie Po-chia Hsia, che riesce a raccontare – in virtù proprio della consultazione dei documenti cinesi – gli intrighi alla corte dell'imperatore Wanli (che regnò per quarantotto anni, tra il 1572 e il 1620) con una grande quantità di particolari inediti per la letteratura occidentale. Nei primi dieci anni del Seicento, Ricci, con l'appoggio dell'imperatore, mise radici a Pechino dove, fatto davvero eccezionale, gli fu consentito di risiedere. Fu quella, però, un'epoca tutt'altro che tranquilla. Nel 1604 giunse nella capitale imperiale la notizia che tra ottobre e novembre dell'anno precedente sull'isola di Luzon gli spagnoli avevano massacrato tra i quindici e i ventimila cinesi, quasi l'intera comunità. Nel 1605 un gruppo di mandarini infastiditi dagli attacchi di Ricci al buddismo presentò una petizione all'imperatore per chiedere la revoca dell'appannaggio e il rimpatrio dei gesuiti. A peggiorare la situazione fu l'inizio dei conflitti generati dall'ingresso degli olandesi nei mari dell'area (nel 1607 l'Olanda sferrò un attacco a Macao). Si moltiplicarono le voci che davano per imminente un «complotto gesuita» per spodestare la dinastia Ming. Nel 1607 a Shaozhou fu diffusa una petizione firmata da quattrocento intellettuali in cui si chiedeva l'espulsione di Niccolò Longobardo (il gesuita destinato a succedere a Ricci) accusato di «perturbazione della pace». Ma il Ricci di quei dieci anni risente relativamente di queste perturbazioni. Ha ormai il rango di un ministro al servizio dell'imperatore, riceve i mandarini e i futuri funzionari del regno senza mai mettere piede fuori dalla capitale imperiale. Il suo libro *Il vero significato del «Signore del Cielo»* (1603), redatto in forma di dialogo tra un occidentale e un erudito cinese, lo consacra come una delle più grandi personalità della Cina dei Ming. Affida a un carteggio con Yiu Chunxi i termini della sua polemica contro il buddismo.

Quando Ricci muore, all'età di cinquantotto anni, nel maggio del 1610, trionfa «sui suoi nemici persino nella morte». Wanli concede l'onore del patrocinio imperiale alle sue esequie a cui partecipano i mandarini Xu Guangqi e Li Zhizao. Matteo Ricci fu il primo ma non l'ultimo dei gesuiti a trovare sepoltura in terra cinese. Dopo di lui – e prima dello scioglimento della Compagnia – di gesuiti ne giunsero in Cina circa ben cinquecento, provenienti da Italia, Spagna, Portogallo, Francia, Belgio, Polonia, Austria, Germania, con l'aggiunta di un discreto numero reclutato in loco. Se la parte gesuitica dell'eredità ricciana, scrive Po-chia Hsia, fu assicurata da una serie di missioni nei successivi centosessant'anni, «il suo impatto sulla comunità cristiana cinese diede a quest'ultima la possibilità di sopravvivere alla crisi catastrofica sopraggiunta in conseguenza del mutamento dinastico intorno a metà del Seicento». Qu Rukui, tra i più importanti amici di Ricci in Cina, aveva accettato di essere battezzato solo nel 1607, ma quel battesimo non poté essere impartito perché Qu non voleva rinunciare al concubinato. Dopodiché soltanto a seguito della morte della prima moglie e del «matrimonio con la concubina», Qu Rukui era diventato a tutti gli effetti membro della Chiesa cattolica, in omaggio alla quale decise di dare al proprio figlio quindicenne il nome di Matteo (a Ricci attribuiva oltretutto il merito di avergli procurato quella paternità). Ai tempi della scomparsa di Ricci, i convertiti in Cina erano circa duemila e cinquecento e salirono a tredicimila all'inizio del regno di Chongzhen (1628). Questo regno durò sedici anni, alla fine dei quali (1644) i cristiani cinesi erano ben settantamila. Tale crescita avvenne a dispetto del fatto che il successore di Ricci, Niccolò Longobardo, ne criticasse il metodo (nei confronti del quale già in anni precedenti aveva detto di sentirsi «a disagio»), ne disapprovasse pubblicamente la sintesi confuciano-cristiana e mettesse in dubbio che i principali mandarini e letterati avessero davvero capito gli insegnamenti ricciani. Longobardo, in ciò confortato dai gesuiti del Giappone, stabilì che il confucianesimo era ateo e che gli studiosi Ming erano filosofi materialisti. Convinto che la sintesi del cattolicesimo e del confucianesimo avesse compromesso la purezza dottrinale della Chiesa, nel 1623 Longobardo scrisse un trattato dove esprimeva la tesi secondo cui «i filosofi neoconfuciani propongono un universo materialista, mentre i letterati cinesi vanno considerati fondamentalmente atei», e si opponeva energicamente alla «distinzione tra un'antica filosofia cinese intatta, naturalista e quasi cristiana e un neoconfucianesimo corrotto». Ma nel 1627 undici preti distaccati in Cina e fedeli all'insegnamento di Ricci si riunirono per una conferenza a Jiading; successivamente la maggior parte dei gesuiti, sotto la guida del belga Nicolas Trigault, riprese a sostenere, con l'appoggio della classe dirigente dei funzionari cinesi convertiti, la strategia missionaria di Ricci. La spaccatura era ormai evidente e in Cina, tra i cattolici, iniziò la fase della «controversia dei riti». Verso la metà del Seicento il gesuita francese Jean Valet, che sosteneva la posizione di Longobardo, passò una copia del suo trattato al frate francescano Antonio Caballero de Santa María che la diede a sua volta al frate domenicano Domingo Fernández de Navarrete, che da quel momento abbracciarono le posizioni anti-Ricci.

Chi vinse tra i due schieramenti? Nessuno. Nicolas Trigault, che era uscito vittorioso dalla conferenza di Jiading, non riuscì poi a sostenere il peso della tensione nervosa, cadde in una lunga depressione e nel novembre del 1628 si impiccò. I gesuiti nascosero quel suicidio e fecero riferimento a esso solo in codice. Ma ne furono oltremodo indeboliti, tanto più che su di loro incombeva un'altra catastrofe. Nel marzo del 1644 i contadini ribelli espugnarono Pechino e le truppe manciù dilagarono all'interno del Paese varcando la Grande muraglia. Il regime Ming entrò in una lunga, inesorabile agonia che ne avrebbe decretato l'estinzione nel giro di una quarantina di anni. Anni durante i quali morirono di morte violenta milioni di persone e non pochi missionari gesuiti. I Ming, per resistere, accolsero gli aiuti occidentali, si presentassero come portoghesi armati o «consiglieri» gesuiti. La fede nel Dio dei cristiani sembrò essere per questi ultimi dominatori della Cina un'estrema risorsa. Nel 1648 la corte di Yongli, l'ultimo imperatore dei Ming meridionali, annunciò tre conversioni clamorose: quella dell'imperatrice titolare e di due imperatrici vedove che presero il nome di Anna, Elena e Maria. Lo stesso Yongli valutò per sé l'ipotesi di un'adesione alla fede cattolica ma desistette per non essere costretto a rinunciare alla poligamia. Fece però battezzare suo figlio con il nome di Costantino. Nel 1662, però, padre e figlio furono strangolati nello Yunnan da Wu Sangui, un generale Ming che si era ammutinato per passare al servizio dei nuovi signori manciù.

Passò con i manciù, a Pechino, il gesuita tedesco Adam Schall von Bell, che strinse amicizia con l'imperatore Shunzhi della dinastia Qing ricevendone le onorificenze che spettavano a un mandarino di massimo grado. «Indossando gli abiti dei mandarini della nuova dinastia» scrive Po-chia Hsia «Schall fu in grado di garantire la sopravvivenza e la prosperità della missione gesuitica.» Nonostante un breve periodo di persecuzioni dopo la morte dell'imperatore amico, la missione cattolica riprese a prosperare sotto l'imperatore Kangxi che regnò dal 1662 al 1723. «Un secolo dopo che Ricci si era stabilito a Pechino, il fondatore della missione cattolica avrebbe avuto tutte le ragioni per gioire nella sua tomba: nel 1701 la Cina aveva circa duecentomila convertiti e 153 ecclesiastici.» Lo stesso imperatore Kangxi si mostrò particolarmente cordiale e disponibile nei confronti dei suoi consulenti gesuiti: imparò da loro il latino, la matematica e la scienza occidentale; si fece somministrare il chinino che gli consentì di guarire dal vaiolo, malattia che aveva ucciso suo padre. Ma i missionari continuavano a litigare tra loro su Confucio e nel 1705 l'imperatore, spazientito, vietò ai suoi sudditi di praticare il cristianesimo. Tutti i missionari occidentali che desideravano restare in Cina dovevano giurare sui «metodi di padre Ricci» e promettere che non sarebbero mai più tornati in Europa. Domenicani, agostiniani e preti della Società per le missioni estere di Parigi abbandonarono in massa l'impero, i francescani si divisero ma gran parte di essi rientrò mentre i gesuiti, a eccezione di alcuni portoghesi, si piegarono al giuramento imposto da Kangxi. Per otto anni l'editto del 1705 non fu quasi mai applicato. Poi venne l'epoca delle persecuzioni. Persecuzioni quasi incruente, però, se messe a paragone con quelle perpetrate nel Giappone dei Tokugawa. Quand'ecco che si ebbe un nuovo trauma, stavolta proveniente da Roma. Nel 1773, per decisione di Clemente XIV, indirizzato in tal senso dalle corti borboniche, fu decretata la fine della Compagnia di Gesù (che sarebbe stata riportata in vita da Pio VII nel 1814, quarantun anni dopo).

Appena la compagnia rinacque, riferisce Po-chia Hsia, i nuovi missionari gesuiti ripresero i contatti con l'impero Qing che però era in condizioni ben più deboli, tant'è che fu sconfitto dagli inglesi nella Prima guerra dell'oppio (1839-42) e successivamente dagli attacchi congiunti anglo-francesi nella Seconda guerra dell'oppio (1858-60). A quel punto il regime Qing fu «costretto» a spalancare le porte ai diplomatici stranieri e ai missionari cristiani. E fu grazie alla protezione diplomatica e militare della Francia che i gesuiti e altri missionari cattolici da quel momento in poi si recarono in Cina con lo status di diplomatici e con nuovi poteri. Un capovolgimento della lezione di Ricci. Agli occhi dei cinesi «i nuovi arrivati apparvero come rappresentanti del potere occidentale e furono considerati una propaggine dell'aggressione europea». Tanto più che i gesuiti intentarono decine di processi allo scopo di reclamare le proprietà che erano state loro confiscate più di un secolo prima. I missionari proteggevano i convertiti cristiani ovunque, «intervenendo nelle dispute civili o nelle liti sulle proprietà, facendo appello ai magistrati locali, talvolta ai propri consoli, e con l'aumentare della loro influenza cresceva l'odio dei cinesi verso tutto ciò che era cristiano e occidentale». La sintesi tra confucianesimo e cristianesimo era ormai una cosa lontana, e l'armonia tra Oriente e Occidente il ricordo di qualcosa di antico. La stragrande maggioranza delle élite confuciane della tarda epoca Qing «era fermamente anticristiana, per non dire assolutamente xenofoba». Si moltiplicavano voci e leggende che spesso traevano origine da «fantasie paranoiche»: «missionari che pagavano per le conversioni, bambini uccisi dopo i battesimi, estrazione degli occhi dei viventi per ricavarne medicine». Po-chia Hsia sostiene che alcune dicerie potevano avere un fondo di verità: ad esempio che i religiosi agissero come spie per i governi stranieri, che screditassero la cultura cinese descrivendola come superstiziosa e che, più in generale, non esitassero a fare appello ai loro diplomatici e ai loro soldati per proteggersi e fare pressione sul popolo cinese. Di lì alle «ritorsioni» il passo fu breve. Nel 1870 a Tianjin una folla uccise il console francese e con lui una dozzina di missionari e convertiti. Nel 1899 nelle province di Shandong e Hebei si ebbe un forte movimento anticristiano. Poi nel 1900 fu la volta dei Boxer, un movimento regionale che individuò nei convertiti cristiani e nei missionari stranieri i nemici da abbattere. Con la connivenza della corte, i Boxer entrarono a Pechino e misero sotto assedio le legazioni straniere, presso cui avevano trovato rifugio molti missionari occidentali e cinesi convertiti. Fu necessaria una missione militare di otto Paesi per togliere l'assedio e domare i Boxer che nel frattempo avevano ucciso centinaia di cristiani, violato cimiteri come quello di Zhalan, dove ottantotto tombe erano state scoperchiate e i resti dei corpi di fedeli cattolici dati alle fiamme.

Dovevano trascorrere decenni prima che il capitolo potesse essere riaperto. Nel Novecento si sono avuti importanti studi su Ricci e sulla sua eredità, in particolare alla fine del secolo. Un libro di Jacques Gernet, *Cina e cristianesimo*, ha sollevato dubbi sulla reale integrazione tra le strutture del pensiero dei gesuiti e quelle degli intellettuali cinesi. Jonathan D. Spence, in *Il Palazzo della memoria di Matteo Ricci*, ha proposto una raffinata analisi del rapporto tra il grande gesuita e la Controriforma. Ma Ronnie Po-chia Hsia si rifà utilmente ad alcune riflessioni di Sun Shangyang contenute in un importante saggio del 1994 (inedito in Italia) sul rapporto tra cristianesimo e confucianesimo, per approfondire l'«occasione persa» di uno scambio culturale pacifico con l'Occidente che avrebbe potuto cambiare la storia della Cina, dell'Asia. E probabilmente dell'intera umanità.

I folli litigi di Isaac Newton

Un'epidemia di peste (1665), un incendio che devastò Londra (1666) e una serie pressoché infinita di imprevedibili dissapori, di assai meschine calunnie, di rivalità tra geni condotte all'esasperazione, furono il contesto in cui nacque la modernità scientifica. Bubboni e fiamme, assieme ai benefici effetti della rivoluzione cromwelliana conclusasi all'inizio degli anni Sessanta del Seicento, diedero una formidabile spinta alla ricostruzione del Paese. Il clima di selvaggia competizione all'interno della Royal Society fece il resto.

La Royal Society fu fondata nel 1660 e l'anno successivo fu riconosciuta dal sovrano d'Inghilterra Carlo II, che era tornato dall'Olanda per prendere il posto di Carlo I Stuart, il «re martire» giustiziato da Oliver Cromwell nel 1649. Grazie a questa Società e alla nascita delle prime riviste scientifiche, gli scienziati dell'epoca iniziarono a interagire tra loro in modo strutturato. Ed è a questo particolarissimo frangente storico che è dedicato lo straordinario libro di Andrea Frova e Mariapiera Marenzana *Newton & Co. geni bastardi. Rivalità e dispute agli albori della fisica* (con una brillante prefazione di Piergiorgio Odifreddi). Galileo Galilei, ricordano gli autori, era morto nel 1642, lo stesso anno in cui era nato Newton: «una sorta di epocale passaggio di testimone nel campo della scienza». Il «magnifico circolo dei devoti discepoli di Galileo» – i vari Cavalieri, Torricelli, Castelli, Viviani e altri – aveva dato un apporto fondamentale alla diffusione in Europa del metodo scientifico «fertile di sviluppi e conquiste». Ma poi la scienza in Italia andò declinando. Perché? Le condizioni della penisola, «percorsa e devastata da eserciti stranieri, politicamente divisa» assieme all'«abiura di Galileo e alla presenza minacciosa dell'Inquisizione», la «mancanza di interesse per la scienza da parte dei vari sovrani più disposti a finanziare artisti e poeti di corte, la progressiva perdita di influenza delle potenze marinare Genova e Venezia (che avrebbero potuto costituire stimoli all'avanzamento scientifico e tecnologico)» furono, secondo i due autori, i principali fattori «che contribuirono a una ripiegamento provinciale su se stesso del Paese, incapace di tenere il passo con quanto accadeva nel resto d'Europa, in Francia, in Olanda e più ancora in Inghilterra».

Qui viene naturale un'obiezione: anche in Inghilterra la situazione politica nel XVII secolo era tesissima, le contese religiose erano più che infuocate, drammatici furono gli eventi bellici e politici, più che precaria la situazione economica... Perché allora questo boom della scienza ai tempi di Carlo II? Il fatto, mettono in rilievo Frova e Marenzana, è che «il regno, pur con molte difficoltà, riuscì a superare le crisi e ad acquistare stabilità». E senso di sé. L'espansione coloniale, inoltre, portò ricchezze e conoscenze, stimoli per la scienza e per le sue applicazioni pratiche, che favorirono l'interesse e l'appoggio dei governanti. Isaac Newton, Robert Hooke e gli altri membri della Royal Society si trovarono a vivere questo particolare e stimolante momento storico e, in concorrenza con la Francia, «assicurarono all'Inghilterra il primato di grandi invenzioni e scoperte». Tutto ciò «malgrado la frequente mancanza di rispetto delle regole fondamentali della ricerca scientifica, ossia cooperazione e correttezza». Si svilupparono così tra quegli scienziati «scontri violenti nati da invidie e rivalità, da questioni di priorità e prestigio, ma anche da ambizioni di carriera e di guadagno». Nonché «dal sopravvivere, persino in geni della statura di Newton e Robert Boyle, di atteggiamenti di pensiero e di pratiche prescientifiche, alchemiche, causa ulteriore di fratture, reticenze e sospetti». Al punto che i due autori si domandano se «non fu piuttosto proprio questa competitività esasperata che valse a stimolare le menti e ad acuire l'inventiva e l'impegno».

Subito dopo la conclusione della guerra civile, John Wilkins – «un carismatico intellettuale e uomo di chiesa, che era passato con successo dalla funzione di cappellano nella casa reale a quella di influente accademico durante il periodo repubblicano di Cromwell» – aveva raccolto attorno a sé un gruppo di persone che veniva chiamato Oxford Experimental Philosophy Group di cui facevano parte «studiosi di varia provenienza, senza distinzioni politiche o ideologiche». All'epoca della rivoluzione, Wilkins seppe usare la sua influenza per dare una moderna impronta scientifica e matematica alla vita intellettuale dell'Università di Oxford. Fu lui, in seguito, che assieme ad altri undici studiosi del suo circolo, tra cui Christopher Wren e Robert Boyle, diede vita alla Royal Society, il cui motto poteva essere sintetizzato nelle parole di un loro lontano ispiratore, Francis Bacon (1561-1626), padre dell'empirismo scientifico: «Dio ci vieta di proporre una fantasia nata dalla nostra immaginazione come una descrizione del mondo». Il principio ispiratore della Royal Society era che alle informazioni dovesse essere garantita la massima circolazione. La segretezza doveva essere bandita. La comunicazione, poi, doveva «liberarsi dalla vuota eloquenza che aveva caratterizzato i filosofi del passato: via ogni artificio verbale, via ogni forma di retorica». Concretezza e semplicità avrebbero dovuto dettare legge e, quando fosse stato possibile, si doveva ricorrere al linguaggio della matematica. Il motto della Royal Society, «*Nullius in verba*», ossia «sulla parola di nessuno», stava a sottolineare «la determinazione dei fondatori di stabilire i fatti secondo il metodo sperimentale, ossia alla maniera di Galileo, e di procedere nell'indagine scientifica in modo oggettivo, ignorando l'influenza della tradizione scolastica, della politica e anche della religione, benché diversi tra i membri fossero alti prelati».

La Royal Society non produsse solo grandi scoperte. La sperimentazione ebbe anche un volto che i due autori non esitano a definire «criminale». Hooke, per esempio, fece esperimenti d'ogni tipo, «talvolta di dubbio valore scientifico – come nel caso di alcune crudeli dimostrazioni su animali, che peraltro eseguiva controvoglia – per soddisfare la curiosità dei soci scientificamente meno competenti e motivati». Una volta «dovette aprire la cassa toracica di un cane per vedere quanto sarebbe sopravvissuto grazie al semplice pompaggio di aria nei polmoni (in certo senso il primo tentativo di respirazione artificiale), ma fu così disturbato dalla vicenda che in seguito si rifiutò di ripetere un tale esperimento». Hooke rinunciò poi all'«esperimento Coga»: uno studente molto povero, Arthur Coga, accettò il 26 novembre 1667, per il compenso di una ghinea, che il medico Richard Lower e altri membri della Società – su suggerimento del vescovo di Salisbury – gli iniettassero sangue di pecora. Il paziente «non parve mostrare alcuna conseguenza negativa, e lo stesso accadde alla ripetizione dell'esperimento, tre settimane più tardi, di fronte a un diverso pubblico non meno eccitato del precedente». La notizia si sparse per tutta l'Europa, e la sperimentazione fu ripetuta più e più volte: «spesso, però, con esiti fatali». Il che, scrivono Frova e Marenzana, «getta qualche ombra sulla veridicità del resoconto ufficiale in merito al caso Coga, conservato nei registri della Royal Society».

Qualcosa di esemplare ebbe luogo nel dicembre di quello stesso 1667 a Parigi, nel palazzo del «nobile e ricchissimo» Henri-Louis Habert de Montmor, fondatore di una libera accademia scientifica che portava il suo nome (tra i membri della quale figuravano Pierre Gassendi, Marin Mersenne, Christiaan Huygens). In quel palazzo, il medico Jean-Baptiste Denis e il chirurgo Paul Emmerez procedettero alla trasfusione del sangue di un vitello a un clochard mentalmente instabile, Antoine Mauroy. Denis sosteneva che tale operazione «avrebbe permesso di rendere l'uomo placido quanto un vitello». Una folla di «medici, chirurghi e altri osservatori, per lo più aristocratici» assistette all'evento. Che fu ripetuto, due giorni dopo, visto il «buon esito» della prima esperienza. Quattro mesi più tardi Mauroy morì e Denis fu sottoposto a processo per omicidio. Processo che si concluse con un'assoluzione perché Denis riuscì a «dimostrare» che Mauroy era stato avvelenato con l'arsenico dalla moglie. Ma lo stesso Denis non dovette essere del tutto convinto dalle sue argomentazioni difensive e abbandonò la pratica medica. E anche gli altri scienziati si persuasero che quel genere di trasfusione non fosse proficua. Tant'è che fu messa al bando dapprima in Francia (1670), poi in Gran Bretagna e successivamente in quasi tutti gli altri Paesi europei. Solo nel 1829, l'ostetrico inglese James Blundell dimostrò l'efficacia della trasfusione tra esseri umani, ma erano trascorsi centosessant'anni. È interessante notare, poi, come alla base dei divieti alla fine del Seicento non era tanto «la pietà per le vittime, quanto il timore che la mescolanza di sangue di specie diverse potesse minare la purezza del genere umano e condurre alla creazione di esseri abnormi». In un'epoca in cui, scrivono Frova e Marenzana, «i confini tra scienza, magia e superstizione non erano ancora ben definiti, ci si chiedeva se per caso gli uomini non avrebbero cominciato a muggire, o magari i vitelli a parlare».

Ma non fu su questo che si litigò all'interno della Royal Society. Furono semmai differenze di carattere e di comportamento. Newton fu quasi un asceta (Voltaire nel 1773 scrisse che non aveva mai «avvicinato» una donna). Hooke invece, assieme a Christopher Wren e Edmond Halley, era un gran frequentatore di *coffeehouses*, seduceva abitualmente le domestiche nonché la figlia di suo fratello, la nipote Grace, con la quale convisse fino alla prematura morte di lei nel 1684. Newton e Hooke, secondo i due autori, «non avrebbero mai potuto andare d'accordo, né cercare di comporre le loro controversie in maniera civile e utile alla scienza oltre che a sé stessi». L'avversione di Newton nei confronti del suo più anziano collega «crebbe nel tempo a tal punto che, divenuto nel 1703 presidente della Royal Society – carica cui giunse, secondo alcuni, brigando in varie maniere – egli pose il massimo impegno nel far sparire dalla società ogni traccia di Hooke, morto quello stesso anno». Compresi i ritratti, tant'è che oggi «nessuno è in grado di dire con sicurezza quali fossero le fattezze di Hooke». E non furono, i loro, soltanto dissidi dettati da divergenze, per così dire, d'ordine morale. Newton scrisse a Edmond Halley per denunciare Hooke: «È accettabile che un uomo che pensa di saperla lunga e ama dimostrarlo correggendo e istruendo il suo prossimo, venga da voi quando siete impegnato, e, nonostante le vostre scuse, vi assilli con discorsi e vi corregga attraverso i suoi stessi errori, e dopo discorsi e ancora discorsi si vanti di avervi insegnato tutto ciò di cui vi ha parlato e vi obblighi a dargliene riconoscimento, gridando all'offesa e all'ingiustizia se non lo fate? Penso che lo giudichereste una persona afflitta da uno strano temperamento asociale». Oggi, scrivono i due autori, è evidente che Newton e Hooke «pur nella loro diversità avevano entrambi caratteri difficili e, per dirla secondo l'uso inglese che si fa di questo vocabolo nel mondo della competizione professionale, anche scientifica, erano entrambi dei *bastard* di discreto calibro».

Nel caso di Hooke, «la mancanza di riconoscimento del suo contributo alla teoria della gravitazione universale da parte di Newton, in aggiunta al fatto che nessuno dei suoi amici, neppure Wren, parlò mai pubblicamente in sua difesa, danneggiò la sua reputazione, lo fece sentire vittima di ingiustizia e di tradimento e avrebbe concorso a rendere assai amara la parte finale della sua vita». Hooke e Newton non si riappacificarono mai, anzi Newton tenne al minimo la sua frequentazione della Royal Society fino a quando Hooke fu in vita. Solo alla sua morte, nel 1703, accettò di divenirne presidente. Anzi, sottolineano i due autori, «brigò alquanto per insediarsi in tale ragguardevole posizione, dalla quale ebbe modo di controllare e condizionare pesantemente la scienza del suo Paese».

Nel 1693 Newton aveva subito un crollo psicofisico che lo condusse sulle soglie della follia. Ne scrisse lui stesso all'amico Samuel Pepys: «Sono estremamente turbato dallo stato di confusione in cui mi trovo, non ho né mangiato né dormito bene in questi ultimi dodici mesi, e non ho più la mia solidità mentale. [...] Mi rendo conto di dover interrompere il nostro rapporto e di non dover più vedere né voi né gli altri miei amici ma, se posso, di doverli lasciar andare tranquillamente per la loro strada». Poi ne inviò un'altra ancor più sorprendente a John Locke: «Essendo stato del parere che voi cercavate di confondermi con donne e con altri mezzi, ero così sconvolto che quando mi fu detto che eravate ammalato e non sareste vissuto, risposi che era meglio se voi foste morto [...]. Desidero che mi perdoniate per questa mia mancanza di carità». Newton si scusava altresì con Locke «per aver detto o pensato» che fosse al centro di una macchinazione per confondergli le idee. Poi nei decenni successivi la comunità scientifica dovette assistere a una sua simile polemica con Leibniz. Certo, scrivono Frova e Marenzana, «per noi oggi è fin troppo facile stupirci di fronte a molte pagine di Newton che appaiono deliranti, e tuttavia una conoscenza del contesto in cui egli ha operato aiuta a capire come una mente tanto sublime potesse subire il fascino di saperi antichi e prescientifici». E, conseguentemente, abbandonarsi ai deliri di cui si è detto.

Cesare Beccaria e quel «consiglio» di d'Alembert

Una quantità impressionante di deformazioni storiografiche ha impedito di dare un senso compiuto al tormentato rapporto del nostro grande giurista con gli illuministi francesi del Settecento. Cesare Beccaria aveva ventisei anni (era nato nel 1738) quando pubblicò – senza firmarlo – *Dei delitti e delle pene* e, ai tempi, era un giovane funzionario dell'amministrazione austriaca in Lombardia. Il saggio è uno straordinario atto d'accusa contro la pena di morte e contro la tortura, quest'ultima già abolita in Svezia nel 1734, a Ginevra nel 1738, in Prussia nel 1740, in Austria nel 1752 (però in Francia lo sarà solo nel 1780). Ma, a metà Settecento, l'abolizione della pena capitale è ancora un tabù. Beccaria, per privilegiare il carcere al patibolo, scrive: «Non è il terribile ma passeggiero spettacolo della morte di uno scellerato, bensì il lungo e stentato esempio di un uomo privo di libertà, che, divenuto bestia di servigio, ricompensa colle sue fatiche quella società che ha offesa, che è il freno più forte contro i delitti». Il condannato che espia sul patibolo suscita una «compassione mista di sdegno» piuttosto che «il salutare terrore che la legge pretende inspirare». Dopodiché si pone un problema che molti affrontano ancora oggi: non è da considerarsi la schiavitù perpetua, vale a dire l'ergastolo, contraria quanto la morte a ogni principio di civiltà e ugualmente crudele?

Beccaria risponde che sommando tutti i momenti infelici della schiavitù, lo sarà, crudele, anche di più, ma questi «sono stesi sopra tutta la vita, e quella esercita tutta la sua forza in un momento; ed è questo il vantaggio della pena di schiavitù, che spaventa più chi la vede che chi la soffre». Laddove più che l'argomento usato per ribattere ai fautori del patibolo, va considerata la sensibilità che lo porta ad individuare già a metà Settecento il labile confine tra capestro e prigione a vita.

Beccaria si batte con decisione per la secolarizzazione della giustizia. I crimini, secondo lui, non devono più essere concepiti come peccati ma soltanto come infrazioni sociali: «Io non parlo che dei delitti che emanano dalla natura umana e dal patto sociale, e non dei peccati, de' quali le pene, anche temporali, debbono regolarsi con altri principii che quelli di una limitata filosofia». Spingendosi a chiedere una riformulazione di tutte le pene ivi compresa quella per i suicidi, che all'epoca si traduceva nella pratica dei «processi ai cadaveri» (una sentenza del Parlamento di Parigi del 1749 disponeva che – a offesa dei parenti – i corpi di coloro che si erano dati la morte fossero messi pubblicamente su una graticola, «testa in giù, faccia rivolta contro la terra»). La repressione del suicidio, scriveva Beccaria, è socialmente inutile: punisce una famiglia innocente, agisce senza effetto «sul corpo freddo e insensibile» del morto. Inoltre la pena «non farà alcuna impressione sui viventi, come non lo farebbe lo sferzare una statua». Il «processo ai cadaveri» è per lui un'usanza «ingiusta e tirannica, perché la libertà politica degli uomini suppone necessariamente che le pene sieno meramente personali». Parole di fuoco spendeva poi contro la lentezza dei processi: «La prontezza delle pene è più utile, perché quanto è minore la distanza del tempo che passa tra la pena ed il misfatto, tanto è più forte e più durevole nell'animo umano l'associazione di queste due idee, delitto e pena, talché insensibilmente si considerano uno come cagione e l'altra come effetto necessario immancabile». Va ricordato che quando Beccaria scrive non sono ancora stati del tutto aboliti i roghi delle streghe ed è ancora vivo il ricordo dell'atroce morte inflitta nel 1757 (dopo il «supplizio delle tenaglie») a Robert-François Damiens, «squartato da quattro cavalli» per aver ferito con un colpo di temperino il «corpo reale» di Luigi XV.

In Francia, l'abate André Morellet lesse *Dei delitti e delle pene* e lo tradusse nella sua lingua, impegnandosi a diffonderlo. A operazione compiuta, il 3 gennaio del 1766 scrisse a Beccaria i sensi della propria ammirazione. Beccaria gli rispose raccontandogli quanto fosse stato importante per lui la lettura delle *Lettere persiane* di Montesquieu, del rilievo che avevano avuto per la sua formazione autori come Helvétius, Diderot e d'Alembert, di quanto avesse contato, più in generale, la cultura francese per aprirgli gli occhi dopo «otto anni di istruzione fanatica e servile» ricevuta dai gesuiti. Sembravano le premesse per un asse illuminista che avrebbe presto congiunto Milano a Parigi. E invece... Anno fatidico, il 1766. In febbraio, *Dei delitti e delle pene* viene messo all'indice dalla Chiesa di Roma e alcuni mesi dopo (in settembre) Voltaire proclama Beccaria «fratello in filosofia». Nel 1767 il libro sarà tradotto in inglese da John Almon. Quello stesso anno ne comparirà una vibrante confutazione a opera di Pierre-François Muyart de Vouglans (definito da Voltaire «l'avvocato della barbarie»). Il monaco Ferdinando Facchinei accuserà Beccaria di essere il «Rousseau degli italiani», definizione che lui accoglierà come un encomio. Nel 1770, Gustavo III di Svezia esprime il suo apprezzamento per l'opera. Lo stesso faranno in Spagna Carlo III e negli Stati Uniti Thomas Jefferson. Nel 1786, il granduca di Toscana Leopoldo II, in omaggio alle sue tesi, abolirà la pena di morte.

Ma torniamo al 1766. Quell'anno, scrive Michel Porret nel libro *Beccaria. Il diritto di punire*, il nostro autore sarà amareggiato da alcune circostanze. In particolare da un viaggio a Parigi che compirà in autunno. I suoi due più cari amici, Alessandro e Pietro Verri, fondatori dell'Accademia dei Pugni e della rivista «Il Caffè», lo convincono ad andare in ottobre a Parigi, dove per merito dell'abate Morellet il suo libro è già molto famoso. Lì in Francia, però, «l'intellettualismo gelido e il clima libertario dei salotti letterari parigini», racconta Porret, «infastidiscono il milanese; la sua timidezza invece delude i francesi [...]. Malinconico, geloso della moglie corteggiata da Pietro Verri, Beccaria, in dicembre, lascia prematuramente Parigi e ritorna a Milano [...]. Progettato per sei mesi il suo "tour filosofico" è un fallimento». Da quel momento si fa sempre più schivo e sospettoso. È invitato in Russia per entrare in una commissione legislativa voluta da Caterina II, così come Diderot che viene chiamato a fare da istruttore al futuro zar Paolo I. D'Alembert (che aveva respinto un'offerta simile a quella fatta a Diderot) sconsiglia a Beccaria quel passo: «Perderete molto al cambio, un bel clima per un Paese molto sgradevole, la libertà per la schiavitù, e i vostri amici per una principessa di gran merito, ma che tuttavia è meglio avere come amante che come moglie». Risultato: Diderot accetta, mentre Beccaria rifiuta. Poi una nuova delusione. Nell'*Enciclopedia* che viene pubblicata dal 1751 al 1772 (quindi per ben otto anni ancora dopo l'uscita di *Dei delitti e delle pene*, anche se la stesura vera e propria era stata ultimata molto tempo prima) di lui non si fa menzione. Nel 1769

Beccaria viene nominato professore in Scienze camerali presso le Scuole palatine di Milano. Nel 1791 accoglierà l'invito a far parte della commissione per la revisione del sistema giudiziario civile e criminale della Lombardia austriaca. Nel 1794, all'età di cinquantasei anni, morirà per un colpo apoplettico, nove anni dopo che sua figlia Giulia aveva dato alla luce Alessandro Manzoni. Quella Giulia che, per uno strano intreccio della storia, a dispetto del matrimonio con l'anziano conte Pietro Manzoni, aveva perso la testa per il vivace Giovanni Verri, fratello minore di Pietro e Alessandro.

A oltre due secoli dalla morte di Beccaria, Michel Porret ricorda che nel mondo solo 109 Stati su 192 (poco più della metà) hanno gradualmente eliminato la pena capitale, oppure rinunciano al suo impiego. Ma, accanto a regimi autoritari (Cina, Iran, Iraq, Pakistan) e teocratici nei quali la sfera religiosa contamina sempre quella penale (Afghanistan, Arabia Saudita, Nigeria), gli Stati Uniti restano l'unica potenza democratica che resiste all'abolizione totale della pena di morte. Anche se la Corte suprema ne limita ora l'applicazione (esclusa per i malati di mente), essa rimane in vigore in trentotto Stati. E tutte ma proprio tutte le rivoluzioni del secolo scorso si sono distinte per il ricorso al capestro. A duecentocinquant'anni dalla pubblicazione del suo libro, siamo dunque ben lontani dall'aver assistito al trionfo di Beccaria. Anzi in alcuni campi, come quello delle sevizie sui prigionieri, si sono fatti addirittura dei passi indietro. Per fortuna, però, il solco da lui tracciato è ancora assai fecondo. E un bel libro di Massimo La Torre e Marina Lalatta Costerbosa, *Legalizzare la tortura? Ascesa e declino dello Stato di diritto*, ne è la riprova. Il volume è interamente dedicato al mondo del dopo 11 settembre 2001, dove «tutto pare rimesso di colpo in discussione». Vengono ricordate le dure parole di Beccaria contro le crudeltà nei confronti dei sospettati: «Un altro ridicolo motivo della tortura è la purgazione dell'infamia, cioè un uomo giudicato infame dalle leggi deve confermare la sua deposizione collo slogamento delle sue ossa. Quest'abuso non dovrebbe essere tollerato nel decimottavo secolo». «Noi scriviamo nel ventunesimo» si limitano ad aggiungere i due autori. I quali ricordano come Joseph von Sonnenfels, consigliere della Corona asburgica, nel 1775 scrisse nel saggio *Sull'abolizione della tortura* (pubblicato a Zurigo) che quello poggiato sulle afflizioni non era potere legittimo, bensì tirannia. Tirannia che si regge su un intreccio di violenza e paura, intreccio che dà l'illusione a colui che vi fa ricorso di aumentare la propria stabilità, proprio nel momento in cui sta imboccando il cammino del suo declino. Quel che avrebbe ripetuto con forza anche Gaetano Filangieri. E che avrebbe ribadito nel Novecento Hannah Arendt: «Il dominio per mezzo della pura violenza entra in gioco quando si sta perdendo il potere». In *Sulla violenza*, la Arendt scrive: «Sostituendo la violenza al potere si può ottenere la vittoria, il prezzo però è molto alto; in quanto viene pagato non solo dal vinto ma anche dal vincitore [...]. In nessun caso il fattore di autodistruzione nella vittoria della violenza sul potere è più evidente che nell'uso del terrore per mantenere la dominazione. [...] Il terrore non è la stessa cosa della violenza; è piuttosto la forma di governo che viene in essere quando la violenza, avendo distrutto tutto il potere, non abdica, ma al contrario rimane in una posizione di controllo assoluto».

Va ricordato però che il citato Sonnenfels, a differenza di Beccaria, concesse una deroga all'abolizionismo: definì la tortura «lecita» laddove si tratta di scoprire i complici del reo. È possibile che l'«eccezione di Sonnenfels» sia stata pensata, concedono La Torre e Lalatta Costerbosa, «al fine di rendere la sua proposta abolizionista meno radicale e dunque capace di ottenere l'approvazione della corona». Resta il fatto che il suo abolizionismo non è «assoluto» e «lascia aperto un varco all'uso della tortura nelle situazioni di emergenza che sono oggi – come sappiamo – quelle che si invocano per giustificare la revisione del consolidato e assoluto divieto di torturare». Proprio quelle che Friedrich Spee già all'inizio del Seicento aveva riconosciuto come «insidiose e infondate». A rendere più evidenti i tratti della sua grandezza, La Torre e Lalatta Costerbosa fanno notare quante resistenze incontrò Beccaria. Per ironia della sorte, nel Ducato di Milano fu Gabriele Verri, padre di Pietro, Alessandro e Giovanni a formulare un parere del Senato contrario all'abolizione della tortura. Gabriele Verri suggerisce un «uso temperato della tortura (cioè non esteso a tutti i reati, escludendo «i casi senza prova alcuna e coloro che già sono stati condannati a morte)»; tortura che, però, Verri padre conferma valida tanto nell'interrogatorio come mezzo per l'accertamento della verità, tanto come pena prevista per taluni reati.

Per mettere meglio in risalto la novità rappresentata da Beccaria, molte pagine sono dedicate a importanti pensatori che in un modo o nell'altro hanno giustificato la tortura. È il caso di Jeremy Bentham che «sorprendentemente» accetta, poco prima della morte (nel 1832), questo genere di vessazioni. La Torre e Lalatta Costerbosa sono colpiti da un passaggio in cui Bentham sostiene che la tortura è una specie di pena che, però, ha uno scopo ben più circoscritto, e meglio determinato, e dunque si presta meno all'abuso. Quale sia lo scopo della detenzione del reo, per Bentham «è poco chiaro»; il rapporto tra fatto (pena detentiva) ed effetto (comunque vago) è in tal caso ipotetico e indeterminato. Nella tortura, al contrario, la «catena causale» tra fatto ed effetto o risultato è assai più definita e precisa (meglio, proporzionale) di quanto non accada in ogni altra forma di pena. Infatti torturando si infliggerà solo ed esclusivamente quella misura di coazione e di sofferenza che sia necessaria ad indurre il reo a una certa azione o ammissione. Nella detenzione invece, osserva Bentham, la proporzionalità è violata, poiché lo scopo della punizione non risulta affatto chiaro. A Bentham si sarebbe potuto obiettare che «la detenzione è predeterminabile nella sua durata, e dunque non si presta sotto questo profilo all'abuso di colui che la commina, mentre la tortura è necessariamente indeterminata tanto per la durata quanto per l'intensità delle sofferenze inflitte». Ma Bentham risponde preventivamente che tale indeterminatezza è prodotta dalla condotta del reo, il quale continua a non rispondere alle domande che gli vengono rivolte o a non cedere alle richieste che gli vengono indirizzate.

Restando alla tortura, importantissimo è poi, secondo La Torre e Lalatta Costerbosa, il discorso di Beccaria sulla presunzione di innocenza. «Un uomo» scrive Beccaria «non può chiamarsi reo prima della sentenza del giudice, né la società può togliergli la pubblica protezione, se non quando sia deciso ch'egli abbia violato i patti coi quali gli fu accordata. Quale è dunque quel diritto, se non quello della forza, che dà la potestà a un giudice di dare una pena a un cittadino, mentre si dubita se sia reo o innocente?» Discorso qui fatto per la tortura ma che può tranquillamente essere esteso a forme particolarmente afflittive della carcerazione preventiva. Come è quella di far calare una cappa di infamia sul «detenuto in attesa di giudizio».

«Parlò invano e ancora per molti anni Cesare Beccaria» ha scritto Francesco Calasso nella voce «Tortura» dell'*Enciclopedia italiana* (1937), «ma la Rivoluzione francese spazzò via per sempre» la tortura, «chiudendo così una delle pagine più dolorose e lugubri della storia dell'umanità». «E colpisce, anzi scoraggia», affermano nel 2013 La Torre e Lalatta Costerbosa, che quell'analisi che doveva «apparire ovvia» alla fine degli anni Trenta, oggi risulti invece «ottimistica e ingenua». Pur tuttavia Beccaria ebbe molti riconoscimenti dopo la morte. Ma all'epoca in cui visse fu un incompreso. Anche negli ambienti che avrebbero dovuto essergli non ostili. A favore della pena capitale, sia pure in casi limite, era stato Montesquieu per il quale «un cittadino merita la morte, quando ha violato la sicurezza al punto da togliere la vita, o da cercare di toglierla [...]. Tale pena di morte è come il rimedio della società malata». Lo sarà Rousseau secondo cui la forca è legittima contro il «nemico pubblico» che si manifesti in contrasto allo Stato: in questo caso è «un atto contro un nemico piuttosto che un'azione contro un cittadino» (quel «nemico pubblico», gli risponderà Beccaria, non è altro che un «uomo vinto»). E contro l'abolizione della pena di morte saranno sia Kant che Hegel. Kant – ricorda Michel Porret – intorno al 1796 rimprovera a Beccaria «il sentimento di falsa umanità» che lo ha ispirato e stabilisce che «il diritto di punire è il diritto del sovrano nei confronti dei suoi sudditi di infliggere loro una pena dolorosa in ragione del crimine commesso». Senza questo diritto, afferma il filosofo, «il diritto cede, l'ordine crolla, il legame sociale si sfalda, lo Stato vacilla». E Hegel la pensa più o meno nello stesso modo. Del resto, Voltaire – che pure di Beccaria era stato un grande estimatore – nel 1768 gli aveva scritto una lettera di encomio sì («Voi avete spianato il cammino dell'equità, nel quale tanti uomini procedono ancora come barbari») ma con uno spiraglio aperto nei confronti della pena capitale. Voltaire aveva paragonato la propria difesa di Jean Calas – nel *Trattato sulla tolleranza* (1763) – a quella che Beccaria aveva fatto del cavaliere de la Barre, mandato a morte non ancora ventenne, il 1° luglio 1766, per non essersi tolto il cappello al cospetto di una processione e per aver pronunciato frasi blasfeme. Una vicenda quest'ultima «più orribile» di quella di Calas il quale, scrive il filosofo «avrebbe meritato il suo supplizio se l'accusa fosse stata provata». E invece no: secondo Beccaria nessuno e per nessun motivo può mai meritare quel supplizio.

Ancora più dirompente è – sempre nel solco aperto da Beccaria – quel che afferma Luigi Ferrajoli in un libro-conversazione con Mauro Barberis, *Dei diritti e delle garanzie*. Ferrajoli, uno dei fondatori di Magistratura democratica, se la prende con l'attuale «andamento circolare della logica inquisitoria, che rende le tesi accusatorie di fatto infalsificabili». Una «tentazione pericolosa soprattutto nei grandi processi, nei quali, anche a causa della loro risonanza mediatica, il magistrato inquirente è portato a vedere nella conferma in giudizio delle ipotesi accusatorie una condizione della propria reputazione professionale». D'accordo, ma che c'entra Beccaria? «È questa forza del pregiudizio» risponde Ferrajoli «che trasforma il procedimento in quello che Cesare Beccaria chiamò il "processo offensivo", nel quale il giudice anziché essere "un indifferente ricercatore del vero" "diviene nemico del reo"». E non vuole trovare la verità del fatto, dice Beccaria, «ma cerca nel prigioniero il delitto, e lo insidia, e crede di perdere se non vi riesce, e di far torto a quella infallibilità che l'uomo si arroga in tutte le cose». A Montesquieu, Voltaire, Rousseau, Diderot e Condorcet, vale a dire ai filosofi dei Lumi, è ispirata la *Dichiarazione dei diritti dell'uomo e del cittadino* decretata dall'Assemblea nazionale il 26 agosto 1789, che pure manteneva in vigore «l'ultimo supplizio». E in Francia, a dispetto delle molteplici battaglie abolizioniste (la più celebre delle quali fu quella di Victor Hugo con il libro *L'ultimo giorno di un condannato e altri scritti sulla pena di morte*), l'abrogazione della pena di morte si avrà solo nel 1981 a opera del ministro della Giustizia Robert Badinter.

Dopodiché, prosegue Ferrajoli, «si dovrebbe avere il coraggio di togliere al carcere la centralità che occupa negli odierni sistemi punitivi, e non solo nel nostro, approvando misure di drastica decarcerizzazione». Il carcere, «lo sappiamo, è un'invenzione moderna: una conquista dell'illuminismo penale, in alternativa alla pena capitale, ai supplizi alle pene corporali, alla gogna e agli altri orrori del diritto premoderno; tuttavia, poiché consiste nella privazione di un diritto fondamentale come è la libertà personale, oltre che di vessazioni lesive della dignità della persona, esso si giustifica solo nella misura "minima possibile" secondo l'insegnamento di Beccaria: come *extrema ratio*, cioè soltanto per reati lesivi di altri diritti o beni fondamentali costituzionalmente stabiliti».

Ciò che, a detta di Ferrajoli, richiede almeno tre riforme. La prima è «l'abolizione della vergogna, in Europa ormai quasi soltanto italiana, della pena dell'ergastolo, palesemente in contrasto con l'articolo 27 della Costituzione secondo cui la pena deve tendere alla rieducazione e al reinserimento sociale del condannato». La Corte costituzionale ha dichiarato con due sentenze (nel 1974 e nel 1983) che questo genere di pena non è incostituzionale perché di fatto virtualmente non è perpetua, essendo riducibile a ventotto anni di reclusione grazie alla sospensione condizionale e a circa vent'anni grazie ai benefici di pena introdotti dalla riforma penitenziaria del 1975 ed estesi dalla legge Gozzini del 1986. Ma, osserva Ferrajoli, «a parte che questo non è vero, essendoci ancora nelle nostre carceri molti ergastolani che hanno espiato ben più di ventotto anni di reclusione, la Corte costituzionale non deve decidere sui fatti bensì sulle norme censurandone l'invalidità quale che sia il numero di violazioni costituzionali da esse reso di fatto possibile».

La seconda delle tre riforme, sempre secondo Ferrajoli, dovrebbe consistere in un drastico abbassamento della durata della reclusione, fino ai livelli degli altri Paesi europei: non più quindi gli attuali trent'anni, ma venti o quindici, come in Francia, in Germania, in Danimarca e nei Paesi scandinavi e come potenzialmente avviene anche in Italia qualora siano concessi, nella forma delle attuali misure alternative alla detenzione, i benefici di pena previsti, in base ai progressi nella rieducazione, dalla legge Gozzini». Ne conseguirebbe «oltre alla restaurazione della certezza delle pene, l'eliminazione di tutti quegli strani esami diagnostici oggi richiesti per la concessione dei benefici e consistenti, quando non si risolvono in giudizi puramente burocratici, in lesioni della libertà interiore della persona, cioè del suo diritto di essere e rimanere quella che è».

Terza riforma che ci imporrebbe la coerenza con Beccaria e «forse la più importante» dovrebbe essere «la previsione della reclusione per i soli reati più gravi e, per tutti gli altri reati, di pene più lievi quali sono le attuali misure alternative, che occorrerebbe perciò trasformare in pene principali, irrogate direttamente dal giudice al momento della condanna: come gli arresti domiciliari, la detenzione di fine settimana, la sorveglianza speciale, la libertà vigilata e l'affidamento in prova ai servizi sociali». Sarà questa, ne siamo sicuri, la nuova frontiera delle pene.

Pio IX e i dissidi tra Antonelli e Rosmini

Una serie davvero considerevole di forzature e deformazioni avvolge il racconto tradizionale dei comportamenti di Pio IX nel periodo 1848-49 e soprattutto non aiuta a comprendere chi gli suggerì quella linea d'azione. Procediamo con ordine. A mezzanotte del 25 novembre del 1848, Ferdinando II, re delle Due Sicilie in preda a grande eccitazione convocò i numerosi suoi familiari (alcuni dovette farli svegliare) per annunciar loro che la mattina successiva sarebbero partiti, tutti assieme, alla volta di Gaeta. Aveva appena appreso che proprio alla fortezza di Gaeta si stava dirigendo papa Pio IX, in fuga da Roma dopo l'uccisione, il 15 novembre, di Pellegrino Rossi, l'unica personalità che, forse, avrebbe saputo trovare una via d'uscita alla complicata situazione che si era venuta a creare dopo che il pontefice aveva rinunciato alla guerra contro l'Austria. Francia e Spagna si erano contese nei giorni precedenti l'opportunità di offrire rifugio e protezione a papa Mastai. E lui aveva preso in considerazione l'ipotesi di fuggire in Francia. Ma il conte Spaur, rappresentante del regno di Baviera nonché marito di Teresa Giraud (nipote del famoso commediografo Giovanni Giraud, già vedova di un archeologo, devota al pontefice: «data nei suoi primi anni ai piaceri dei sensi, poi di lasciva divenuta bigotta al cadere dell'età» l'avrebbe sbeffeggiata il triumviro della

Repubblica romana Aurelio Saffi), lo aveva convinto a desistere. Ancor più il cardinale Giacomo Antonelli – da quel momento eminenza grigia del regime pontificio – gli avrebbe sconsigliato di andare nel Paese dove, ai tempi di Napoleone, nel 1799 aveva trovato la morte, all'età di ottantadue anni, il suo predecessore Pio VI, esule e imprigionato nella fortezza di Valence. Così Pio IX aveva scelto la via del sud e si era aperta, come dal titolo del pregevole libro di Giuseppe Monsagrati, la stagione di *Roma senza il papa. La Repubblica romana del 1849*. L'8 febbraio del 1849 a Gaeta si sarebbe rifugiato anche Leopoldo II, granduca di Toscana e parente dell'imperatore austriaco, che si era rifiutato di piegarsi alla Costituente. E la fortezza sarebbe diventata così un centro politico di primaria importanza.

Papa Mastai era asceso al soglio due anni prima, nel 1846, dopo la cupa stagione di Gregorio XVI. Era il nuovo pontefice un uomo a cui «piaceva piacere» a tutti, come avrebbe testimoniato il gesuita Carlo M. Curci. Ciò che, all'inizio, gli era pienamente riuscito: «Je daressi un bacio a pizzichetti» si entusiasmò Giuseppe Gioachino Belli. Anche Garibaldi e Mazzini non avevano nascosto la loro iniziale simpatia nei confronti dell'uomo. Quando il 15 marzo del 1847 il santo padre concesse la libertà di stampa, il cancelliere austriaco Metternich si allarmò: «Un papa liberale è la cosa più inaudita che si possa pensare». Il 17 aprile il pontefice aveva poi decretato l'abbattimento delle porte del ghetto conquistando a sé la simpatia degli ebrei. Il cardinale Tommaso Pasquale Gizzi, dimettendosi nel luglio 1847 da segretario di Stato, aveva previsto che, con un papa come quello, chiunque avesse guidato la segreteria di Stato avrebbe avuto enormi problemi a governare. Qualche tempo dopo lo stesso Metternich aveva vaticinato: «Se le cose seguono il loro corso naturale, Pio IX si farà cacciare da Roma». Ciò che sarebbe puntualmente accaduto dopo che nel 1848 il papa aveva dapprima (10 febbraio) lasciato intendere che avrebbe dato il suo avallo alla guerra contro l'Austria, salvo poi tirarsi indietro (29 aprile) e precipitare nel caos una Roma ormai inebriata dal mito patriottico. Generando confusione tra gli uomini di chiesa e anche tra i patrioti. Un disordine di cui sono prova due fatti: nella sessione legislativa che si tenne il giorno dell'attentato a Pellegrino Rossi, da parte del presidente non fu fatto neanche un cenno all'assassinio dello statista; la sera «si ebbero persino – organizzati in un'area confusamente liberal-democratica – cortei di manifestanti che scorrazzarono per il Corso inneggiando al tirannicidio». Tant'è che si ipotizzò che l'attentato potesse avere una matrice mazziniana. Ipotesi priva di fondamento, scrive Monsagrati, dal momento che «Mazzini in quel momento era tutto preso dallo sforzo di rivitalizzare la lotta armata nel Nord Italia e Roma gli cascò addosso a sorpresa, senza che vi avesse inviato nessuno dei suoi maggiori collaboratori, nessuno che potesse prendere la direzione di un moto che per riuscire avrebbe avuto comunque bisogno della partecipazione dei cospiratori romani». Secondo Carlo Cattaneo, «Pio IX fu fatto da altri e si disfece da sé. Pio IX era una favola imaginata per insegnare al popolo una verità. Pio IX era una poesia». E però, scrive Monsagrati, «al contatto con la dura realtà del '48 la favola e la poesia si erano come dissolte ed era rimasto un vuoto che attendeva solo di essere colmato».

Quando poi il papa lasciò Roma, si fece avanti per gradi la cosiddetta stagione repubblicana. In vista delle elezioni per l'Assemblea costituente, in gennaio si fecero anche quelle che Monsagrati definisce una sorta di «primarie», nel senso che «si creò un comitato incaricato di sondare gli umori del popolo in merito alle preferenze e si indicarono i nomi dei candidati per l'Assemblea». Su settecentocinquantamila aventi diritto, andarono a votare in duecentocinquantamila, non pochi per l'Europa dell'epoca che aveva rarissimi precedenti in fatto di suffragio universale. Garibaldi fu il tredicesimo su sedici eletti nel collegio di Macerata, non un grande successo. Terenzio Mamiani si oppose alla proposta di dichiarare decaduto il dominio temporale del papa. In dieci votarono contro la proclamazione della Repubblica: nove lasciarono da quel momento i lavori dell'Assemblea, uno, il bolognese Rodolfo Audinot, rimase. Quel giorno Mazzini non era presente, si trovava ancora in Toscana. Roma, fa osservare lo storico, «senza tradizioni di monarchia (quella papale era del tutto atipica) era la sola città in cui, caduto il papato, la repubblica potesse nascere come se fosse la cosa più naturale del mondo».

Ed è in modo fluido che si giunse alla nascita della Repubblica. Il 21 febbraio fu votato l'incameramento dei beni ecclesiastici, con l'intesa che sarebbe stato il governo a provvedere alle spese per il culto. Il 27 febbraio fu la volta della legge sul prestito forzoso per rimpinguare le casse dello Stato. Per il giornalismo furono mesi di grande libertà simboleggiati dal successo del settimanale satirico «Don Pirlone», una sorta di «Punch» romano. Due volte il popolo si ribellò costringendo il Governo a fare marcia indietro: la prima quando fu deciso il sequestro di tutte le campane (anche se erano escluse quelle delle basiliche); la seconda quando si procedette ad analoga iniziativa con i confessionali e gli arredi sacri. Fu «una questione di devozione popolare», afferma Monsagrati, «ma c'entrava qualcosa anche l'innato gusto estetico di una popolazione orgogliosa dei propri monumenti e istintivamente consapevole di cosa essi significassero per l'identità collettiva».

Il 29 marzo fu costituito il Triumvirato. Primo triumviro fu Giuseppe Mazzini; secondo, il già citato Saffi; terzo, l'avvocato concistoriale Carlo Armellini (tra i più votati alle elezioni), forse il più inviso a Pio IX che lo definì «miserabile», sottolineando che era «padre e fratello di due gesuiti». L'uomo costituiva uno dei pochi anelli di collegamento con la precedente esperienza repubblicana della città, quella napoleonica del 1798-99. Tra i primi atti del nuovo esecutivo, quello di dimezzarsi («per riguardo alle tristi fortune del Paese») l'assegno mensile. Non si trattò, però, di un atto demagogico dal momento che nessuno di loro fece parola di questa decisione e la si conobbe solo molti mesi dopo la caduta della Repubblica, quando ne dette notizia, a posteriori, uno dei tre triumviri, Saffi. Ma Pio IX restava forte e continuava a godere di un vasto consenso internazionale. Una lettera (22 febbraio 1849) di Nathan Niles, incaricato d'affari degli Stati Uniti presso il Regno sardo, a James Buchanan, segretario di Stato del suo Paese, si schiera decisamente a favore di Pio IX attribuendo l'origine della crisi romana all'«attività irresponsabile» dei cospiratori (i quali, a detta di Niles, facevano leva su «una più che spregevole marmaglia di canaglie e banditi che riempiono le strade di Roma») e sconsigliava il riconoscimento della Repubblica romana.

A quel punto cambia tutto. Con un *motu proprio* il pontefice scomunica «chiunque ardisce rendersi colpevole di qualsivoglia attentato contro la temporale sovranità dei Sommi Romani Pontefici». Il cardinale Antonelli organizza la risposta armata contro gli usurpatori alla quale è disposto ad associare chiunque, persino i turchi. Ma sono quattro le potenze da lui espressamente chiamate in causa il 18 febbraio del 1849: «Poiché l'Austria, la Francia, la Spagna e il Regno delle Due Sicilie si trovano per la loro posizione geografica in posizione di potere sollecitamente accorrere colle loro armi a ristabilire nei dominj della Santa Sede l'ordine manomesso da un'orda di settarj [...] il Santo Padre dimanda con piena fiducia il loro intervento armato per liberare principalmente lo Stato della Chiesa da quella fazione di tristi che con ogni sorta di scelleraggini vi esercita il più atroce dispotismo». Il rischio avvertito a Parigi da Luigi Filippo era che l'Austria cogliesse l'occasione per allargare ancor più la sua sfera d'influenza sulla penisola e fu in questa chiave che venne concepito l'intervento francese. Lo dissero apertamente nel dibattito all'Assemblea di Parigi sia il generale Christophe Léon de Lamoricière che il presidente del Consiglio Odilon Barrot. Il 24 aprile le truppe francesi, agli ordini di Nicolas-Charles-Victor Oudinot, sbarcarono a Civitavecchia senza che la presenza di quei militari sul suolo laziale – che pur suscitò sconcerto – a Roma fosse vista come una reale minaccia. Tanto più che gli uomini di Lamoricière, appena sbarcati, alzarono un albero della libertà, «evocatore di antichi ricordi giacobini» e vi intrecciarono i due tricolori. Ma soprattutto, per il fatto che, quando approdò allo stesso lido il battaglione dei bersaglieri lombardi comandato da Luciano Manara, Oudinot li lasciò scendere a terra, li fece prigionieri salvo poi liberarli subito dopo aver ottenuto da loro l'impegno formale che non sarebbero entrati in azione fino al 5 maggio, data per la quale evidentemente calcolava che tutto sarebbe stato risolto. E ancor più per il fatto che il 30 aprile i repubblicani romani avevano fermato i francesi con relativa facilità. Tutto sommato gli uomini di Oudinot non facevano paura.

Semmai Roma avvertiva come avvisaglie di una futura minaccia comportamenti tipo quello della «banda Zambianchi». Il forlivese Callimaco Zambianchi, già buon amico di Garibaldi e successivamente di Mazzini (anche se Monsagrati esclude che agisse a suo ordine), approfittando del trambusto provocato dallo sbarco dei francesi, si diede a operazioni terroristiche dapprima a Terracina, poi nella stessa Roma. Sequestrò e uccise il domenicano Vincenzo Sghirla e successivamente, tra il 30 aprile e il 4 maggio, fece fuori una decina di altri ecclesiastici, tutti condotti nei sotterranei del convento di San Calisto, torturati e infine trucidati. Quando si seppe di quei delitti, l'impressione fu notevole e quegli episodi non giovarono alla reputazione della Repubblica. Mazzini entrò quindi in contrasto con Garibaldi allorché questi arruolò alcuni delinquenti di Ancona, fatti precedentemente arrestare da Felice Orsini: «Voi non sapete il male che fate a noi e alla repubblica, volendo ritenere quei d'Ancona con voi; è il colpo più forte che possa in questo momento darsi al governo» gli disse. E in effetti la propaganda del cardinale Antonelli dette risonanza agli episodi di violenza dei repubblicani. Ciò che consente adesso a Monsagrati di definire «innegabile» che nella Roma del 1849 ci fosse «un sostrato in cui la violenza sociale incrociò questo principio di rivoluzione nazionale».

Chi si accorse per tempo che qualcosa non andava per il verso giusto fu Carlo Pisacane, il quale entrò in polemica sia con Garibaldi, a cui pure lo legava un sentimento di devozione («prode, prodissimo, ma non capisce niente di milizie» disse Cattaneo stesso dell'eroe dei due mondi), sia con Mazzini al quale rimproverava la linea eccessivamente condiscendente nei confronti della Francia definita dal leader repubblicano «Repubblica sorella». Mazzini aveva ordinato che i feriti francesi fossero curati negli ospedali romani e che i prigionieri fossero restituiti senza contropartita: riteneva che, una volta rientrati nei loro ranghi, si sarebbero trasformati in «ambasciatori di solidarietà repubblicana». La Francia stette al gioco e, il 15 maggio, inviò a Roma Ferdinand de Lesseps perché intavolasse una trattativa. Questi convinse Oudinot a concedere una tregua fino ai primi di giugno. E trovò persino un accordo, che però fu mandato all'aria da Luigi Napoleone e da Oudinot: Lesseps, tornato in Francia, fu accusato di arrendevolezza e ne ebbe stroncata la carriera diplomatica.

Il 3 giugno, dalle parole, tra romani e francesi si passò alle armi. E per Roma repubblicana fu l'inizio della fine. La prima a farne le spese, come accade sempre in casi come questo, fu la libertà di stampa, nella persona di Francesco Dall'Ongaro, direttore del «Monitore romano» (rimasto l'unico giornale aperto dopo che erano stati chiusi «La Pallade», «La Speranza dell'Epoca», il «Contemporaneo», il «Don Pirlone»). Fu il momento del massimo, ancorché comprensibile, disordine: Dall'Ongaro fu rimosso dall'incarico dopo che il deputato Cesare Agostini lo aveva accusato di disfattismo. Il ministro della Guerra Giuseppe Avezzana si fece assegnare centocinquanta condannati ai lavori forzati rinchiusi in Castel Sant'Angelo da mettere agli ordini di Garibaldi. La sera stessa il comandante in capo Pietro Roselli lamentò che solo trentotto avevano fatto ritorno al luogo di pena. Garibaldi fece poi arrestare per insubordinazione il colonnello Luigi Amadei, ufficiale del Genio. Alla data 5 giugno 1849 del diario del repubblicano Luigi Filippo Polidori si può leggere: «Moltissimi cominciano a desiderare che i francesi entrino presto, anche ostilmente». Per «dare un'idea più aperta del regime», la Repubblica, contraddicendosi dopo il «caso Dall'Ongaro», fece riaprire «Pallade», «Speranza», «Contemporaneo» e «Don Pirlone». Garibaldi nel frattempo faceva incetta di vino da dare ai suoi uomini per infondere coraggio. Poi li guidava in una sortita notturna con camicie bianche (la «notte dell'incamiciata») perché evitassero di colpirsi l'un l'altro. Ma a quel punto la partita era già persa.

In realtà, di partita, a Gaeta se ne stava giocando un'altra. Il cardinale Antonelli induceva Pio IX a mettere all'indice le opere di Antonio Rosmini, Vincenzo Gioberti e Gioacchino Ventura. Il pontefice aveva appena ricevuto, a fine maggio, Rosmini dandogli dimostrazione di una qualche cordialità. Ed ecco che su Rosmini si abbattevano i fulmini della curia e addirittura un provvedimento (poi rientrato) di espulsione dal Regno delle Due Sicilie. Un autentico complotto al termine del quale papa Mastai era costretto a tornare sui suoi passi. Secondo il principale biografo del pontefice, Giacomo Martina (*Pio IX*), Antonelli era «ansioso di eliminare un avversario intellettualmente superiore», Rosmini appunto. E, prosegue Monsagrati, «assieme ad Antonelli lavorava dietro le quinte tutta una camarilla di corte che da tempo intercettava le lettere di Rosmini al papa e lo metteva in cattiva luce». Ma il vero obiettivo di Antonelli era probabilmente più ambizioso: costringere Pio IX a rinnegare pubblicamente l'iniziale biennio del suo pontificato, quello liberale e riformatore. Il primo ministro sardo, Massimo d'Azeglio, inviava a Gaeta Cesare Balbo per indurre Pio IX a tornare allo spirito del 1846-48. Ma senza successo. Ci provava addirittura Tocqueville. Ma anche lui urtava contro il muro eretto da Antonelli. E il papa da quel momento si conquistò la fama dell'uomo che faceva marcia indietro. «Niente sta a cuore del buon Pio IX in questo losco mondo, quanto il purgarsi della taccia di principe riformatore» scrisse Marco Minghetti, futuro presidente del Consiglio nell'Italia unita. Il 12 giugno Oudinot indirizzava alla Costituente romana un ultimatum. Il 19 giugno Ancona si arrendeva agli austriaci. Gli uomini di Oudinot adesso avevano fretta. Si spargeva la voce che Mazzini volesse far saltare in aria la «madre» di tutte le basiliche romane. Ed era lui stesso a dover smentire all'amica Margaret Fuller che aveva dato credito alla diceria: «Potete credere per un solo momento a una tale assurdità che S. Pietro sia minato, mentre io sono qui? Mi sono forse dimostrato un vandalo o un uomo del '93?», le domandava. Laddove, per inciso, è interessante notare quale bassa considerazione il leader repubblicano abbia sempre avuto di Robespierre e della fase conclusiva della Rivoluzione francese.

Il 30 giugno fu il giorno della battaglia decisiva a porta San Pancrazio, sotto un temporale scrosciante. Il 1° luglio – fuori tempo massimo – l'Assemblea costituente approvò una costituzione molto moderna che non sarebbe mai stata applicata a una Repubblica ormai defunta. Tale costituzione, però, avrebbe fatto da modello a tutte le esperienze rivoluzionarie del secolo e anche di quello successivo. «A leggerla oggi» scrive Monsagrati «si resta colpiti da due caratteri: l'organicità e l'essenzialità, come se fosse uscita da una sola testa e come se quella testa avesse avuto per unico scopo quello di dare voce alle aspirazioni e ai bisogni di una collettività molto coesa.» Da modello fece anche l'«orazion picciola» con la quale Garibaldi invitò i suoi a seguirlo verso nuove avventure: «Io esco da Roma; chi vuol continuare la guerra contro lo straniero, venga con me; io non offro né paga, né quartieri, né provvigioni; io offro fame, sete, marce forzate, battaglie e morte. Chi ha il nome d'Italia non sulle labbra soltanto ma nel cuore, mi segua». Parole non immuni dal vizio dell'enfasi, destinate a diventare le più celebri tra quelle pronunciate da Garibaldi nel corso dell'intera vita.

A differenza di Garibaldi, Mazzini volle restare per giorni e giorni nella Roma «liberata» dai francesi «offrendomi vittima facile a ogni offeso che volesse vendicarsi», come scriverà qualche anno dopo in polemica con chi lo aveva accusato di «aver governato con il terrore». Per offenderlo ancora una volta, andando a ripescare la vecchia immagine del «terrorista che manda a morire gli altri standosene al sicuro», si disse che un salvacondotto inglese gli avesse evitato l'arresto. Ma non era vero. Lui restò a Roma «per osservare le reazioni del popolo romano» e per contare di capire in quale misura su quelle genti avrebbe potuto contare in futuro. Girò per la città, interrogò amici, sentì le pressioni e gli argomenti di chi insisteva perché lui fuggisse. Furono «giorni di grande travaglio interiore, spesi con l'illusione di essere ancora in grado di organizzare una lotta di popolo contro l'occupante o di poter raccogliere fuori città ciò che restava dell'esercito repubblicano per tentare un ultimo, disperato, colpo di mano». Il 16 luglio si imbarcò, clandestino, da Civitavecchia alla volta di Marsiglia. Charles Dickens si augurava un suo ritorno in Inghilterra dicendo che «il mondo non può permettersi di perdere uomini come lui». E Thomas Carlyle, pur mostrandosi scettico nei confronti del suo operato, «ne esaltava senza mezzi termini le qualità morali».

A Roma, l'incaricato d'affari statunitense Lewis Cass junior, che pure si era entusiasmato per la Repubblica, descriveva adesso «la meravigliosa versatilità tipica degli italiani che stavano rapidamente riconciliandosi con il nuovo ordine di cose e si mescolavano alle truppe straniere, alcuni per fare amicizia, altri per osservare da vicino le loro divise». Il prefetto di polizia François Chapuis il 14 luglio festeggiava l'anniversario della presa della Bastiglia sopprimendo tutti i giornali, compresi quelli filopapali. E Pio IX mostrò di non aver nessuna fretta di tornare nella «sua» città. Anzi, da Gaeta si trasferì ancora più a sud, a Portici, dove Ferdinando II aveva la sua residenza estiva «servita» da una ferrovia che esibiva come prova della modernità del suo regno. Il papa sarebbe tornato a Roma solo il 12 aprile del 1850 dopo essere stato accompagnato da Ferdinando fino al confine, nei pressi di Terracina. Da Terracina, distante un'ottantina di chilometri, il corteo papale avrebbe impiegato altri sei giorni di viaggio. La città fu ripulita di ogni traccia repubblicana, non fu fatto niente per ricordare i «ribelli» caduti (tra i quali Goffredo Mameli, Luciano Manara, Enrico Dandolo, Francesco Daverio, Emilio Morosini) ma qualcosa sì per commemorare l'esercito vincitore: in particolare la lapide onoraria fatta apporre nella chiesa di San Luigi dei Francesi, la porta San Pancrazio e l'arco trionfale disegnato da Andrea Busiri Vici, eretto tra il 1857 e il 1859 sulle rovine di Villa Corsini. I francesi rimasero a Roma fino al 1866 per quella che, non senza malizia, Monsagrati definisce la «penultima occupazione straniera della Capitale».

Napoleone III e il gusto di correre rischi

Victor Hugo lo detestava al punto da definirlo «Napoleone il piccolo». E buona parte della storiografia democratica nella seconda metà dell'Ottocento nonché nella prima del Novecento non ne aveva gran stima. In tempi recenti storici italiani di diversa provenienza politico-culturale, da Luciano Canfora a Franco Cardini, hanno mostrato invece grande interesse per la figura di Napoleone III. Cardini ha anche scritto su di lui il bel *Napoleone III*, dedicandolo a Eugenio Di Rienzo, «studioso autentico di Luigi Napoleone, con la doverosa riconoscenza di un onesto dilettante». Perché questo omaggio dai toni insoliti (quantomeno nel mondo degli storici)? Per il fatto che quando è uscito il libro di Cardini stava per essere pubblicato un poderoso, accurato volume di Di Rienzo – anche qui il titolo è *Napoleone III* – che può essere considerato il primo esauriente studio italiano sulla figura di quel «doppio nipote» protagonista del Secondo impero francese. «Doppio nipote» dal momento che Napoleone Bonaparte gli era a un tempo zio – in quanto fratello di suo padre, Luigi, re d'Olanda – e nonno adottivo come marito di Giuseppina di Beauharnais, madre di sua madre, Ortensia.

Un qualche apprezzamento da parte degli storici italiani nei suoi confronti non è una novità. Oltre mezzo secolo fa, in *Leggenda e realtà di Napoleone*, Luigi Salvatorelli si spinse addirittura a valutare Napoleone III più positivamente del suo zio e nonno acquisito. «Mentre il primo regime imperiale [quello di Napoleone Bonaparte] era andato verso un assolutismo personalistico sempre più completo» scriveva Salvatorelli «il Secondo impero seguì un'evoluzione contraria, fino a trasformarsi nell'"Impero liberale", cioè in una monarchia costituzionale vera e propria, salvo la persistente ambiguità che l'imperatore era responsabile davanti al popolo francese, a cui poteva sempre fare appello.»

Ma torniamo alla formazione di Napoleone III. Luigi, suo padre, aveva sposato malvolentieri Ortensia su pressione del fratello. Fratello, il Bonaparte, che Luigi sospettava fosse anche il vero genitore del primo figlio nato dalla sua unione con Ortensia nel 1802, lo stesso anno delle nozze (il piccolo fu battezzato con il nome di Napoleone Carlo e sarebbe morto per una febbre difterica nel 1807). La coppia ebbe poi, nel 1804, un secondo figlio, Napoleone Luigi (morirà di scarlattina nel 1831) e infine, nel 1808, il protagonista del libro di Di Rienzo, che sarà battezzato con il nome Luigi Carlo Napoleone ma verrà sempre chiamato Luigi Napoleone. Il titolo di Napoleone II sarebbe spettato all'autentico figlio del Bonaparte nato nel 1811 dal matrimonio tra questi (che nel frattempo aveva divorziato da Giuseppina) e Maria Luisa d'Austria; figlio che aveva preso il nome di Francesco Carlo in omaggio al nonno per parte di madre, Francesco I d'Asburgo imperatore d'Austria, e a Carlomagno. Ma anche Francesco Carlo (Napoleone II), che dopo la caduta di Napoleone aveva vissuto a Vienna ed era stato nominato duca di Reichstadt, morì prematuramente, a ventun anni, nel 1832. Da quel momento, nei primi anni Trenta, Luigi Napoleone si considerò e fu considerato l'erede della dinastia napoleonica. Ruolo che interpretò vestendo fin da giovane i panni del rivoluzionario: nel 1831 con il movimento insurrezionale che si era sviluppato tra l'Emilia, le Romagne, le Marche e l'Umbria; poi con il tentativo di provocare una rivolta in alcune piazzeforti dell'Est della Francia; quindi con la ricerca di una sollevazione della Polonia; e ancora nel 1836 con il putsch (fallito) di Strasburgo. Infine, nel 1840, dopo lunghe peregrinazioni, con lo sbarco a Boulogne per innescare una rivoluzione (ennesimo fallimento). Quell'insuccesso fu considerato un po' da tutti come la prova che Luigi Napoleone era uno sprovveduto. Anche suo padre inviò al Tribunale una lettera, pubblica, in cui auspicava che il figlio fosse trattato con clemenza in quanto era un povero ragazzo raggirato da cattivi consiglieri. Il «Times», a proposito di quel ragazzo, scrisse che se almeno fosse stato ucciso, sarebbe stata «la fine più appropriata per un imbecille mistificatore». Allo sbarco a Boulogne era seguito un processo in cui il procuratore generale Franck-Carré aveva definito il futuro Napoleone III «un puerile avventuriero, un giovanotto conosciuto solo per le sue sconsiderate imprese, un dittatore improvvisato, che venne a prendere terra a Boulogne, in mezzo ai suoi servitori travestiti da soldati e aveva osato impugnare la spada di Austerlitz [quella di Napoleone Bonaparte] che si era rivelata davvero troppo pesante per le sue deboli mani». Luigi Napoleone fu condannato; tra il 1840 e il 1846 subì una detenzione (dorata) nella prigione di Ham, che lui stesso definì la «mia università» dal momento che poté tenere una vivace corrispondenza con personalità del suo tempo, studiare, scrivere articoli e opere invero non disprezzabili. «Se come golpista si era rivelato un disastro» ha scritto Cardini «come commentatore politico e osservatore della vita civile sapeva essere informato, aggiornato, acuto.»

Nel '46 evase, si stabilì a Londra per poi rientrare a Parigi dopo la rivoluzione del 1848. E qui si vide (e lui stesso poté constatare) quanto fosse ancora forte e persistente il mito di Napoleone. A dicembre di quell'anno il nostro fu eletto presidente della Repubblica; nel 1851 assunse poteri dittatoriali, nel 1852 fu proclamato imperatore. E qui viene la parte più avvincente del libro di Di Rienzo, quella dedicata al ruolo che Napoleone III ebbe nel processo che portò alla formazione dello Stato italiano. Ruolo ben noto che inizia con la partecipazione del Regno di Sardegna alla guerra di Crimea con la conseguente facoltà di sedere tra i vincitori della coalizione antirussa al congresso di Parigi del febbraio-marzo 1856, prosegue con i colloqui di Plombières tra l'imperatore e Cavour (1858), sfocia nella guerra franco-piemontese contro l'Austria (1859) ma si infrange contro il trattato di Villafranca in virtù del quale la Francia, incassate Nizza e la Savoia, interrompeva il conflitto dopo che era stata «liberata» solo la Lombardia e non anche il Veneto come dagli accordi di Plombières. Fu un duro colpo. Al punto che i patrioti dell'epoca paragonarono il trattato di Villafranca al «tradimento» di Campoformio con il quale nel 1797 Napoleone Bonaparte aveva interrotto la sua campagna in Italia tenendo Milano ma lasciando, anche quella volta, Venezia all'Austria. E tutti quelli che avevano a cuore la causa dell'Italia unita (almeno quella settentrionale) reagirono con identica indignazione.

Ma, come già osservò Rosario Romeo nel terzo volume di *Cavour e il suo tempo*, «se Villafranca non realizzava tutto il programma di Plombières, essa segnava per l'Austria la più grave disfatta che avesse mai subito sulla questione italiana: così grave da mutare interamente i termini del problema quali erano stati dal 1815 in poi». E se Cavour in quei giorni di luglio non riuscì a rendersene conto, secondo Romeo «ciò si dovette in parte a un dato esistenziale proprio della condizione umana, e in parte alla sua fragilità temperamentale, che nei momenti di maggiore tensione gli faceva perdere il controllo dei dati oggettivi della situazione e il dominio di se stesso: senza tuttavia privarlo, nella più parte dei casi, della istintiva capacità di prendere le decisioni politicamente più opportune». Come furono proprio le dimissioni.

Tra Vittorio Emanuele e Cavour si era creato in quei giorni un clima di crescente, reciproca insofferenza. Il conte era persuaso della necessità di sottrarre al re ogni influenza sull'andamento delle operazioni militari. Dopo la battaglia di Solferino disse esplicitamente a La Marmora che bisognava esautorare del tutto il sovrano. Ma, come ha ben ricostruito Adriano Viarengo nel suo *Cavour*, forte era anche la determinazione del re sabaudo – in ciò aizzato da Urbano Rattazzi – a liberarsi una volta per tutte del suo ingombrante primo ministro che «si era anche sforzato di mettere in cattiva luce presso l'imperatore francese». Ecco come Costantino Nigra, braccio destro del primo ministro del Piemonte nonché suo ambasciatore a Parigi, ricorda il momento in cui, al cospetto di Vittorio Emanuele, fece conoscere a Cavour il preliminare dell'accordo di Villafranca. «Cavour lesse; però man mano che andava innanzi nella lettura gli si accendeva il volto e cresceva l'orgasmo. Quando poi giunse a quel punto nel quale è detto che tutti i sovrani d'Italia avrebbero formato una Lega presieduta dal Papa, allora non si contenne più e proruppe altamente dicendo al re di sperar bene che non avrebbe apposto la sua firma a quel trattato ignominioso. E qui dette sfogo lungamente all'animo esacerbato bollando con parole roventi la condotta dell'imperatore: pregò il re che non se ne rendesse solidale perché era un tradimento verso le popolazioni che, insorgendo, avevano avuto fiducia in lui». Il colloquio fu a tal punto aspro che il re accolse le sue dimissioni con sollievo e poco tempo dopo, parlando di Cavour con il colonnello inglese George Cadogan, disse: «Il suo tempo è finito». Non era vero: di lì a breve Cavour avrebbe ripreso la guida del governo, postazione dalla quale nel biennio '60-61 avrebbe sorvegliato il travaglio che avrebbe portato alla nascita dello Stato italiano. Ma neanche Cavour immaginava che nel volger di pochi mesi sarebbe tornato sul ponte di comando. Ne è prova il fatto che proprio nei giorni di Villafranca passò da stati di esaltazione allo sprofondo della depressione. Disse a Lajos Kossuth: «Mi farò cospiratore! Mi farò rivoluzionario! Ma questo trattato non si applicherà mai... Mai! Mai!». Scrisse a Bianca Ronzani: «Mi ritrovo sul lago, sfinito e sfiduciato. Non più sorretto dalla speranza di riuscire ad impresa più gloriosa e più nobile di quante siensi tentate mai. Non più eccitato dalla lotta e dalla necessità di vincere: sento un tale spossamento che mi rende avvertito essere pur troppo per me cominciata la vecchiaia; vecchiaia prematura, cagionata da dolori morali d'impareggiabile amarezza». Cavour in quel momento aveva solo quarantanove anni e comunque il processo di formazione dell'Italia unita aveva preso l'avvio.

Eppure – riconosciuto a Cavour quel che è di Cavour – l'uomo che rese possibile l'unificazione italiana fu in tutto e per tutto Napoleone III. E il libro di Di Rienzo ha il grande pregio di restituire a Napoleone III i meriti che non possono essergli disconosciuti. Innanzitutto in virtù dei problemi che – per consentirci di «fare l'Italia» – l'imperatore dei francesi dovette affrontare nel suo Paese. Al largo entusiasmo popolare per la guerra d'Italia manifestatosi tra i quadri del bonapartismo di sinistra, negli ambienti operai, nei circoli repubblicani e addirittura in quelli dell'opposizione emigrata, si contrapponeva «una reazione eguale e contraria in altri e più estesi settori della società». Quali? Le masse rurali dei dipartimenti di confine esposte al pericolo di una reazione della Prussia, i vertici militari, la grande banca rappresentata dal barone Rothschild, buona parte delle camere di commercio, la totalità dell'opinione pubblica cattolica (quel conflitto segnò una grave incrinatura dell'alleanza tra Pio IX e il regime bonapartista), i seguaci della dinastia orleanista e alcuni importanti membri del governo tra i quali il ministro degli Esteri Walewski.

La guerra contro l'Austria iniziò il 3 maggio del '59, il 4 giugno fu la vittoria di Magenta, il 24 giugno fu quella risolutiva di Solferino e poco dopo Villafranca. Qui furono i seguaci di Mazzini ad accusare di tradimento l'imperatore dei francesi. Francesco Crispi, futuro presidente del Consiglio, confessò in quell'occasione di detestare «Napoleone cagion di tanti mali al nostro Paese e vero ostacolo che ci resta da superare per la completa conquista dell'unità nazionale». E nella sinistra italiana da allora in poi si produsse una crescente ostilità nei confronti della Francia (la «gallofobia democratica») che sarebbe andata crescendo nei decenni successivi.

E pensare che in quei giorni, dopo Solferino, il principe Richard von Metternich inviava dal quartier generale di Verona al ministro degli Esteri austriaco una lettera nella quale si sosteneva che «nulla era più possibile fare in Italia» e che «soltanto un miracolo ci può ancora aiutare, ma contro il nemico tanto più potente, inebriato dalla sua vittoria, che riceve ogni giorno nuovi rinforzi, che ci sta accerchiando e che ci schiaccerà» era difficile sperare anche nel soccorso divino. In effetti è lo stesso Di Rienzo a riconoscere che dopo le sconfitte austriache «la continuazione della campagna in Italia offriva ottime possibilità di riuscita nonostante la scarsa prova dell'alleato piemontese». Ma questo è un punto da non sottovalutare: il Paese di Napoleone III era rimasto assai turbato dall'imprevista entità dello spargimento di sangue francese e dall'apporto assai modesto dei militari di Cavour. Secondo elemento importante fu l'uscita della Prussia dalla neutralità. Tutto accadde dopo la vittoria di Magenta quando «a Berlino iniziò a prevalere il partito della guerra», in considerazione del fatto che, con l'avvicinarsi dei franco-sardi alla linea del Mincio, non era più procrastinabile un atteggiamento di maggior decisione: l'11 giugno venne dunque decisa dalla Prussia la mobilitazione di sei corpi d'armata, mobilitazione che comportava il richiamo della riserva orientale per la formazione di un contingente da collocare sul Reno in posizione ostile verso i confini francesi. A questo punto Walewski (siamo tra il 20 e il 23 giugno) chiese all'imperatore l'immediato concentramento di una grossa formazione francese sul Reno avvertendolo che, se avesse insistito con la guerra in Italia, il congiungimento tra austriaci e prussiani sarebbe stato inevitabile. E per la Francia sarebbero stati dolori.

Racconterà Napoleone III otto anni dopo, nel 1867, che la Francia non era riuscita a schierare in Italia più di centocinquantamila uomini e che «se la Provvidenza non mi fosse venuta in aiuto, donandomi il frutto della vittoria, io non avrei potuto disporre di una seconda linea a difesa dei nostri confini». Spiega Di Rienzo che la Francia del Secondo impero scontava un notevole decremento demografico, la politica economica tendeva a immobilizzare la maggior parte delle risorse per la realizzazione di grandi opere di carattere civile; e a peggiorare il quadro va tenuta in conto la difficoltà «di catturare il consenso del ceto finanziario, agrario, manifatturiero, sempre restio a un incremento delle spese militari per paura di un innalzamento dei carichi fiscali; la volontà dell'imperatore di assicurarsi il favore delle masse contadine, tendenzialmente ostili a un aumento dei gravami della leva». Il che aveva prodotto un grave depotenziamento della sua macchina bellica, in particolare per quello che riguardava il numero di uomini da schierare sul campo nonché la mancata modernizzazione degli armamenti, del sistema dei trasporti e della logistica. Così che aveva ragione Walewski nel sostenere che, in caso di conflitto con le forze di tutto il mondo germanico, la Francia sarebbe stata di sicuro soccombente.

Villafranca fu dunque molto diversa da Campoformio. Perché a quel punto, come già scrisse Romeo, era accaduta la cosa fondamentale: «Per la prima volta dopo il 1815 l'Europa dei trattati era stata sconfitta dall'Europa delle nazionalità». E, per quel che riguarda Giuseppe Mazzini, il quale sosteneva che lo stesso risultato (magari di più ampie proporzioni) potesse essere raggiunto nel 1859 con un'insurrezione popolare, si trattava di illusioni. Quanto poi al fatto che Vittorio Emanuele II potesse in quei frangenti decidere di continuare la guerra da solo – ha scritto giustamente Domenico Fisichella ne *Il miracolo del Risorgimento. La formazione dell'Italia unita* – sarebbe stata una «follia». Il libro di Di Rienzo dimostra in maniera definitiva come, senza lo sforzo militare francese, l'avventura che portò all'unità d'Italia non avrebbe potuto neanche cominciare. E come la figura dell'erede del Bonaparte meriti la massima considerazione dal momento che, per correre quell'avventura, l'imperatore dei francesi prese su di sé rischi che nessun capo di una nazione nell'Ottocento si sarebbe mai addossato. Tanto meno per favorire l'indipendenza di un altro Stato.

Bernardo Tanlongo e quei primi libri d'antipolitica

È curioso che l'Ottocento, il secolo nel quale in Europa si è andata progressivamente affermando la democrazia parlamentare, sia anche l'insieme di decenni in cui la letteratura dell'intero continente, pressoché unanime, ha offerto un'immagine sempre più ripugnante delle attività svolte nei parlamenti (nonché del loro intreccio con le realtà economiche e finanziarie). Lo documenta bene Clotilde Bertoni nell'avvincente *Romanzo di uno scandalo. La Banca Romana tra finzione e realtà*, un libro che con intelligenza va molto al di là del caso politico-finanziario che scosse l'Italia alla fine del 1892. E che offre un ampio repertorio della critica saggistico-letteraria alla democrazia rappresentativa. Thomas Carlyle, Hippolyte Taine, Adolphe Prins e ancora Dumas, Stendhal, Balzac, Eliot, Flaubert, Meredith, Dickens, Trollope, Daudet, Claretie, Oscar Wilde, Maurice Barrès, Zola... Poi, qui in Italia, Francesco Domenico Guerrazzi con *Il secolo che muore*, Antonio Fogazzaro con *Daniele Cortis*, Vittorio Bersezio con *Corruttela*, Matilde Serao con *La conquista di Roma*: non c'è stato praticamente scrittore europeo che abbia anche solo sfiorato la politica dei propri tempi senza volersi soffermare sui cinici e spregevoli deputati che per amore di denaro e potere avevano tradito i nobilissimi ideali di gioventù. Quasi sempre in combutta con altrettanto ripugnanti affaristi, banchieri e giornalisti.

Lo scandalo italiano della Regìa tabacchi alla fine degli anni Sessanta dell'Ottocento, il crac dell'Union générale e il fallimento della compagnia per la costruzione del canale di Panama (1889) hanno via via offerto spunti sempre nuovi per questo genere di racconti. Qui in Italia, è stato il crack della Banca Romana che ha influenzato la narrativa. Per alcuni decenni. La storia è abbastanza conosciuta, almeno nelle sue linee generali. Governatore della Banca è dal 1881 Bernardo Tanlongo, che Clotilde Bertoni descrive come «un personaggio insieme macchiettistico e inquietante», al tempo stesso «buon padre di famiglia» e «affarista pronto a tutti gli intrallazzi», «praticone e grossolano ma addentro a tutte le alte sfere». Tanlongo è un «vedovo, padre di numerosa prole, amante della vita familiare, cattolico devotissimo, di una frugalità prossima all'avarizia, avvezzo a garantirsi le simpatie popolari ricevendo infiniti postulanti in un ufficio malridotto da cui dispensa piccoli favori». Dietro «questa apparenza semplice e bonaria dissimula una stratificata rete di potere»: è in stretti rapporti con il Vaticano, con i gesuiti ma anche con la massoneria, ha gestito le aziende agricole romane di Vittorio Emanuele II e «a quanto pare gli ha pure prestato denaro a usura». Ha legami con Umberto e Margherita regnanti in carica, con tre presidenti del Consiglio (Benedetto Cairoli, Agostino Depretis, Francesco Crispi) con il ministro delle Finanze e del Tesoro Agostino Magliani e con due esponenti della Sinistra storica «inclini entrambi», sostiene la studiosa, «a conversioni di rotta opportunistiche»: Giovanni Nicotera e Bernardino Grimaldi.

Tra la fine del 1889 e l'inizio del 1890 si avvertono i primi scricchiolii della Banca. A dispetto di ciò, nel 1892 – su proposta di Giovanni Giolitti, sollecitato in tal senso da re Umberto – Tanlongo è incredibilmente nominato senatore del Regno. In quello stesso 1892 esplode lo scandalo. Nel gennaio del 1893 viene spiccato contro di lui (e contro il cassiere della Banca, Cesare Lazzaroni, «settantenne, vecchio scapolo, barone, bon vivant, amante delle frequentazioni altolocate, ma non granché influente») un mandato di cattura per peculato, falso e corruzione. Prima di andare in carcere il banchiere fa in tempo a rilasciare un'intervista in cui minaccia di rendere pubblici i nomi di quelli che gli «hanno chiesto milioni su milioni» e avverte: «Se io precipito giù, casco in buona compagnia». In Parlamento esplode la bagarre. Napoleone Colajanni mette l'accaduto in relazione con i fatti di Caltavuturo, un paesino della Sicilia nel quale i soldati hanno sparato contro gli occupanti di terre. E denuncia il fatto che si possa «essere impunemente iniqui contro i contadini» e lasciar liberi «i ladri di milioni, i barattieri i quali finiscono per frequentare l'aula di Montecitorio». Una comparazione che resterà impressa nella memoria di Luigi Pirandello.

Nel frattempo Giolitti e Crispi si fanno la guerra tra loro. L'ex garibaldino Rocco De Zerbi muore dopo un interrogatorio e venti ore di agonia. Nicotera è angosciato per le allusioni pubblicate sul «Corriere di Napoli» a una sua compromettente lettera a Tanlongo. I personaggi assomigliano ai protagonisti di *Corruttela* di Bersezio: dal «cinico pennivendolo» Biagio Livi al «viscido faccendiere» Federico Parione. Si forma una Commissione i cui lavori non approdano a nulla. Il presidente del Consiglio Giovanni Giolitti è costretto alle dimissioni. Colajanni è il più lesto e il più efficace, nel libro *Banche e Parlamento* (pubblicato dai Fratelli Trèves in quello stesso 1893), a stabilire una comparazione tra lo scandalo di Panama e quello della Banca Romana. Con la differenza, a suo dire, che il caso panamense (in realtà francese) era «una grande ladreria privata, a cui partecipavano anche degli uomini di governo e parlamentari», mentre quello italiano andava considerato come «una grande ladreria governativa a cui parteciparono anche dei privati». Quanto a Giolitti, per Colajanni (che pur giustifica i «prestiti» ottenuti da Crispi), andava tenuto nel conto di «uno dei più disonesti ministri che abbia avuto l'Italia». Il processo è quasi immediato e nell'estate del 1894 c'è a sorpresa l'assoluzione per tutti: i giornali generalmente ne attribuiscono la colpa all'impreparazione dei giurati. Non solo loro, a dire il vero. Il leader socialista Filippo Turati così scriveva a Colajanni: «Sulla questione bancaria sono un asino calzato e vestito [...]. Non conosco libri, né posseggo più idee di quelle del mio portinaio [...]. Non dirlo per carità al nostro pubblico, neppure per vendicarti di me». Ma i giornali degli altri Paesi non danno certo la colpa ai giurati. Scrive il 29 luglio il «Berliner Tageblatt»: «L'Italia si è coperta con questo verdetto di una incancellabile onta [...]. Con l'assoluzione d'una notoria e confessa banda di ladri ha pronunciato la propria dichiarazione di bancarotta morale». Tanlongo morirà nel 1896. Ma il veleno instillato dal caso nel nostro sistema politico gli sopravvivrà.

Già nel 1895 Scipio Sighele dà alle stampe un pamphlet, *Contro il parlamentarismo. Saggio di psicologia collettiva*, in cui sostiene che la Camera dei deputati «è psicologicamente una femmina e spesso anche una femmina isterica». Quello stesso anno, Guglielmo Ferrero pubblica *Il fenomeno Crispi e la reazione* in cui si scaglia contro il «regime parlamentare degenerato e corrotto». Nel complesso, fa notare Clotilde Bertoni, «la produzione letteraria dà scarso spazio al versante finanziario della vicenda». Con la parziale eccezione del romanzo *Onorevole Paolo Leonforte* di Enrico Castelnuovo, che è pur sempre la storia di un giovane che si fa eleggere deputato per smania di «acquistare influenza e quattrini», ritrovandosi in un Parlamento in cui domina il presidente del Consiglio Fuscelli, «uomo dei piccoli tempi», «ambizioso senza grandezza» (una figura modellata, secondo la storica, in parte su Depretis e in parte su Giolitti). Molto atteso è il romanzo *L'onorevole* dell'ex garibaldino Achille Bizzoni (già denunciatore dello scandalo della Regìa tabacchi, per cui era finito anche in prigione). Contiene ironie contro il trasformismo, «il più grande portato della scienza parlamentare», accusa il giornalista di turno di essere un «bandito onnipotente» in grado di influenzare il corso politico, definisce Montecitorio un «ammazzatojo di riputazioni». E fa attribuire, da un personaggio minore, lo scandalo bancario all'italica «mania d'imitazione» di quel che è accaduto in Francia. Curioso. Va detto, però, che anche Bizzoni è coinvolto nello scandalo: tra le carte di Tanlongo è stata trovata una cambiale con la sua firma.

Nel 1896 a Parigi esce *Rome*, secondo volume della trilogia di Émile Zola *Les Trois Villes*. Lo scrittore francese è stato a Roma per documentarsi: papa Leone XIII gli ha rifiutato un'udienza; il re Umberto, la regina Margherita e il presidente del Consiglio Crispi – oltre a numerose personalità del mondo giornalistico – lo hanno invece accolto a braccia aperte. Risultato: quella che la Bertoni definisce una rappresentazione della politica «insipida», «prudentemente vaga», «impigliata un po' nei più sfioriti cliché di repertorio, un po' in quelli sempre fiorenti della vulgata popolare». Il tutto accompagnato da imbarazzanti inchini ai sovrani e da qualche sberleffo anticlericale. In omaggio alle proprie diffidenze nei confronti della Chiesa, l'autore intravede, dietro lo scandalo bancario, lo zampino del Vaticano e dedica pagine efficaci alla costruzione dei nuovi quartieri romani, tra cui Prati, da cui è rimasto affascinato. Ma, in sostanza – come ha scritto Ennio Flaiano in *Diario notturno* – si può dire che Zola «venne a Roma per scrivere un romanzo su Roma e non ne capì nulla». *Rome*, assieme ad altri libri dello stesso autore, offrirà spunto a Cesare Castelli per scrivere *La terza Roma*, che attacca sì il Vaticano ma usa la storia per «sfogare», sostiene Bertoni, «una mania di imitazione spinta a vertici furiosi».

Il resto della narrativa italiana continua e continuerà a puntare sulla figura dei parlamentari (e in penombra dei banchieri). In *L'onorevole Grigioni* di G.A. Delgrosso, il deputato di cui al titolo del libro entra in contatto con l'uomo di banca Fabiani, un «vero demonio» con «relazioni dappertutto», uscito da un processo «pel buco della toppa» riuscendo a «compromettere in esso uomini politici». *L'assalto di Montecitorio* di Ettore Socci (giornalista ed esponente politico del fronte radicale) si segnala per aver descritto l'invenzione della «distribuzione delle scarpe» – una prima del voto, l'altra dopo – cinquant'anni prima che i napoletani la attribuissero ad Achille Lauro. *Il tribuno di Montecitorio* del reazionario Luigi Marocco rievoca lo scandalo della Banca Romana al fine di biasimare il «guazzabuglio di situazioni false *[sic]* e di inchieste parlamentari». Viste, queste ultime, come punto estremo della degenerazione politica. Di miglior qualità è *Le ostriche* di Carlo del Balzo che, riprendendo un'immagine già usata da Matilde Serao, parla di quei deputati che si attaccano «allo scoglio di Montecitorio, con la ferma intenzione di rimanervi tutta la vita». Tutti traditori degli ideali risorgimentali. Privi di rimorsi. Salvo qualcuno che in extremis si accorge di aver «sporcata la sua canizie» e di essere scivolato «nella melma». Stesso impianto, con richiami agli antichi garibaldini, in *I corsari della breccia* di Filandro Colacito che pure ospita una figura di Tanlongo ribattezzato «Talfondo», meno «macchiettistica», secondo l'autrice, di quanto appaia negli altri romanzi.

Un discorso a sé merita *I vecchi e i giovani* di Luigi Pirandello, comparso la prima volta – a puntate, sulla «Rassegna contemporanea» – nello stesso anno (1909) in cui era stato pubblicato *I corsari della breccia*. È il romanzo che ci ha lasciato l'immagine più celebre e più vivida del nostro Paese ai tempi dello scandalo: «Dai cieli d'Italia, in quei giorni, pioveva fango, [...] pareva che tutte le cloache della città si fossero scaricate e che la nuova vita nazionale della terza Roma dovesse affogare in quella torbida fetida alluvione di melma, su cui svolazzavano stridendo, neri uccellacci, il sospetto e la calunnia». Dopodiché Pirandello se la prende anche con la «gogna» mediatica, con i giornali «sfognati dalle officine del ricatto». Ma, pur con una scrittura pregevole e in un contesto di assai più ampio respiro – i Fasci siciliani, la sua isola «terra di conquista», la «pioggia di benefizii» all'Italia settentrionale, i giovani giunti ad assumere un ruolo pubblico a «vendemmia già fatta» – è più ciò che accomuna il romanzo a tutti gli altri coevi, di ciò che lo rende diverso. Il racconto pirandelliano, secondo la Bertoni, è stato spesso ritenuto «più originale di quanto sia davvero», semplicemente perché è più conosciuto. Ma in realtà l'autore de *I vecchi e i giovani*, sempre secondo la Bertoni, non fa che «esacerbare il compianto sulle speranze risorgimentali naufragate e lo scetticismo sul regime parlamentare in cui ci siamo imbattuti spesso; e rimette in gioco un repertorio di giudizi e topoi ormai avvizzito». Addirittura uno dei suoi personaggi principali di fronte alla prospettiva di candidarsi al Parlamento dichiara preferibile «affogarsi in una fogna». Il che sta a riprova che l'antipolitica ha radici molto più lontane di quanto comunemente si pensi.

III

LA STORIA CAPOVOLTA

Così Socrate scelse la morte

Cosa vuol dire capovolgere la storia? Spesso significa porsi gli interrogativi giusti. E se fosse stato Socrate stesso a decidere di morire? Ecco la domanda da cui parte Mauro Bonazzi nell'introduzione al suo *Processo a Socrate*. Domanda legittima se si tiene conto della circostanza che Platone e Senofonte, due allievi del filosofo che si sono soffermati su quell'ultima fase della sua vita, concordano sul fatto che nel processo (399 a.C.) Socrate tenne deliberatamente un atteggiamento di intransigenza tale da rendere pressoché impossibile evitargli la condanna. Il pensatore fu oltremodo rigido: se avesse rinnegato almeno una minima parte delle sue idee, se avesse seguito «una linea più conciliante», avrebbe potuto ottenere l'assoluzione. Perché non volle salvarsi? Bonazzi ricostruisce il caso, che finì per diventare «uno scontro tra la filosofia e la democrazia». Lettori e studiosi – ricorda lo storico – hanno sempre cercato di sciogliere questo enigma prendendo le parti ora di uno ora dell'altro tra i due contendenti: più spesso in favore di Socrate, a volte anche per Atene. Quelli che si sono schierati in difesa di Socrate lo hanno fatto rivendicandone «la lezione di autonomia e di indipendenza contro i frutti nefasti del conformismo e dei pregiudizi che sempre rischiano di portare una società a chiudersi in se stessa»; gli altri, per Atene, «contestando le posizioni più o meno espressamente anti-democratiche del filosofo». Il Socrate di Bonazzi – al quale pure va riconosciuto di non essersi macchiato di «colpe politiche» – avendo l'opportunità di trovare infinite vie di fuga «sceglie» di troncare la propria vita costringendo praticamente la giuria a decretare la sua morte.

Vediamo come si svolsero gli eventi. All'epoca del dibattimento, Socrate aveva circa settant'anni e in molti hanno ritenuto che quello contro di lui sia stato un processo politico (ancorché non esplicitamente tale) a causa del fatto che il filosofo aveva avuto legami con i cosiddetti Trenta tiranni, nonché con i gruppi oligarchici della città. I Trenta – accolti all'inizio da quasi tutti come pacificatori e restauratori di politiche basate sulla moderazione contro sfrenatezza, corruzione e lussuria prodotte dal regime democratico – avevano in seguito precipitato la città nel terrore. Socrate era stato effettivamente in rapporti di amicizia con il loro leader, Crizia (che pure talvolta il filosofo non esitò a criticare apertamente e in qualche occasione, secondo Bonazzi, «sembra essere stato uno dei pochi a non collaborare alla cattura e uccisione di cittadini innocenti»). È poi sufficientemente provata una sua «distanza crescente rispetto alle malefatte dei Trenta». Dopodiché, infine, quando la «tirannide» fu abbattuta, Atene aveva scelto (nel 403 a.C.) di darsi un'amnistia a norma della quale – eccezion fatta per coloro che si erano provatamente macchiati di delitti – nessun simpatizzante degli oligarchi poteva essere perseguito. Anzi, era addirittura vietato rievocare il recente passato. Sicché – secondo i sostenitori della tesi che quello contro Socrate fu un processo politico – si sarebbe proceduto con capi di imputazione fittizi proprio per non incappare in ciò che era espressamente vietato dalla legge dell'oblio.

In realtà le norme di cui qui stiamo parlando non erano state applicate sempre fino in fondo. Altro che oblio: dei trentacinque discorsi che costituiscono il corpus di Lisia, nota lo studioso, almeno sei denunciano, più o meno velatamente, gli avversari come «collaborazionisti». Nel complesso, è vero, l'amnistia funzionò; per chi, però, aveva militato a favore dell'oligarchia furono comunque anni «rischiosi». Eppure non fu per questo che Socrate andò incontro alla morte. Anche se il suo prestigio intellettuale ne risentì: nelle *Nuvole* di Aristofane (che fu uno dei suoi nemici), Socrate rappresenta «il peggio della nuova cultura, responsabile, secondo i tradizionalisti, della corruzione della città». Gli si imputa di sostenere «bizzarre tesi scientifiche che servono in realtà a celare maldestramente il suo ateismo»; di comportarsi come i sofisti, cioè di usare le parole per ingannare. Ed è anche comprovato che, all'epoca dei Trenta tiranni, Socrate «fece parte del novero di quei pochi cittadini – circa tremila – che mantennero intatti i loro diritti e poterono continuare a vivere in una relativa tranquillità». Ma Bonazzi suggerisce grande cautela prima di trarre da ciò drastiche conclusioni: gli indizi di cui siamo in possesso, sottolinea, «non giustificano l'ipotesi di un processo politico». Né andrebbe dimenticato che tra gli interlocutori del filosofo c'erano molti «simpatizzanti della democrazia». Socrate, insomma, appare come «una figura difficilmente riducibile negli schemi tutti politici dell'opposizione tra oligarchi e democratici».

Sono tanti gli episodi noti che suggeriscono l'idea di una sua «equidistanza e coerenza». Ed è chiaro che ebbe sempre cura «di rivendicare una posizione di assoluta autonomia rispetto alle diverse fazioni in lotta per il potere». E anche questo particolare «mostra che una lettura troppo politica del processo rischia di forzare le testimonianze». Contro l'ipotesi di un processo politico depone il profilo degli accusatori, in particolare di quello più importante: il politico Anito, che, esiliato dai Trenta, era rientrato in città al seguito di Trasibulo e aveva conquistato una grande influenza. Isocrate lo elogiò per «aver saputo resistere al desiderio della vendetta». E a Bonazzi sembra improbabile che un personaggio della sua caratura «fosse interessato ad attaccare Socrate per motivi politici». Anche perché con persone come lui «siamo ben lontani da quegli ambienti democratici oltranzisti che più sarebbero stati interessati a continuare la battaglia» contro gli oligarchi e coloro che li avevano sostenuti.

Ma veniamo al processo. L'uditorio era composto da 501 giudici e da un folto pubblico. Socrate scelse di preparare da solo i suoi due (forse tre) discorsi di difesa rifiutando l'aiuto del già citato Lisia, uno dei più celebri oratori dell'Atene dell'epoca. Il processo, poi, aveva norme garantiste; se ad esempio un imputato fosse stato assolto, gli accusatori rischiavano di essere puniti: «A ulteriore conferma» nota Bonazzi «del fatto che non mancavano strumenti per impedire che s'intentassero processi con troppa disinvoltura». Ciò che in quel frangente il filosofo temeva di più era il boato del pubblico che effettivamente fu usato contro di lui (ne parla Platone per stigmatizzarlo). Comunque la prima votazione si risolse in favore sì dell'accusa, ma con uno scarto tutto sommato ridotto: 280 voti contro 221, e Socrate si lasciò persino andare a qualche dileggio nei confronti di chi lo aveva trascinato in giudizio. Ma la seconda votazione, quella in cui si doveva decidere tra una sentenza di morte e il pagamento di un'ammenda, si concluse con una maggioranza a favore della pena capitale. Una maggioranza netta.

Così venne il momento della sua morte. I due tipi di esecuzione più praticati nell'Atene dell'epoca erano la precipitazione in un baratro e una sorta di crocefissione che conduceva al decesso dopo una lunga agonia. La somministrazione del veleno, una pratica di gran lunga e a ogni evidenza preferibile alle altre due, fu introdotta verso la fine del V secolo. Ma, come ha messo in evidenza Eva Cantarella (*I supplizi capitali in Grecia e a Roma*), era considerata un privilegio dal momento che la cicuta, estremamente rara in Attica, aveva un costo molto alto e tale costo era tutto a carico del condannato. Non sappiamo, dice Bonazzi, chi pagò per la dose di Socrate, «se lui stesso o quegli amici che si erano offerti come garanti in tribunale». Ma sappiamo che quello fu l'unico «lusso» che Socrate volle concedersi al termine del dibattimento.

L'esito del processo – torniamo a dire – non era affatto scontato, come sembrano credere sia Platone che Senofonte. «Non si trattò di un processo sommario» scrive Bonazzi; tutte «le procedure furono rispettate con grande attenzione»; le accuse «erano meno assurde di quanto una lunga tradizione si ostini a far credere»; alcune delle idee del filosofo, «se non adeguatamente chiarite», potevano dare adito a «perplessità e dubbi»; i giurati erano meno prevenuti di quanto sia stato tramandato, tant'è che nella prima votazione fu condannato per il ridotto numero di voti di cui si è detto, a dispetto del suo atteggiamento «poco accomodante», «del tutto inadatto al contesto di un tribunale». Praticamente Socrate si rivolse ai giurati come se si trattasse di persone simili a lui, con la sua stessa preparazione. Nel settimo capitolo del *Trattato sulla tolleranza*, Voltaire metterà in risalto questa circostanza, scrivendo che fu come se in quel momento il tribunale di Atene contasse 220 filosofi («Non è poco» ironizzò). È in effetti clamoroso che, nonostante tutto, una parte significativa dei giurati si sia espressa a favore di Socrate, il quale pure – torna a sottolineare Bonazzi – non aveva dato prova di grande sensibilità nei loro confronti. A più riprese, poi, Socrate non si limitò a negare l'accusa o a ridurne la portata, ma la rovesciò. Vista in quest'ottica, la vicenda del processo (nel quale fu tutta l'esistenza del filosofo a essere portata in giudizio) è la storia di un «doppio fallimento»: il fallimento della democrazia, «incapace di ascoltare il tafano che cercava di risvegliarla dal torpore dei suoi pregiudizi»; ma forse anche il fallimento del filosofo, che non seppe (o non volle) trovare «le parole giuste per far capire le sue ragioni».

Va ricordato che in gioco c'era appunto la vita stessa di Socrate. E «la vittoria di misura nella prima votazione», scrive Bonazzi riflettendo su come ne riferì Platone, «lasciava immaginare che l'orientamento della giuria fosse quello di stabilire una pena più leggera, se non un'ammenda pecuniaria, eventualmente l'esilio». Due eventualità che però Socrate «escluse sdegnosamente, rifiutandosi di prenderle in considerazione», anche perché, se lo avesse fatto, avrebbe mostrato di accettare la condanna, una condanna «che non riguardava fatti specifici bensì la condotta di una vita intera». Ma «per quanto comprensibile», prosegue l'autore, questo rifiuto si tradusse poi nella «provocazione più estrema»: quando arrivò il suo turno, Socrate propose come pena alternativa «di essere mantenuto a vita nel Pritaneo a spese dello Stato, un privilegio normalmente riservato agli orfani di guerra e ai vincitori delle gare olimpiche». Stravagante. Quasi uno sberleffo. E successivamente lo stesso Socrate avanzerà la proposta alternativa del pagamento di una cifra irrisoria «che solo grazie all'intervento dei suoi amici divenne più consistente». Si può dunque ben comprendere l'irritazione dei giurati i quali, nella votazione successiva, decisero, con una maggioranza ben più consistente di quella del primo voto, di optare per la pena di morte. A quel punto era incredibile che ci fosse ancora qualcuno disposto a perdonare il filosofo. Ha acutamente osservato Maria Michela Sassi (*Indagine su Socrate. Persona, filosofo, cittadino*) che, se l'*Apologia* di Platone «riflette anche solo la sostanza del discorso» pronunciato da Socrate, «dovremmo forse stupirci dei 140 che gli avrebbero mantenuto il loro favore».

Socrate adottò dunque una strategia che, nel contesto di quel processo, non poteva che condurre alla sua condanna. Ma che «sulla lunga distanza era in grado di rovesciare tutto». E infatti, rivendicando la coerenza della sua battaglia per la verità, «è riuscito nell'impresa di far finire sul banco degli imputati Atene, la città che non aveva saputo accettare la sua sfida e per questo aveva scelto di ripiegarsi su sé stessa e sui propri pregiudizi». Condannato dal tribunale di Atene, Socrate è stato «assolto e premiato da quello della storia». «Per quanto sta in noi giudicare» commenta Bonazzi «la condanna di Socrate fu una decisione profondamente sbagliata, che macchiò l'onore della città.» Ciò detto, prosegue lo studioso, «rimane difficile sottrarsi a una sensazione d'amarezza di fronte a un conflitto che ha opposto il filosofo e la sua città, tra una città che non ha saputo ascoltare e un filosofo che forse non ha trovato le parole giuste per farsi ascoltare». Ma esistevano queste parole? Probabilmente Socrate non ebbe alcuna intenzione di cercarle. Forse perché non voleva trovarle. E voleva vincere la partita per lui più importante, quella di come la sua immagine sarebbe finita nei libri di storia.

Spartaco e la seconda Italia in guerra contro Roma

Per osservare un esempio di storia capovolta può essere utile aprire il dossier dell'«altra Italia», quella del mondo appenninico e meridionale che fino all'inizio del I secolo a.C. prese più volte le armi contro Roma. E lo fece in conflitti che, pur assai diversi tra loro, ebbero, però, in questa costante ostilità uno speciale filo conduttore. Un filo conduttore già intravisto in passato ma che è oggetto di un interessantissimo e approfondito studio di Giovanni Brizzi, *Ribelli contro Roma. Gli schiavi, Spartaco, l'altra Italia.* Prima Annibale, poi Silla che cercò di reclutare gli Italici alla sua causa, infine Spartaco, tutti provarono a far leva sull'«altra Italia». E in più occasioni quest'«altra Italia» fu sul punto di travolgere la città più importante dell'epoca.

La storia ricostruita da Brizzi ha inizio con la Seconda guerra punica (218-202 a.C.) che, secondo lo studioso, avviò una serie di processi «gravidi di conseguenze funeste». E, se si può dire che le spese sostenute dall'erario della Repubblica erano state molto, molto ingenti, si può altresì documentare che «le distruzioni e i danni, anche permanenti subiti dalla penisola durante i quindici anni di presenza cartaginese» furono «spaventosi». Le città prese da Annibale (e successivamente riconquistate dai Romani) furono ben quattrocento. Molte furono distrutte e date alle fiamme, le altre «ripetutamente espugnate e messe a sacco dalle parti in lotta». Con danni specifici per l'Italia del Sud: «I campi del Meridione furono per anni sistematicamente devastati e brutalmente sfruttati dagli opposti eserciti, intere popolazioni conobbero la deportazione in massa». Ciò che produsse la fuga dei contadini dalle loro terre (la Lucania e l'Apulia rimasero quasi deserte) e, assieme a essa, la crisi irreversibile della piccola proprietà progressivamente assorbita nel latifondo.

Il latifondo, d'altra parte, poté svilupparsi esclusivamente in virtù di un massivo utilizzo di schiavi. Di tale sfruttamento della manodopera servile si occuparono due autori greci, Strabone e Diodoro Siculo, contemporanei di Augusto, che avevano entrambi ampiamente attinto dallo storico Posidonio di Apamea. Il ricorso agli schiavi era già stato praticato in Sicilia in tempi precedenti. Ma, a seguito della sconfitta di Cartagine nella Seconda guerra punica (202 a.C.), i Siciliani godettero per sessant'anni di una immensa prosperità e tutti quelli che avevano estensioni di terra, acquistavano, per poterle coltivare, enormi quantità di nuovi servitori. In quali condizioni vivevano questi schiavi? Alcuni, riferisce Diodoro, «erano tenuti in catene, altri erano gravati di lavori pesanti e in modo infame venivano tutti marchiati a fuoco»; la Sicilia intera – dove la schiavitù introdotta prima dai Punici e poi dai Greci era praticata da almeno tre secoli – fu all'epoca «gremita da una massa di schiavi» in una misura che ancora adesso appare davvero «incredibile». I padroni di questi schiavi si distinguevano per «arroganza, avidità e crudeltà». Ma le prime sommosse, in realtà, non si ebbero in Sicilia, bensì a Sezia e a Preneste nel 198 a.C. e poi ancora in Etruria due anni dopo. Si trattava di schiavi provenienti dalle «città fedifraghe», quelle cioè che nel corso della guerra avevano parteggiato per Annibale. In queste aree geografiche si erano diffuse – in particolare nelle grandi fattorie dell'Apulia, ma non solo – società segrete dedite ai culti misterici di Dioniso e di Proserpina. Culti di cui Catone il Censore, intuendone la carica ideologica, chiese fin dagli inizi una decisa repressione. Secondo Appiano, il tribuno Tiberio Gracco si allarmò per quello che stava accadendo in Sicilia a causa della concentrazione di grandi masse servili e fu il primo a predicare – anche sulla base di acute considerazioni in merito alle possibili conseguenze di questa proliferazione della schiavitù – il ritorno alla piccola proprietà coltivata da liberi contadini. La rivolta siciliana scoppiò nell'autunno del 135 a.C. e fu domata solo nel 132 a.C. dal console Publio Rupilio. Ideologo di questa grande sommossa fu il carismatico siriaco Euno, che assunse il nome di Antioco. Euno, racconta Brizzi, si propose quale «vate di una realtà migliore», puntando a trasformare gli schiavi in combattenti. Come poi Spartaco che vietò di introdurre oro e argento negli accampamenti, Euno «impose una spartizione rigorosamente equa della preda e, sembra, non permise se non in due circostanze soltanto che i prigionieri romani fossero costretti a battersi come i gladiatori». Inoltre bandì il saccheggio e incoraggiò «il rispetto di una proprietà che ebbe a soffrire piuttosto – a quanto riferisce Diodoro – dal rancore di quel libero proletariato che si era unito alla rivolta».

Trent'anni dopo, nel 105 a.C., esplose una seconda insurrezione che fu sconfitta soltanto nel 101 a.C. dal console Manio Aquilio. E Spartaco? Brizzi è convinto che la sua sia tutta un'altra storia e che sia riduttivo considerarlo esclusivamente come il capo di una rivolta servile. È chiaro, scrive, «che tra i suoi seguaci vi furono anche schiavi; ma le energie più consistenti e autentiche che alimentarono quella rivolta furono forse altre». Le «vere» rivolte degli schiavi – quelle siciliane – avevano costituito, secondo lo storico, «una sorta di drammatico preludio rispetto alla nuova, interminabile sequenza di lotte intestine che per venti lunghissimi anni bruciarono come in una fornace la gioventù italica e insieme quella romana, opposte su tutti i campi di battaglia della penisola». Seguirono altri anni di guerra civile e l'«avventura di Spartaco» si inserisce con caratteristiche assai peculiari in questo interminabile conflitto. Conflitto che si produsse – ed è qualcosa da tenere bene a mente – lungo una linea fissata con efficacia da Santo Mazzarino: all'epoca «solo la parte a destra degli Appennini si può chiamare propriamente Italia; quanto all'altro versante, quello che digrada verso lo Ionio, ora anche questo è chiamato Italia, ma sono Greci coloro che abitano lungo la costa ionica; e il resto l'occupano i Celti». Due Italie diverse, insomma. A dimostrarlo, il fatto che gli scontri avrebbero avuto termine solo con la piena unificazione della penisola a opera di Augusto.

Tornando a Spartaco, Brizzi dubita, tra l'altro, che fossero davvero tutti schiavi i seimila uomini crocefissi lungo la via Appia allorché la rivolta fu domata. Ricorda che «al termine del primo conflitto combattuto in Sicilia, a conclusione di quella che potremmo definire forse la più autentica tra le guerre servili, gli schiavi non vennero uccisi, bensì restituiti ai loro padroni, nel rispetto di una proprietà nei confronti della quale i Romani mostrarono allora massima considerazione». Con Spartaco le cose andarono in modo diverso. Molto diverso. E questa differenza, secondo Brizzi, «potrebbe essere stata motivata non dal differente momento storico, ma dalla diversa natura del nemico, così almeno come veniva percepita». Nel 71 a.C. è probabile che la caratteristica attribuita ai seimila seguaci di Spartaco crocefissi fosse quella («imperdonabile per i Romani») di «ribelli a oltranza». E forse «si volle dare un definitivo, atroce esempio a chiunque intendesse ripercorrere la strada di quanti, neppur dopo Silla, si erano lasciati piegare dalle recenti tragiche disfatte».

Racconta Appiano che Mitridate, in procinto di misurarsi ancora una volta con Roma, ritenne di poter contare sugli Italici poiché sapeva che «recentemente quasi tutta l'Italia per odio si era ribellata ai Romani e a lungo aveva fatto loro guerra, e contro di loro si era unita al gladiatore Spartaco». Se questo è vero, si domanda Brizzi, «da che cosa gli ex alleati poterono essere indotti, pur dopo la concessione della cittadinanza, a una nuova, sanguinosa rivolta, a capo della quale finirono addirittura per accettare un gladiatore trace?». Certo, concede l'autore, «lo strazio della guerra civile e le proscrizioni, gli espropri sillani e la miseria nata dal conflitto, contarono tutti». Ma la risposta più autentica alla domanda posta poc'anzi «può forse essere cercata in una significativa anomalia». Quale? Il tentativo compiuto dai censori eletti per l'anno 89 di contare tutti i cittadini, compresi quelli di più recente acquisizione, era andato incontro al fallimento più completo; e un censimento regolare si era tenuto successivamente solo nell'86/85 a.C. In questa seconda circostanza però – malgrado il dato ancora una volta inequivocabile dello stesso Appiano secondo il quale «i nuovi cittadini superavano largamente per numero i vecchi» – rispetto ai 395.000 circa censiti alla fine del secolo precedente, ne erano stati computati 463.000, «con un incremento assolutamente irrisorio di 68.000 soltanto». Pochi, troppo pochi furono quelli che avevano effettivamente ottenuto la cittadinanza. Cosa che non poteva non destare il malcontento degli Italici.

Spartaco ebbe l'astuzia di farsi interprete di questo malcontento. Forse in un primo momento si calò nei panni di un «comandante vittorioso venuto dall'Oriente» di cui qualcuno proprio in quel momento storico aveva vaticinato l'avvento. Ma quella del «comandante» che prima o poi sarebbe entrato a Roma accolto come un trionfatore fu un'illusione di breve durata. Escluso dal mondo delle città, sostiene Brizzi, Spartaco «tornò, sia pure con speranze sempre più fievoli, a cercare nuovi alimenti alla lotta in quella seconda Italia che per secoli aveva combattuto contro Roma; e che prima durante la Guerra sociale, poi durante la Guerra civile sillana, era stata sconfitta senza però essere stata ancora completamente domata». Ed è forse «per esorcizzare questa immagine, e soprattutto per dimenticare che una parte cospicua dell'Italia di allora aveva seguito un gladiatore trace contro la *res publica*, che – con l'eccezione di Sallustio (e, parzialmente, di Appiano) – quasi tutta la storiografia romana sembra aver deformato la figura di Spartaco in una maschera, che sovrapponeva alla sua identità reale l'immagine dello schiavo fuggiasco». E, allo scopo di infangarlo, del «gladiatore partecipe della peggior condizione umana» (Floro), della «belva insensatamente scatenata contro lo Stato egemone».

Così un esercito fatto di genti che provenivano dalle aree montuose del Meridione d'Italia fu identificato con la figura di quel capo di una «rivolta servile», un personaggio che non avrebbe potuto nutrire altra aspirazione che quella, «nobile ma limitata», alla libertà individuale o, al più, sognare «un ritorno a una patria che egli, invece, rinunciò fin dall'inizio a perseguire». Ma in realtà Spartaco non fu niente di tutto questo. Fu piuttosto il ribelle con la cui morte si chiuse di fatto una ferita aperta da secoli. Nell'arco di diciotto anni appena l'Italia aveva conosciuto ben tre feroci guerre intestine («poiché di questo, in realtà, si era trattato» scrive Brizzi, «anche nell'ultimo caso»); guerre che, «se alquanto diversi erano stati gli spunti iniziali», avevano però invariabilmente attinto le principali energie «da un ben preciso serbatoio di instabilità». A chiudere la partita fu la decisione romana – guarda caso proprio dopo aver sconfitto Spartaco e aver esposto lungo la via Appia i corpi in croce degli ultimi seimila ribelli – di concedere finalmente agli Italici quello che anche Silla aveva tentato di garantir loro: la piena fruizione della cittadinanza. «Non può essere una coincidenza» fa notare Brizzi «che, contro i 463.000 dell'atto precedente, il nuovo censimento del 70/69, il primo dopo la morte di Spartaco, registri nelle liste ben 910.000 cittadini, ai quali vanno aggiunti probabilmente i 70.000 uomini sotto le armi oltremare.» Quasi un milione di persone.

Ecco chi fu davvero Spartaco, secondo Brizzi: «L'ultimo condottiero di un'Italia disperata e furibonda, da secoli in lotta con Roma che, pur nella morte, l'aveva, in fondo, portata alla vittoria». Dopo di lui, altri cercarono di pescare almeno in parte dal fondo dello stesso barile: Catilina è uno di questi. O Lepido, il «console sovversivo» che si appoggiò ad alcuni capi «mariani» dispersi, altri «banditi», gli ultimi «Etruschi ribelli». Forze alle quali «aveva forse pensato già Spartaco nella sua infruttuosa puntata verso nord, venendone però rifiutato». Ma ormai la spinta si era esaurita, tant'è che l'autore considera Spartaco e non Lepido «l'ultimo vero conduttore della seconda Italia». Quanto a Roma, «ripensando a questi eventi nella sua più tradizionale storiografia, preferì dimenticare e rimuovere; come del resto già aveva fatto nei confronti degli infelici Sanniti, quando l'annalistica di età sillana aveva cancellato "ufficialmente" la sconfitta subita dalla stessa Roma nella prima guerra contro di loro, giungendo a stravolgere la cronologia degli eventi». Pratiche non inusuali in una storiografia avvezza a riscrivere il passato in funzione del presente.

Quel che Giustiniano deve all'imperatrice Teodora

Il 26 dicembre del 1884 fu presentato al teatro parigino della Porte Saint-Martin il dramma storico di Victorien Sardou *Théodora*. Le musiche erano di Jules Massenet e fu un grande successo anche perché la più grande attrice del tempo, Sarah Bernhardt, seppe fare della moglie dell'imperatore Giustiniano (salito al trono nell'aprile del 527) un'eroina della modernità, in anticipo sui tempi di quattordici secoli. L'imperatrice – ritratta nella basilica di San Vitale a Ravenna, fino a quel momento conosciuta quasi esclusivamente dagli studiosi dell'età bizantina – era rappresentata a teatro come una *femme fatale*. Fonte di ispirazione per Sardou la *Storia segreta* di Procopio di Cesarea che – secondo Giorgio Ravegnani, autore dello straordinario *Teodora. La cortigiana che regnò sul trono di Bisanzio* – era un testo viziato dall'odio sconfinato nutrito dall'autore nei confronti della donna. A riequilibrare il giudizio su Teodora, si sentì in dovere di intervenire il più grande bizantinista del tempo, l'allora giovanissimo Charles Diehl, che scese in campo a difenderla dalla «intollerabile deformazione letteraria» fattane sul palcoscenico. Teodora fu in seguito un'eroina all'opera. E anche al cinema, fin dai tempi del muto. Nella musica leggera si affacciò in una canzone di Francesco Guccini. Così come in un fumetto di Milo Manara. E persino in una marca di caffè. Oltreché nella collezione

Chanel di Karl Lagerfeld. Soprattutto, però, conquistò un importante ruolo nei libri. Dalla *Teodora* di Diehl a *Il tardo Impero romano (284-602 d.C.)* di Arnold Hugh Martin Jones, da *Costantinopoli. Metropoli dai mille volti* di Peter Schreiner a *Il romanzo di Costantinopoli. Guida letteraria alla Roma d'Oriente* di Silvia Ronchey e Tommaso Braccini, da *L'imperatore Giustiniano. Storia e mito* a cura di Gian Gualberto Archi a *Teodora. Ascesa di un'imperatrice* di Paolo Cesaretti: tutti gli studiosi che si sono occupati dell'Impero bizantino si sono trovati a dover scegliere tra il percorso indicato da Sardou (e, prima di lui, da Procopio) e quello segnato da Diehl. Il libro di Ravegnani si colloca nel solco dell'opera di quest'ultimo.

Intendiamoci, non che Ravegnani metta in dubbio il carattere spregiudicato della vita di Teodora prima del suo incontro con Giustiniano. Figlia di un guardiano di orsi all'ippodromo di Bisanzio, la futura moglie dell'imperatore si rese famosa come attrice, mestiere che all'epoca si caratterizzava per una certa libertà di costumi. Quella dell'attrice legata al mondo dell'ippodromo era di per sé una professione infamante; per di più, fa notare Ravegnani, lei fu «attrice e cortigiana nello stesso tempo, ma di bassa lega, quelle che secondo Procopio venivano definite "la truppa", ossia prostitute che senza remore si davano alle attività più abiette». Bellissima, conquistò Giustiniano non ancora imperatore e poi gli fu accanto sul trono dell'Oriente romano per una ventina d'anni, vale a dire fino alla morte. Ma, prima di incontrare il sovrano, aveva fatto un misterioso viaggio in Siria dove era entrata in contatto con gli esponenti più illustri del clero monofisita (fautore della tesi che nel Cristo vi fosse la sola natura divina). Ciò che modificò non poco il suo modo di stare al mondo. Nel senso che la messa in risalto dei lati più tenebrosi del suo carattere enfatizzati da Procopio («era spaventosamente crudele, avida, implacabile nel rancore, intrigante e disumana») si deve più ad un atteggiamento di contrasto al suo esser diventata monofisita che a una critica al suo passato di avventuriera. Sarebbe stata perciò descritta da Procopio come una lussuriosa mangiatrice di uomini al fine di screditarla. E questo in ragione delle sue scelte filosofiche e religiose. Anche se, sostiene Ravegnani, «un grande merito va comunque riconosciuto al suo implacabile nemico: di averla resa nonostante tutto la più conosciuta imperatrice di Bisanzio».

Per capire il perché di tanta ostilità occorre chiedersi innanzitutto chi era Procopio. Un avvocato di Cesarea (Palestina) che proprio nell'anno dell'ascesa al trono di Giustiniano, il 527, passò al servizio del più importante generale del tempo, Belisario, comandante militare in Mesopotamia. Per lui Procopio scrisse otto libri di *Storie* che contenevano il resoconto ufficiale dei conflitti dell'epoca. Invece la *Storia segreta*, da lui redatta probabilmente nel 550, riferisce Ravegnani, «appartiene al genere del libello diffamatorio: come tale, era destinata a restare inedita e a circolare soltanto in un ristretto ambiente di simpatizzanti». In effetti la *Storia segreta* fu scarsamente nota nel corso dell'intero Medioevo bizantino, tant'è che per mille anni venne menzionata soltanto un paio di volte: in un lessico del X secolo e negli scritti di uno storico ecclesiastico del Trecento. La *Storia segreta* fu dunque pressoché sconosciuta fino al 1623 quando un bibliotecario della Vaticana, Nicolò Alemanni, ne scoprì un esemplare e lo pubblicò con note e traduzione latina. L'autenticità dell'opera fu sulle prime messa in dubbio, dal momento che rappresentava «il rovescio della medaglia della letteratura elogiativa di età giustinianea e contrastava vivacemente, per scopi e contenuti, con quanto Procopio aveva scritto nelle altre sue opere»: Giustiniano viene dipinto come «un crudele tiranno» e allo stesso tempo Belisario, l'uomo al cui servizio Procopio era stato reclutato, è presentato come «un inetto succube della moglie Antonina» e «un incapace». Il principale bersaglio di Procopio resta Teodora, «l'imperatrice venuta dal bordello»: «con gli amanti era piena di scherzi e civettuola e, provocandoli con sempre nuove forme di accoppiamento, riusciva a legare a sé per sempre l'affetto dei dissoluti». Pochi anni prima di conoscere Giustiniano, nel 518, Teodora era stata la concubina di un illustre cittadino di Tiro, di nome Ecebolo, che l'aveva portata con sé in Libia di cui era governatore. Giustiniano la conobbe nel 522, ne fece la propria amante pretendendo che immediatamente le fosse concessa la dignità patrizia e una speciale licenza così da poterla sposare. L'imperatrice Eufemia, moglie di Giustino I, si oppose e solo la sua morte, l'anno successivo, rese possibile che i desideri del futuro imperatore fossero esauditi. Con il consenso di Giustino I («un vecchio decrepito, del tutto ignaro di lettere, quello che si dice un analfabeta, cosa mai capitata prima ai Romani» lo descrive Procopio) che non dava importanza alle decisioni private del nipote Giustiniano.

Nella vita di Giustiniano, Teodora assunse un ruolo di primo piano nel gennaio del 532 allorché, scrive Ravegnani, «emerse in grande stile sulla scena per contribuire alla repressione di una rivolta popolare scoppiata a Costantinopoli». Da quel momento fu fondamentale per il consorte, che all'epoca era impegnato in un complicato conflitto con i Persiani. Teodora diede a Giustiniano quella sicurezza psicologica che gli consentì di trasformarsi in uno statista. Statista a cui vanno riconosciuti molti successi militari nonché importanti innovazioni nel settore urbanistico. Ma che resterà nella storia per una raccolta giuridica, il *Corpus iuris civilis*, che è «tuttora alla base della civiltà giuridica di molti Paesi». Teodora aiutò Giustiniano anche quando lo indusse a liberarsi di collaboratori preziosi come il prefetto Giovanni di Cappadocia, un uomo di grandi capacità ma che, molto probabilmente, stava preparando un colpo di Stato contro l'imperatore.

Altro personaggio di rilievo di questa stagione è il generale Belisario, impegnato dapprima a contrastare gli Unni Kutriguri che minacciavano Costantinopoli, in seguito nella spedizione contro i Vandali ariani e persecutori dei cattolici al fine di riconquistare Cartagine. Anche lui sospettato di cospirazione, poi riabilitato, quindi messo nuovamente sotto accusa e riportato al comando infinite volte. Belisario, scrive Ravegnani, fu un generale assai brillante e, a dispetto delle critiche mossegli per la sua strategia fin troppo prudente, fu «il principale artefice della riconquista dei territori occidentali», un'operazione che sembrava impossibile data la scarsità di mezzi e di uomini messigli a disposizione dall'impero. A lui si deve il lungo assedio di Roma tra il 536 e il 537 e la riconquista della città caduta in mano ai Goti. Dopodiché, nel 546, Roma venne di nuovo messa a sacco dai Goti: nella città erano rimaste solo cinquecento persone che furono deportate in Campania talché l'Urbe per un consistente lasso di tempo rimase deserta. La moglie di Belisario, Antonina, anche lei legata agli ambienti dell'ippodromo («Non era certo un campione di moralità» scrive lo storico, «aveva condotto una vita dissoluta e continuava a volerlo fare anche dopo aver sposato il grande generale»), fu assieme a Teodora la figura di maggior spicco nella «corte parallela al femminile» che caratterizzò l'epoca giustinianea. Corte parallela protofemminista al punto che fu spesso tributato a Teodora il titolo di «paladina delle donne», dal momento che l'imperatrice si impegnò in una guerra senza quartiere contro la prostituzione – soprattutto in odio agli sfruttatori – nonché in difesa del ruolo della moglie nel matrimonio. Battaglie che, però, Procopio tende a mettere in ombra. La corte parallela di Teodora restò poi unita nella lotta sia contro Giovanni di Cappadocia sia contro papa Silverio.

Quanto al conflitto con il pontefice, l'autore mette in risalto quanto Giustiniano fosse un imperatore molto religioso e alla religione dedicasse buona parte della sua produzione legislativa. Quasi un quinto delle circa cinquecento leggi da lui emesse riguardavano questioni di ordine religioso. Ma la deposizione nel 537 di papa Silverio a opera di Belisario fu un episodio che segnò l'epoca. Silverio fu accusato da Antonina di essersi venduto ai Goti, gli furono strappate le insegne: fu rivestito con una tonaca monacale e mandato in esilio nelle isole di Palmaria (Ponza e Palmarola). Al suo posto fu nominato papa l'intrigante Vigilio, già rivale di Silverio, assurto al trono pontificio con l'aiuto di Belisario e Antonina. Presto, però, anche Vigilio entrò in conflitto con Giustiniano e nella storia della Chiesa è ricordato per aver dovuto subire, a questo punto, una serie di umiliazioni mai toccate a nessun suo predecessore. Per il resto le cure maggiori di Giustiniano – a ciò spronato da Teodora – furono rivolte all'eliminazione della dissidenza religiosa, «cosa che fece con una determinazione mai sperimentata fino al suo regno». Le sette ereticali e il paganesimo erano già stati colpiti dai suoi predecessori ma in un contesto di sostanziale tolleranza. Il culto ebraico ebbe una «condizione privilegiata» ma nel 535, dopo la riconquista dell'Africa, l'imperatore ordinò che tutte le sinagoghe fossero convertite in chiese. Dopodiché la vittima più illustre delle persecuzioni giustinianee fu la scuola filosofica di Atene, ultimo riparo delle tradizioni pagane: ai professori che non vollero convertirsi fu consentito l'esilio alla corte del re persiano Cosroe I che si vantava di essere un filosofo. Le persecuzioni in una certa fase toccarono anche i monofisiti, che però non vennero mai abbandonati da Teodora. Fu solo quando l'imperatrice morì (nel 548, diciassette anni prima del marito) che – secondo il racconto di Giovanni di Efeso – le cose per i monofisiti si misero al peggio. Così agendo, Giustiniano finì con l'approfondire il solco già esistente con l'Occidente e, in particolare, con la Chiesa romana che in epoca successiva avrebbe dato molto filo da torcere ai Bizantini. Va detto comunque «a suo discarico», precisa Ravegnani, «che la questione religiosa era pressoché insolubile, nonostante gli sforzi di Giustiniano e di altri sovrani, e non sarebbe stata risolta se non indirettamente nel secolo successivo allorché l'imperatore perse i territori di fede monofisita, che vennero conquistati dagli Arabi».

In ogni caso il «lungo e per tanti versi straordinario regno di Giustiniano» segnò la seconda metà del primo millennio. Per la sistemazione del diritto di cui abbiamo detto. Per le costruzioni monumentali. Per la presenza in Africa, che venne mantenuta pressoché intatta fino al 698 quando gli Arabi si impadronirono di Cartagine. Per la stessa penisola italiana dove, nonostante la frantumazione prodotta dai Longobardi, i Bizantini conservarono la loro presenza per secoli. Nel 751 i Longobardi travolsero l'esarcato di Ravenna e con esso i possedimenti di Bisanzio nel centro e nel nord della penisola. La Sardegna si rese indipendente nel corso del IX secolo. La Sicilia fu contesa agli Arabi invasori che vi arrivarono dalla Tunisia nell'827 e che poi furono costretti a combattere fino al 902 prima di riuscire a impadronirsi dell'isola. Ma nel sud i Bizantini estesero i loro possedimenti a Calabria, Basilicata e Puglia finché nel 1071 il loro potentato fu «spazzato via» dall'espansionismo normanno. Una lunga storia quella che aveva avuto inizio con Giustiniano. Lunga e duratura. Grazie al ruolo politico di sua moglie, Teodora. Che – anche per questo – non merita di passare alla storia come nel dramma di Sardou.

Gregorio VII, il vero sconfitto a Canossa

Il 14 maggio 1872, nel pieno del *Kulturkampf*, la disputa che opponeva lo Stato tedesco alla Chiesa, il cancelliere tedesco Otto von Bismarck cercò di rassicurare il Reichstag con queste parole: «Non preoccupatevi, noi non andremo mai a Canossa, né con il corpo né con lo spirito!». A quel punto, tutti i membri dell'assemblea si alzarono in piedi e si ebbe un applauso davvero fragoroso. Dopo circa ottocento anni da quando un imperatore tedesco era andato nel castello di Matilde per farsi perdonare da un pontefice, Canossa era considerata ancora «un'onta per la memoria della nuova ed eterna nazione tedesca», scrive Glauco Maria Cantarella nel suo *Gregorio VII.*

All'epoca, nel 1077, l'imperatore Enrico IV aveva ventisei anni, il papa Gregorio VII ne aveva sessantatré: erano uno di fronte all'altro due potenti, uno giovane, l'altro, per l'epoca, anziano. Il castello era circondato da un triplice giro di mura e il sovrano, che pure era di «costituzione robusta», prima di essere ammesso al cospetto del papa fu costretto ad attendere per tre giorni dall'alba al tramonto (dieci ore ogni dì) immobile, vestito solo con mantello e cappuccio del pellegrino, digiuno, a piedi nudi sulla terra gelata di fine gennaio. Superata la prova, poté presentarsi al cospetto del pontefice (in presenza della padrona di casa Matilde di Toscana, dell'abate Ugo di Cluny e di Adelaide di Torino) e quella fu la prima e unica volta che i due si incontrarono. La penitenza – va ricordato – «non era a discrezione di chi la disponeva, aveva regole precise» e, fa notare Cantarella, «implicava automaticamente il perdono»; vale a dire che, se il penitente la compiva secondo le forme dovute, «non poteva non essere assolto». Talché quell'attesa al gelo e a piedi scalzi non fu vana. E il papa, una volta accettato di incontrarlo dopo quel rito di espiazione, fu implicitamente obbligato a perdonare l'imperatore. Imperatore che appena un anno prima lo aveva dichiarato decaduto.

Per certi versi – penitenza a parte – fu Gregorio a piegarsi, scrive Cantarella operando un vero e proprio capovolgimento storico. Passava, quel pontefice, un colpo di spugna sulla colpa di Enrico il quale, sulle orme dei suoi predecessori, nel 1076 aveva convocato un sinodo a Worms e aveva intimato al papa di abbandonare la Sede apostolica accusandolo addirittura di averla usurpata. Il papa aveva reagito scomunicandolo (ed era la prima volta nella storia che ciò accadeva). Al che i principi germanici avevano minacciato di non riconoscere più Enrico come loro sovrano qualora questi non fosse riuscito a far annullare la scomunica. Solo allora Enrico aveva accettato di compiere il gesto di pentimento. Un gesto dal forte impatto simbolico e però, a ogni evidenza, insincero. Compiuto solo al fine immediato di riguadagnare il consenso dei propri sudditi. Se ne dovrebbe trarre la conclusione, secondo Cantarella, che a Canossa non vinse nessuno. O meglio, i due protagonisti, papa e re, uscirono entrambi sconfitti. Sì, anche il pontefice. Quell'occasione «dannatamente pubblica, solenne e perfetta sotto il profilo rituale» scrive Cantarella «costituì una trappola per Gregorio VII, un vero cul de sac». Sicché si potrebbe sostenere che il papa ebbe in un certo senso a perdere più dell'imperatore.

Anche se Canossa da quel giorno restò a simbolo dell'umiliazione inflitta da un uomo di Chiesa a un capo di Stato. E, più in generale, «andare a Canossa» significò per sempre essere costretti a compiere «un clamoroso atto di sottomissione».

Ma Canossa non fu il momento più significativo del pontificato gregoriano. Ildebrando di Soana, eletto papa nel 1073 (prese il nome Gregorio VII ispirandosi a Gregorio Magno), «regnò» fino al 1085: 376.099.200 secondi, 6.268.320 minuti, 104.472 ore, 4353 giorni, dodici anni un mese e tre giorni, ha calcolato Cantarella. Nel corso dei quali – ed è questo che conta – «scandì l'avvio alla modernità». Probabilmente Gregorio fu il papa più importante della storia della Chiesa, a tal punto incisivo e travolgente nella «lotta per le investiture», da «indurre a marcare con il suo nome centocinquant'anni di storia». Addirittura, per certi versi, a dividere i mille anni che lo avevano preceduto dai mille che sarebbero venuti dopo di lui. Non «avrebbe nessun senso stare a precisarlo», scrive Cantarella, «se la storiografia contemporanea nel suo complesso non avesse dimostrato di non volersene dare per intesa». Al punto che, a giudizio dell'autore, la «migliore, dettagliata, inarrivabile» biografia di Gregorio VII è quella monumentale di H.E.J. Cowdrey (*Pope Gregory VII, 1073-1085*). Prima di questa, aveva già sostenuto lo studioso Harald Zimmermann, al posto di «biografie soddisfacenti sotto ogni profilo» esisteva soltanto «una gran mole di studi monografici in attesa di rielaborazione». Insomma, prosegue Cantarella, pur essendo quell'uomo di Chiesa un «gigante della storia», «non ne abbiamo rappresentazioni coeve», e in età moderna non è stato mai protagonista di un romanzo storico, l'industria cinematografica e audiovisiva non se n'è mai occupata (diversamente da Carlomagno che passa per essere il «padre dell'Europa»). E sì che, protesta lo storico, a quel papa dovremmo riconoscere «la costruzione della Chiesa cattolica moderna sotto il segno del papato», un edificio nonostante tutto «più saldo e più duraturo dell'(idea di) Europa». Forse non a lui personalmente, «ma certo ai processi innescati nei suoi anni di regno» va ascritto altresì «il passaggio verso il volto moderno dell'Europa, quello della fine dell'età carolingia, il mondo delle città, delle università, della burocrazia». E di molto altro ancora.

A Gregorio VII si deve prima di tutto il *Dictatus papae* con il quale, nel 1075, al secondo anno di pontificato, stabilì essere il pontefice vescovo universale, una sorta di reincarnazione di san Pietro che, una volta investito dei propri poteri, aveva il diritto di decidere in ogni situazione riguardante la cristianità. Il papa – stabilì Gregorio – ha la facoltà di giudicare tutti, ma non può essere giudicato da nessuno. Può deporre, trasferire e reintegrare i vescovi. Può far decadere l'imperatore. Fu per questo che quando il giovane Enrico pretese di continuare a nominare i «suoi» vescovi (come del resto aveva fatto suo padre), il papa lo scomunicò e iniziò lo scontro che avrebbe portato a Canossa. Il *Dictatus* stabilì anche che sotto la guida del papa la Chiesa di Roma non ha mai errato e mai potrà errare. Tutte facoltà che, di volta in volta, si erano già affacciate nella storia della Chiesa ma a cui Gregorio diede sistematicità. Accompagnandole a una lotta senza quartiere contro la simonia e il matrimonio degli ecclesiastici (nel 1078 dispose la sospensione di tutti i vescovi che avessero concesso il concubinato a membri del clero).

A dimostrazione dell'assunto di Cantarella (secondo il quale da Canossa papa e imperatore uscirono entrambi sconfitti) la contrapposizione tra Enrico e Gregorio riprese a tutto vantaggio del primo, che pretese dal pontefice la deposizione del suo rivale Rodolfo di Svevia. Gregorio rifiutò e i due si scomunicarono a vicenda. Ma stavolta (1080) Enrico contrappose a Gregorio un antipapa, Clemente III, con il quale marciò su Roma (1084), sconfisse il pontefice legittimo, lo imprigionò e si fece incoronare. In seguito Gregorio fu liberato dai normanni di Roberto il Guiscardo che lo misero in salvo a Salerno, dove nel 1085 morì. Non era il primo papa costretto ad andarsene, esule, da Roma, scrive lo storico, né sarà l'ultimo. Ma «per lui era particolarmente bruciante, perché profondamente radicato nell'Urbe, anche se proveniva dalla Tuscia». E perché «nei romani aveva sempre avuto la base del suo regno». Fino a qualche anno prima quando il consenso dei romani aveva iniziato a sfaldarsi, la qual cosa era risultata oltremodo evidente allorché i Normanni, giunti a "liberarlo", avevano approfittato dell'occasione per mettere a sacco la città. Triste conclusione di un pontificato che aveva dato il La a una riforma di proporzioni epocali.

In seguito, scrive Cantarella, i papi non rinunceranno mai alla grande conquista di Gregorio VII: il «primato del primato romano», vale a dire il «primato papale». «Neppure» nota con acutezza lo studioso «il papa-altro (per non dire antipapa) Clemente III, che fece sua l'idea dell'eresia come disobbedienza alla Sede apostolica, anche se non usò mai questa espressione, per quel che di lui ci è rimasto.» I papi che vennero poi fecero proprie le acquisizioni di Gregorio VII «senza proclami e senza schiamazzi» e soprattutto ebbero la «strumentazione non soltanto teorica ma pratica», via via «aggiustata e messa a punto» proprio in età gregoriana. Alla morte di Gregorio VII, la lotta per le investiture durò per altri trentasette anni e quattro mesi. Anni assai rilevanti, nel corso dei quali fu indetta nel 1095 da Urbano II (considerato l'autentico erede di Gregorio VII) la prima crociata. E va ricordato che Urbano II ebbe ancora problemi con Clemente III: eletto papa a Terracina nel marzo del 1088, Urbano poté raggiungere Roma, in mano a Clemente, solo nel tardo autunno di quell'anno e dovette risiedere sull'isola Tiberina; poi nel 1090 riuscì a conquistare la città ma la pressione dell'imperatore fu tale che anche lui fu successivamente costretto a fuggire. Rientrò a Roma nel 1093, ma subito si rimise in viaggio e, come è noto, bandì la prima crociata da Clermont. Anche il suo successore, Pasquale II, ebbe a che fare con il rivale di Gregorio, l'antipapa Clemente III, che morì solo nel 1110 (fu addirittura oggetto, per un po' di tempo, di una sorta di culto, fino a che papa Pasquale – per farla finita con quell'antipapa – ne fece esumare le spoglie per disperderle nel Tevere).

In storia, scrive l'autore, «non possiamo pretendere di spiegare tutto». Cercare di capire, però, «possiamo e dobbiamo» farlo. E per cercare di capire è necessario «segnalare i problemi» (le soluzioni, magari, le troveranno altri). La ricerca storiografica «non è mai chiusa, è un processo in divenire»; ogni generazione «dovrebbe spianare la strada alla generazione successiva, perché possa progredire più agevolmente senza dover perdere tempo ad abbattere i vecchi steccati, come invece capita di dover fare sempre più spesso oggi proprio con la riforma gregoriana». Cantarella tiene a sottolineare che Gregorio VII non fu «un eroe». La sua è «la storia di una persona normale, con preparazione e responsabilità eccezionali», che si è trovata «a vivere in tempi se non eccezionali almeno molto difficili, in cui si erano progressivamente sgretolati i quadri di organizzazione e di riferimento dell'intera società». Ildebrando-Gregorio «ha dovuto gestire l'onda di cambiamenti che prescindevano da lui» e, per farlo, «si è comportato né più né meno che da persona normale, con le sue convinzioni, le sue duttilità, le sue contraddizioni». Non ha mai fatto nulla per passare da eroe. Né consapevolmente («per quanto possiamo vedere dai testi che ha scritto, dettato o ispirato e revisionato»), né inconsapevolmente («per quanto siamo in grado di interpretare i sottotesti dei suoi testi»). Ha detto ripetutamente di essere solo «una persona normale alle prese con situazioni complicate, e a questo punto possiamo prestargli fede e dargli ragione». D'altro canto, ironizza l'autore, «eroi non si nasce e nella maggior parte dei casi nemmeno si vuol diventare; sono gli altri che attribuiscono la qualifica di eroe».

La lotta per le investiture proseguì ancora per una dozzina di anni e si chiuse il 23 settembre 1122. «Per sempre» scrive Cantarella «senza vinti né vincitori.» O meglio, «con due vincitori, perché entrambi, papa e imperatore, si proclamarono trionfatori». E il bello, conclude Cantarella, «era che nessuno dei due aveva torto». Quantomeno in quel momento. Perché, considerata quell'esperienza, a (quasi) mille anni di distanza, possiamo tranquillamente dire che fu la Chiesa a uscirne con una prospettiva ben più duratura.

Niccolò IV e quel fatale 1291

Nel 1289 papa Niccolò IV lanciò un estremo appello per un intervento militare in Terrasanta. O, quantomeno, per il sostegno alle ultime città che resistevano ai musulmani. Con un sottile distinguo tra «crociata-istituzione» e «crociata-movimento» (queste ultime, quelle a più convinta partecipazione popolare), Antonio Musarra nel suo *Acri 1291. La caduta degli Stati crociati* riesce ad annoverare tra le crociate anche quella di papa Masci.

Le crociate nel Duecento avevano subito un «processo di istituzionalizzazione», erano divenute «uno strumento di pressione – politica, giuridica e fiscale – nelle mani del papato, che non esitava a farne largo uso sia contro i propri oppositori, sia contro i nemici della fede, fossero essi eretici, pagani o Saraceni». Ma quella del 1289 – che in senso proprio non può certo essere definita una crociata – faceva leva su quel «senso di partecipazione corale all'impresa d'Oltremare» che era ancora in grado di mobilitare migliaia di italici. Benché anche quell'esercito composto da alcune migliaia di uomini annoverasse parecchi professionisti della guerra, «si era ben lungi dalla creazione di un corpo di mercenari». Partecipavano invece molti contadini, persone semplici, oltretutto in un periodo in cui sarebbe stato possibile lucrare le indulgenze in modi più accessibili che non comportavano l'attraversamento del Mediterraneo: ad esempio combattendo per il papa in Sicilia. Si capì in quell'occasione che impugnare le armi per Gerusalemme, scrive Musarra, «rappresentava ancora qualcosa per cui valeva la pena vivere, amare e soffrire» e di ciò «si sarebbero presto avvertite le conseguenze». Anche se l'impresa non fu di giovamento per quella che dopo la perdita di Gerusalemme era diventata la capitale dell'Outremer. La spedizione non aiutò Acri, che dal 1104 per quasi due secoli (eccezion fatta per la breve parentesi di Ṣalāḥ ad-Dīn, tra il 1187 e il 1191) era stata uno dei principali capisaldi latini. Anzi, in qualche modo ne originò la caduta. Racconta la *Cronaca del Templare di Tiro (1243-1314)* – edita a cura di Laura Minervini – essere stati proprio i «crociati» di papa Niccolò a violare, pur senza esserne consapevoli, i patti in vigore dal 1283, patti che garantivano ai sudditi del sultano libera circolazione nella regione di Acri. I «crociati» – secondo una versione confermata dal veneziano Marin Sanudo – uccisero per motivi mai accertati una gran quantità di piccoli commercianti «saraceni» che portavano le loro mercanzie all'interno della città. Oltretutto, secondo gli accordi del 1283, l'arrivo di quegli uomini provenienti da lande europee, anche in assenza di atti di guerra, avrebbe implicato l'immediata sospensione delle relazioni tra i soggetti contraenti. C'è però tuttora una certa vaghezza e ci sono molte discordanze sulle origini del conflitto che provocò la caduta di Acri.

Secondo Musarra è assai probabile che il sultano desiderasse da tempo occupare la città, anzi che ne auspicasse la «completa distruzione» in modo da eliminare sia il principale approdo per ulteriori spedizioni occidentali, sia il più importante polo economico dell'intera regione costiera; e ciò per «facilitare i propri traffici lungo la direttrice terrestre che univa Antiochia e Aleppo ad Alessandria d'Egitto». Tanto più che gli accordi del sultano con le città marinare e con il regno di Aragona (stipulati tra il 1288 e il 1290) garantivano una prosecuzione degli scambi con i mercati occidentali. Acri, dunque non era che un ostacolo, la «cui eliminazione avrebbe giovato al sultanato su diversi fronti».

Negli ultimi vent'anni, lamenta Musarra, la storiografia ha preferito partire dal 1291 per occuparsi di quel che venne dopo, ovvero dei mutamenti subiti dall'idea di crociata a seguito della perdita definitiva della Terrasanta. È il caso, ad esempio, del libro di Marco Pellegrini *Le crociate dopo le crociate*. La maggior parte degli storici moderni, denuncia Musarra, ha trattato poi questa vicenda «secondo un'ottica prettamente occidentale o occidento-centrica o europeo-centrica che dir si voglia; e ciò malgrado gli Stati crociati tardo-duecenteschi rappresentassero soltanto un tassello nel complesso mondo vicino-orientale e centro-asiatico, un mondo che vedeva come protagoniste potenze di ben altro peso rispetto a quelle europee, ad esempio quella mongola e quella mamelucca». L'autore di questo libro si rifà invece a fonti non eurocentriche, fonti che, ognuna in modo diverso, mettono in risalto il ruolo di queste altre potenze. Inoltre, per quel che riguarda l'Europa, Musarra analizza in dettaglio lo spirito di discordia, le rivalità tra gli ordini monastico-cavallereschi, le lotte fratricide tra i mercanti delle città marinare che fecero da sfondo alla disfatta di Acri contribuendo ad accelerarne la rovina.

L'Occidente di allora, benché impegnato in una serie di aspri conflitti – tra il papato e l'impero, tra le principali monarchie del tempo, tra le potenze marittimo-economiche italiane – non cessava di centrare buona parte della propria «autorappresentazione» sulla Terrasanta e, in particolare, su Gerusalemme. E fu così che si trovò presto coinvolto nelle lotte che coinvolsero il territorio siro-palestinese nella seconda metà del Duecento, «assistendo, attonito, al fallimento di una delle più importanti affermazioni di potenza» che avrebbe dovuto consistere nella trasposizione (forzata) d'un modello di società piuttosto definito nei suoi caratteri religiosi, economici e culturali in un «ambiente altro». Un ambiente in cui «cristiani e musulmani (o, meglio, Franchi e Saraceni), al netto delle proprie differenze culturali e religiose, non erano avversari obbligati; anzi, ciò che caratterizzava i loro rapporti era la stipula continua di paci, tregue e perfino alleanze».

Tanto che «la ricerca del profitto, la vicinanza ai Saraceni, con cui si intrattenevano floridi rapporti commerciali, furono indicate tra i motivi principali della disaffezione latina verso la Terrasanta cristiana». Le ragioni del lento declino di Outremer erano da ricercarsi, secondo Musarra, nelle proprie divisioni interne: «Gli ultimi re di Cipro e Gerusalemme» fa notare lo storico «non erano stati in grado di ricompattare le sue molte anime, tanto meno di mediare tra le numerose forze in campo». Per di più «un ruolo importante era stato giocato, oltre che dagli ordini militari, dai comuni italiani ai quali la nuova strategia crociata assegnava un ruolo importante». Ma un successo sarebbe stato immaginabile solo imponendo all'Egitto un duro blocco navale, che avrebbe implicato, però, l'abbandono del commercio con le terre islamiche. E, scrive, Musarra, tali disposizioni furono «regolarmente disattese». Di qui la definizione di «mali christiani» con cui Fidenzio da Padova («che aveva avuto modo di rendersi personalmente conto della situazione», sottolinea lo storico) stigmatizzò i mercanti italiani.

Prima di quel fatale 1291, c'era stata l'«anticrociata» di Federico II, il quale, ancorché scomunicato da Gregorio

IX, nel 1229 riuscì a riconquistare, provvisoriamente, Gerusalemme per via diplomatica (a patto di dissuadere i Franchi da ogni nuovo intervento militare). Dopodiché, però, ne era venuta una guerra civile tra le truppe imperiali e i baroni locali che non volevano perdere i loro privilegi. E Acri era diventata il centro della resistenza antimperiale. Nel 1248 Luigi IX di Francia si era messo alla testa di una spedizione militare che aveva come primo obiettivo la conquista dell'Egitto. Un'impresa disastrosa: «Fu questa la prima battaglia», scrisse il cronista Ibn Wāṣil, «in cui i leoni turchi vinsero i cani infedeli». Lo stesso re Luigi finì nelle carceri egiziane (ma fu trattato con il rispetto dovuto al suo rango e fu liberato dopo il pagamento di un riscatto e la promessa della restituzione di Damietta agli islamici). Infine all'inizio del 1257 scoppiò la cosiddetta «guerra di San Saba» che per oltre un quarantennio avrebbe contrapposto Genova, Pisa e Venezia e la quale si concluse con due schiaccianti vittorie – una dei genovesi sui pisani, la seconda dei veneziani sui genovesi – e mise Acri (dove oltretutto si fronteggiavano le famiglie Ibelin e Montfort) in ginocchio. Nel 1259 per di più si era affacciato nella regione l'esercito mongolo che aveva conquistato Aleppo. E fu per combatterli che si rafforzò l'armata dei Mamelucchi.

Siamo così alla caduta di Acri. Il sultano Qālāwun lasciò il Cairo con il suo esercito alla volta della città verso la fine di ottobre 1290. Morì poco dopo e il suo posto fu preso dal secondogenito al-Malik al-Ashraf Khalīl (che, dopo aver probabilmente ordito l'uccisione del suo fratello maggiore, fece immediatamente arrestare alcuni emiri sospettati di trame contro di lui). Giunse ad Acri nell'aprile 1291 forte di settantamila cavalieri e centocinquantamila fanti (secondo le stime di certo esagerate fornite dal summenzionato Templare di Tiro) a fronte dei difensori della città che, «crociati» compresi, ammontavano a meno, molto meno di quindicimila, tutti agli ordini di Giovanni di Grailly e Ottone di Grandson. L'attacco decisivo fu dato a metà maggio. Nel 1099, fa osservare Musarra, Gerusalemme era stata conquistata dai crociati in trentotto giorni; poco meno di due secoli dopo, Acri aveva resistito soltanto una manciata di giorni in più. La difesa finale (essendosi dati Grailly e Grandson alla fuga) fu organizzata dal maresciallo del Tempio, Pietro di Sevrey. Questi, in segno di sfida, ordinò di lanciare dalla torre principale cinque prigionieri. La risposta dei mamelucchi fu spietata: sterminarono tutti, frati minori, clarisse e domenicani; i maschi adulti che si erano arresi furono decapitati, donne e bambini furono tratti in schiavitù. Eccessi di crudeltà? No, la regola a quell'epoca. Cento anni prima, nell'agosto 1191, quando il re d'Inghilterra Riccardo Cuor di Leone (assieme a Filippo Augusto di Francia) aveva rotto l'assedio del Saladino ad Acri, per accelerare le trattative aveva fatto massacrare i prigionieri musulmani. Tutti. Ciò che persino ai contemporanei parve come un atto di inaudita ferocia.

Dopo Acri caddero Tiro, Sidone, Beirut. Outremer sopravvisse a Cipro dove si erano rifugiati gli esuli provenienti dalla costa (odiati, per giunta, dalla popolazione dell'isola). Nel 1299, chiamati da un emiro siriano in contrasto con il sultanato cairota, giunsero nella regione i mongoli guidati da Ghazan che sterminarono i mamelucchi: se non fossero dovute tornare in Persia per domare alcune rivolte, l'Oltremare sarebbe stato a lungo dominato dagli asiatici. E il papa? Niccolò IV aveva promulgato nell'agosto dello stesso 1291 un'enciclica in cui esortava i fedeli a vendicare l'offesa fatta ad Acri a Cristo e alla Chiesa. Poi chiese a Genova e Venezia di partecipare alla missione di riconquista ma le due città marinare continuarono a farsi la guerra tra loro. Un anno dopo Niccolò morì e fu sostituito – a seguito di due anni di interregno – dal celeberrimo Celestino V, indotto a ritirarsi pochi mesi dopo esser asceso al soglio. Fu poi la volta di Bonifacio VIII a cui Dante, tra l'altro, rinfacciò (nel XXVII canto dell'*Inferno*) di aver fatto «guerra presso a Laterano, e non con Saracin, né con Giudei». Ma Bonifacio ebbe il genio di inventare il Giubileo grazie al quale chi si fosse recato in pellegrinaggio a Roma presso le basiliche dei santi Pietro e Paolo avrebbe ottenuto la remissione dei peccati. Proprio come quelli che avevano preso parte alle crociate. Nel 1342 il Sultano con grande magnanimità avrebbe concesso alla Chiesa di Roma la *Custodia Terrae Sanctae* affidata ai Minori. Da quel momento lo spirito delle crociate svanì del tutto. O quasi.

Bernardino da Siena e l'ostilità agli ebrei

Compito dello storico è anche stabilire i limiti e i punti di partenza di un'indagine che sia efficace. È quello che fa Giacomo Todeschini in *Gli ebrei nell'Italia medievale* quando afferma che questa storia può essere scritta con modalità dotate di una qualche coerenza solo a partire dal X secolo. Perché? Per il fatto che va accantonata una volta per tutte la rappresentazione postrisorgimentale di un'Italia come «soggetto storico naturalmente e tradizionalmente unitario, storicamente unificato dalla religione cristiana», rappresentazione che «ha influenzato in modi diversi, talvolta anche contraddittori, la ricostruzione della presenza israelitica nel nostro Paese». Per decenni, secondo Todeschini, abbiamo introiettato uno «stereotipo storiografico mai esplicitamente dichiarato», che può essere riassunto nell'idea «alquanto divulgata della storia degli ebrei nell'Italia medievale come storia di una convivenza felice, repentinamente interrotta dalle polemiche antiebraiche del Quattrocento culminate nell'età dei ghetti». Un'idea che ci porta fuori strada. È vero, sì, che già dal 380, cioè dall'editto di Tessalonica, l'Impero romano assunse il cristianesimo come culto ufficiale e si comportò di conseguenza. Ma a ben guardare la cristianizzazione della penisola, iniziata tra il IV e il VI secolo, decollò effettivamente solo a partire dal VII e VIII secolo in seguito alla «decisiva alleanza» fra l'episcopato romano e la dinastia carolingia. E comunque la presenza ebraica in area italiana era preesistente. Sicché gli ebrei per secoli non furono «né tollerati né sistematicamente avversati», dal momento che «l'inesistenza di una maggioranza forte dal punto di vista politico-religioso» e «la natura ancora elitaria e ristretta a circoli aristocratici decisamente acculturati della religione imperiale cristiana» facevano dell'Italia ostrogota, romana e longobarda «un arcipelago di usanze e di norme, di pratiche religiose e di abitudini rituali, nell'ambito delle quali la specificità ebraica non spiccava particolarmente». Fino all'anno Mille, e anche per qualche secolo successivo, fu dunque assente «una qualsiasi forma di compattezza e di autorappresentazione sociale» che – a differenza di quella costruita, tanti secoli dopo, nell'ambito degli Stati nazionali moderni – fosse in grado di stabilire «una netta distinzione tra coloro che, in quanto cittadini e membri della collettività statale, erano dentro il sistema politico-sociale e civico e coloro che, in quanto stranieri, estranei e irriconoscibili dal punto di vista religioso e civico, erano esclusi da quel sistema».

Per circa mille anni, tra il IV e il XIV secolo, le relazioni tra cristiani ed ebrei nella Penisola sono altalenanti. Fino a quando cambia qualcosa che si avverte nell'attività di predicazione antiebraica degli Ordini mendicanti – in particolare quello francescano (ma anche il domenicano) – a partire dagli anni Trenta del Quattrocento. A dire il vero, alcune «occasionali manifestazioni di avversione nei confronti degli ebrei» si erano avute in Sicilia, a Venezia, ma anche altrove, già nel corso del Trecento. È però dal primo Quattrocento che «in zone assai differenti d'Italia si nota un mutamento deciso del clima politico per ciò che riguarda la presenza ebraica e in particolare l'attività di prestito a interesse». A Napoli la sovrana

Giovanna II nel 1427 irrigidisce le norme concernenti «la presenza degli ebrei nel regno», laddove a Siena già nel 1420 il Comune aveva messo in discussione «l'utilità pubblica degli ebrei» accusandoli di «peggiorare, con la loro gestione del credito al consumo, le condizioni di vita dei cittadini più poveri». Da quel momento, a Firenze, Bologna, Milano e in Piemonte la convivenza tra ebrei e cristiani – pur in un'atmosfera «apparentemente tranquilla» – comincia a essere caratterizzata «oltre che dalla sottolineatura dell'eccezionalità» evidenziata dal segno distintivo sull'abito, dalla «incostanza e dalla precarietà del soggiorno degli ebrei, il cui diritto a vivere e agire nelle città e nelle regioni veniva alternativamente affermato, negato, ripristinato o ammesso». Ancorché «formalmente ignorato».

La presenza delle comunità israelitiche – ben definite dal punto di vista religioso e rituale, giuridico e familiare – assume progressivamente «un carattere di estraneità» e gli ebrei appaiono, in Italia, «sempre più alieni e inquietanti». Tutto ciò come conseguenza dell'«epocale trasformazione della società italiana tardomedievale, oltre che dell'impennata di mortalità provocata dalle epidemie del secondo Trecento, della accelerazione finanziaria della vita economica, della accentuata proletarizzazione dei ceti meno abbienti e della sempre più visibile configurazione oligarchica, centralizzata e sovrana dei poteri governativi».

Al centro dell'attacco c'è la polemica contro il prestito a interesse per come è gestito dagli ebrei. Ebrei che da questo momento vengono presentati alla stregua di «un pericolo per la sopravvivenza dei cittadini cristiani più poveri», di «un ostacolo alla libera circolazione della ricchezza nei mercati cittadini», di emissari «d'una minacciosa ingerenza straniera nell'economia dei territori cristiani attivamente impegnata a esportare i beni di questi territori acquisiti in forma di pegni a garanzia dei prestiti a interesse». Il che dà vita a tre stereotipi: la rappresentazione degli ebrei come «usurai che impoveriscono», come «monopolisti che concentrano» e come «esportatori che sottraggono la ricchezza». Bernardino da Siena, caposcuola dell'Osservanza francescana, negli anni Trenta e Quaranta del Quattrocento – cioè poco prima della sua morte (1444) – offre una sintesi dottrinale alla polemica nei confronti del prestito a interesse. Gli israeliti vengono rappresentati, volta a volta, come banchieri, medici, membri di una comunità religiosa che rifiuta le Verità cristiane e in quanto tali divenuti «un pericolo per la società italiana all'interno della quale si trovano a vivere». Bernardino, secondo Todeschini, sintetizza varie modalità che, a suo parere, descrivono l'esistenza degli ebrei nelle città italiane «servendosi dell'immagine metaforica del nemico che combatte i suoi avversari con armi diverse, alcune più e altre meno esplicite». Le tappe fondamentali di questo «percorso di ostilità» saranno nel 1462 la fondazione dei Monti di pietà (il primo verrà fondato proprio quell'anno a Perugia) e nel 1475 un terribile processo a Trento contro i presunti responsabili di un omicidio rituale. Processo che si conclude con una serie di condanne a morte.

Ma fino al 1462 le relazioni fra poteri italiani e gruppi ebraici erano state caratterizzate, secondo lo storico, da una «tradizionale ambiguità». Ambiguità che al Centro-Nord aveva assunto «la forma dell'indifferenza o della non percezione della specificità comunitaria ebraica» e al Sud della «catalogazione essenzialmente fiscale delle comunità ebraiche». Poi, dopo l'istituzione dei Monti di pietà – tra il 1492 e il 1510 – si era avuta l'espulsione degli ebrei dai regni di Sicilia e di Napoli. E, dal 1516, la fondazione dei ghetti. Sostanzialmente, però, l'istituzione dei Monti di pietà non determinò mai, nell'Italia centrosettentrionale, l'eliminazione totale del prestito a interesse gestito dai banchieri ebrei. Anche se – sostiene lo studioso – ne mutò il significato politico ed economico portando a compimento la «ridefinizione del ruolo civico degli ebrei nei territori italiani». Agli ebrei restò concesso di gestire un credito «in grado di finanziare le attività di chi non aveva diritto di accedere a quello dei Monti, a mitigare dunque il bisogno di chi, cristiano o povero, non era tuttavia a sufficienza riconoscibile come abbastanza moralmente integro e virtualmente produttivo da poter ottenere un prestito dal Monte». Oppure di chi chiedeva in prestito «somme di cui non poteva giustificare l'impiego». Ciò che determinò «il raggiungimento di un punto critico nella relazione tra poteri cristiani e comunità ebraiche», già «messa in discussione da circa un secolo».

I francescani, nello stesso momento in cui miravano a sostituire il credito erogato dai Monti di pietà a quello che «gli ebrei mettevano a disposizione della parte ritenuta più attiva della popolazione delle città e dei territori», lasciavano ai banchi ebraici la gestione delle «forme di credito irriconoscibili come produttive per gli Stati cristiani». E così determinavano una rappresentazione politica dei gruppi ebraici che ne sottolineava la «natura parassitaria e totalmente riassumibile in termini monetari». La realtà civica, giuridica, teologica ed economico-politica che, in varie forme, le comunità costituivano veniva in tal modo negata ed elusa, «benché nello stesso tempo essa fosse, almeno in parte riconosciuta da una minoranza intellettuale quale poteva essere quella dei circoli umanistici fiorentini, romani o napoletani».

Il discorso politico ed economico dei frati dell'Osservanza ha perciò l'effetto di produrre, anzi di «determinare», una «minimizzazione del significato pubblico dell'identità rituale e religiosa degli ebrei in se stessa coerente con la più tradizionale disattenzione cristiana per la particolarità culturale o giuridica del mondo ebraico». A questo punto – prosegue Todeschini – la religione degli ebrei e la loro interpretazione delle Scritture – seppure come in passato passibili in sede teologica di un'imputazione di «colpevole resistenza alla vera fede» – perdono gradualmente «quanto ne aveva fatto una ragione in grado di legittimare in sede etico-politica la presenza in terra cristiana». In quest'epoca gli ebrei cessano di essere per la Chiesa la «prova storica della veridicità del messaggio cristiano» e della «legalità sacra dell'edificio politico scaturitone» e cominciano a essere intesi come «presenze economicamente utili» ancorché «politicamente inquietanti». Sicché decadono nel discorso pubblico delle città-Stato o dei regni e vengono considerati come una «minaccia da tenere compiutamente sotto controllo, da inquisire ed eliminare per la via breve del battesimo forzato, oppure da rinchiudere nel chiuso dei ghetti in modo da poterle efficacemente circoscrivere».

Ma, a sorpresa – proprio tra Quattro e Cinquecento, se ci si sottrae agli stereotipi storiografici o, a essere più precisi, agli stereotipi «resistenti nel tempo e spesso accolti acriticamente dalla storiografia» – si nota una moltiplicazione di «prodotti culturali attestanti la complessa vivacità letteraria, talmudica, filosofica e poetica, memorialistica e sociopolitica» delle comunità israelitiche. Nell'Italia del Quattrocento si registra dunque una «contraddizione» fra l'esistenza e la fioritura di una cultura ebraica giuridica, filosofica e politica e «l'assenza sempre più netta di una percezione da parte dei poteri cristiani della specificità di queste comunità». Ed è così che nell'arco temporale che va dal 1462, anno di fondazione del Monte di Pietà perugino, al 1515, quando il pontefice Leone X della famiglia de' Medici dichiarerà la liceità degli interessi esigibili da parte dei Monti (che segna l'inizio della conversione di questi in banche di Stato e casse di risparmio locali), «la condizione degli ebrei verrà ridisegnata indipendentemente dalla "tolleranza" che continuò ad ammetterli nelle città o dalla "intolleranza" che ne produsse l'espulsione». Comincia qui per le comunità ebraiche, è la datazione di Todeschini, «il lungo periodo durante il quale, "tollerati" o "non tollerati", segregati o espulsi, gli ebrei italiani dovranno resistere alla cancellazione del loro significato pubblico, civico e culturale, producendo nuove forme della convivenza, della memoria e dell'esistenza quotidiana». E per secoli la cristianità perderà l'opportunità di conservare un rapporto virtuoso con loro.

Il grande segreto di Maimonide

Nel 1160 la famiglia ebraica di Maimonide abbandonò Cordoba per sottrarsi alle persecuzioni degli Almohadi, attraversò lo stretto di Gibilterra e si stabilì a Fès. «Se è chiaro il motivo di quella precipitosa partenza» osserva Donatella Di Cesare nel suo *Marrani. L'altro dell'altro* «meno chiara è la scelta della meta.» Una conversione forzata all'islam? Non si può escludere. Anzi, è probabile. Cinque anni dopo, il viaggio di quel nucleo familiare riprese, li portò ad Alessandria d'Egitto e poi ad al-Fustat, nella parte urbana del Cairo. Maimonide divenne in seguito medico alla corte del Saladino, nel contempo si affermò non solo come un'autorità rabbinica della diaspora ma anche come un grande filosofo. La sua *Guida dei perplessi*, rivolta a un'illuminata minoranza, «suscitò però essa stessa perplessità», spiega Donatella Di Cesare. Nonostante ciò, quell'intellettuale errante lasciò tracce profonde e durature dal momento che «con quasi profetica lungimiranza aveva saputo cogliere le delicate questioni della sua epoca». Quali? Nella *Lettera sull'apostasia*, Maimonide fu esplicito: esortò i suoi correligionari a sottrarsi al martirio che – sosteneva – era da considerarsi «non come una norma ebraica», bensì «un gesto eccezionale», «un sacrificio che non poteva essere richiesto alla moltitudine». Alternativa? Se minacciati di morte, agli ebrei non restava, secondo Maimonide, che optare provvisoriamente per la dissimulazione. Dopodiché, «continuando a osservare in segreto quanti più precetti possibile», avrebbero dovuto «abbandonare ogni possesso e camminare giorno e notte», fino a quando non avessero trovato un luogo sicuro in cui poter tornare alla loro religione. Il filosofo suggeriva, con queste indicazioni, «la possibilità di interpretare la conversione come un'emigrazione interiore». «Emigrazione interiore» che «in nessun caso avrebbe dovuto impedire il ritorno».

Con qualche secolo di anticipo, Maimonide affrontava il tema dei marrani, i *conversos*, i *cristianos nuevos* (per distinguerli dai *cristianos viejos* che cristiani lo erano davvero, non perché costretti a diventare tali), ovvero gli ebrei della penisola iberica e dei domini spagnoli che, nel Quattrocento, avrebbero accettato di convertirsi al cristianesimo per sottrarsi all'esilio o alla morte.

La fase più cruenta dell'offensiva antiebraica, secondo Donatella Di Cesare, era iniziata il 4 giugno 1391 allorché una folla inferocita, capeggiata dall'arcidiacono Ferrán Martinez, aveva fatto irruzione nella *juderia* di Siviglia e l'aveva devastata uccidendo quattromila israeliti. Il rabbino Hasdai Crescas raccontò in seguito che, posti di fronte al dilemma «O la croce o la morte!», pochi dei suoi avevano «santificato il Nome», mentre molti avevano «violato il Patto». Avevano cioè accettato il battesimo. La stessa scena si era ripetuta poi a Cordoba, Toledo, Madrid, Ciudad Real, Burgos (dove il rabbino capo Shlomo Halevi, prima ancora che iniziassero le aggressioni, si convertì e cercò di portare con sé tutta la comunità; prese il nome di Pablo de Santa María e qualche anno dopo tornò in città come vescovo). Ma anche a Valencia, Gerona, Barcellona. Praticamente dappertutto nei territori della Corona di Castiglia, Aragona e Navarra. È stato ipotizzato che dei seicentomila israeliti residenti in quella parte della Spagna, un terzo sia stato ucciso; gli altri, per metà, si sottrassero alle persecuzioni con la conversione e circa duecentomila rimasero «fedeli al Patto». In realtà, però, molti dei «convertiti» erano rimasti ebrei nell'intimo, talché erano mal giudicati sia dai correligionari che avevano resistito alla conversione sia dai «vecchi cristiani» che li guardavano con diffidenza. Vivevano un «triplo esilio»: come ebrei erano ancora nella diaspora; come *conversos* erano esclusi dalla vita ebraica; come «ebraizzanti» sopravvivevano in un ambiente sempre più ostile. «Non abbandonarono la speranza» scrive Di Cesare «che con il tempo cedette, però, a un'amara nostalgia per un passato immemoriale.» Cosa furono a questo punto i marrani? Israeliti costretti all'«emigrazione interiore», che restavano tuttavia differenti, inassimilabili, «ereditando l'alterità dell'ebreo». Eppure ebrei non erano più, «anzitutto agli occhi degli ebrei». La «nuova alterità del marrano non fu allora solo interna; già rispetto all'ebreo, l'altro per eccellenza, il marrano diventò l'altro dell'altro».

Il termine «marrano» ebbe fin dall'inizio un'accezione negativa. Non se ne conosce neanche l'esatta origine: è stato ipotizzato che venisse dal castigliano *marrar* (errare), o dall'aramaico *marantha* (persona scomunicata), dal gioco di parole dell'ebraico *mar* (amaro) e *anus* (convertito), dall'arabo *mura'in* (ipocrita), *barran* (straniero) o *mahram* (cosa proibita). In Spagna, ricostruisce Donatella Di Cesare, era usato «come sinonimo di maiale per stigmatizzare, schernire, ingiuriare i *conversos*; l'insulto, che doveva circolare già prima, fu in seguito impiegato per gli ebrei battezzati a forza, che restavano perfidi e infidi». Un marrano è «*un maldito, sin fe*» (un maledetto, senza fede). Questo uso spregiativo della parola andò diffondendosi al punto che nel 1380 Giovanni I di Castiglia lo vietò, pena una multa o, addirittura, la reclusione. Ma, osserva l'autrice, «se leggi e documenti ufficiali, dove il termine non ricorre, preferiscono parlare di *conversos* o *cristianos nuevos*, è solo perché, quando proclamano lo sterminio, simulano la neutralità». Si diffuse invece tra cronisti, storici filosofi e scrittori anche fuori dai confini spagnoli. Ne parlano Niccolò Machiavelli nel *Principe* e Ludovico Ariosto nell'accezione di traditore, ribaldo, spergiuro. «Vil marrano» è l'ingiuria che il condottiero Francesco Ferrucci rivolge al capitano di ventura Fabrizio Maramaldo prima di essere ucciso.

Presto iniziò una «diaspora marrana» che si protrasse per tre secoli raggiungendo il culmine nel 1680. C'erano *conversos* sulle caravelle di Cristoforo Colombo tanto che, secondo la Di Cesare, si può sostenere che «la scoperta dell'America fu impresa in gran parte marrana». Alcuni raggiunsero Amsterdam, dove ridivennero ebrei: Rembrandt li dipinse raffinati, malinconici, fieri come il «rabbino infelice» Menasseh ben Israel, autore del libro *La speranza di Israele* (1650). Ferrara fu poi una meta di questo genere di profughi e successivamente Livorno, dove molti di loro ripresero l'identità di ebrei. Furono nuovi ebrei passati per l'esperienza marrana. Fu poi il filosofo Baruch Spinoza che «elevò la resistenza dei marrani a categoria filosofica» e «introdusse il marranismo nel pensiero della modernità occidentale». Quegli ebrei espulsi dalla Spagna e quei marrani fuggiti in seguito, nel corso della «grande dispersione», furono «loro malgrado estromessi dal medioevo e proiettati in un'era nuova».

Il marrano fu sempre esposto a nuove persecuzioni. Era portato a difendere il diritto alla «segretezza», intuiva che «solo lo spazio inaccessibile del segreto può contrastare il potere totalitario della pubblicità che insidia la democrazia». Talché era naturalmente indotto a osservarsi mentre gioca «il ruolo che gli è assegnato nello spazio pubblico». Sospinto a mentire, a fingere, «impara a presentire l'ipocrisia, fiutare l'inganno, sciogliere le contraddizioni, apprende a captare la verità delle menzogne altrui». Cripta e decripta senza sosta: «Sottigliezza, sagacia, accortezza sono le doti che deve coltivare; non solo per coprire le sue intenzioni, ma per smascherare quelle altrui». È consegnato a una «inesausta diffidenza». Vive «nel timore costante di tradirsi». È così che la dissimulazione «inaugura l'introspezione». Il *mirar por dentro* (Baltasar Gracián) corrisponde a un guardare al proprio interno «per appurare che nulla possa essere intercettato dall'altro, per essere sicuri di non venire colti di sorpresa». La conoscenza di sé «è la via per celarsi meglio agli occhi altrui». Ed è un sé «sfaccettato che, per fugare i sospetti, è divenuto sfuggente, non si lascia più identificare». Di qui «nasce la modernità di cui il marranismo è il preludio».

I cristiani – dicevamo – non credono alla genuinità della loro conversione e li contrastano invocando la purezza del sangue (la *limpieza de sangre*) «ben più importante della purezza di fede». Ed è così che il razzismo moderno ha un suo primo «certificato» il 5 giugno 1449, allorché a Toledo viene promulgata la «Sentencia-Estatuto», il documento sulla purezza del sangue che, secondo Di Cesare, «contiene in sé tutte le leggi razziali a venire». Nel testo si chiede fra l'altro che ai convertiti di «origine ebraica» venga impedito l'accesso a cariche municipali o ecclesiastiche, e a quegli uffici da cui potrebbero recare danno ai cristiani di «pura origine». La *limpieza* divenne un'ossessione dopo che, il 31 luglio 1492, l'ultimo ebreo fu costretto a lasciare la Spagna. Un'ossessione che induceva la comunità spagnola tutta a dare la caccia «agli ebrei rimasti sotto mentite spoglie». I quali però riescono a sopravvivere facendo ricorso a qualsiasi stratagemma: spergiuro, falsa confessione. Inseguiti dagli inquisitori con la loro «volontà impietosa di identificare, sviscerare, assimilare», i marrani «fugano i sospetti e trattengono il segreto». Battono le strade della dissimulazione, della discrezione, dell'occultamento piuttosto che quella del martirio. In questo, osserva l'autrice, il marranismo diviene «l'opposto di ogni fondamentalismo».

La religione marrana si distingue dall'ebraismo non per le «aggiunte» ma per le «sottrazioni»: sulla via della dissimulazione, «nel dubbio era meglio astenersi», sicché divieti e proibizioni ebbero il sopravvento. Nel pericolo di essere scoperti, si moltiplicarono i digiuni. E, dal momento che era diventato quasi impossibile celebrare le feste religiose, doveva imporsi un'atmosfera «di profonda mestizia, di perdita, di sconforto». Credenze, pratiche, usi, persino ricette furono conservati negli editti pubblicati (per vietarli) dall'Inquisizione, cioè «grazie allo zelo puntiglioso del Sant'Uffizio» che diventò, suo malgrado, «una specie di scuola di ebraismo». Senonché, essendo le informazioni spesso imprecise, «gli inquisitori finirono per essere anche innovatori, contribuendo allo sviluppo di una peculiare religione».

Il punto d'approdo di questa esposizione sono le somiglianze delle condizioni in cui si sono trovati gli ebrei che cercarono di sopravvivere alle persecuzioni spagnole e quelli che si trovarono alle prese con la Germania nazista. E soprattutto il loro complesso rapporto con la storia, la memoria, il ricordo. Per i marrani, in particolare, «il ricordo assume un rilievo straordinario»: è «l'unico legame per quei segregati, l'unico anello di una tradizione che altrimenti potrebbe finire». Ma come trasmettere il ricordo se i riti sono vietati, se sono proibiti i testi che narrano gli eventi da ricordare? Il «segreto del ricordo diventa il ricordo del segreto» (e non è un gioco di parole). Che cosa vuol dire segreto? E in che modo si può ricordarlo, o meglio, condividerlo? «Inviolabile, inaccessibile, refrattario alla luce, eterogeneo alla parola, estraneo all'apparire» scrive Donatella Di Cesare «il segreto allude a una resistenza irreversibile.» Circonfuso «da un'aura esoterica, rischia però, in una visione banale, se non malevola, di essere preso per un sapere occulto». Come se i marrani fossero una società segreta e non piuttosto una «comunità del segreto». Segreto che «difeso nel più intransigente silenzio, è sopravvissuto a ogni archivio» proprio perché «non è archiviabile». «Nascosti, esiliati, dispersi, in una costellazione del disastro, separati da una doppia estraneità, resistono legati dal ricordo del loro segreto, di cui non possiedono più la chiave, inaccessibile e alla fine sconosciuto, un segreto del segreto, che non esitano a testimoniare.» Un'indagine davvero esemplare.

La concessione di Lord Balfour a Lord Rothschild

Diversi piccoli e grandi casi che possono far parlare di storia capovolta sono segnalati in libri dedicati alla nascita nel 1948 dello Stato ebraico e al suo antefatto: *Il sionismo politico*, a cura di David Bidussa; Eugene Rogan, *La Grande Guerra nel Medio Oriente. La caduta degli Ottomani (1914-1920)*; Georges Bensoussan, *Il sionismo. Una storia politica e intellettuale (1860-1940)*; Ari Shavit, *La mia terra promessa*; Ilan Pappe, *Storia della Palestina moderna. Una terra, due popoli*; Benny Morris, *Vittime. Storia del conflitto arabo-sionista 1881-2001*; Rashid Khalidi, *Identità palestinese. La costruzione di una moderna coscienza nazionale*; Uri Avnery, *Israele senza sionisti.*

Un momento centrale per la fondazione di Israele fu il congresso di Basilea del 1897 che, come ricorda Arturo Marzano in *Storia dei sionismi. Lo Stato degli ebrei da Herzl a oggi*, inizialmente avrebbe dovuto tenersi a Monaco, ma dovette essere spostato per l'ostilità dei leader della comunità israelitica bavarese, che ritenevano inesistente la «questione ebraica» (quantomeno nell'Europa centroccidentale) e non volevano offrire «argomenti» all'antisemitismo tedesco. Furono molte le comunità ebraiche a rifiutare l'invito a Basilea, tra le quali quella britannica. Ma Theodor Herzl considerò comunque quella «partenza» felice e iniziò a discutere con tutti gli interlocutori disponibili circa la realizzazione del suo sogno. Con il ministro delle Colonie britannico, Joseph Chamberlain, trattò sull'ipotesi di Cipro (scartata dagli inglesi perché per loro troppo importante come base strategica al centro del Mediterraneo), di el-'Arīsh (costa mediterranea della penisola del Sinai) e di un'area di circa tredicimila chilometri in Kenya. Su quest'ultima idea, definita per una bizzarria «proposta ugandese», si giunse quasi a un accordo. Che Herzl sottopose al sesto congresso sionista (1903, ancora una volta a Basilea) non riuscendo però a persuadere la delegazione russa. Ma Herzl non si diede per vinto e riuscì a convincere il 62,4 per cento dei delegati a pronunciarsi positivamente. Era fatta: lo Stato di Israele sarebbe nato – con l'accordo di Londra – in Kenya. Di lì a pochi mesi, però, Herzl morì, all'età di soli quarantaquattro anni, e l'opzione «ugandese» fu rimessa in discussione. Nel 1905, al settimo congresso di Basilea, i sionisti optarono definitivamente per la Palestina, dove non avevano mai smesso di comprare terre. Quasi nessuno si pose in modo approfondito il problema di cosa ne sarebbe stato degli arabi che già abitavano in quella regione. Con l'eccezione di Asher Ginzberg, Hillel Zeitlin e Yitzhak Epstein, il quale nel 1907 diede alle stampe l'articolo *Una questione nascosta*, in cui scrisse: «Abbiamo dimenticato un piccolo particolare. Nel nostro amato Paese c'è un'intera nazione che lì ha vissuto per secoli e mai s'è sognata di abbandonarlo [...]. Stiamo commettendo un enorme sbaglio psicologico nei confronti di un popolo grande, determinato e possessivo». Lo scalpore provocato dallo scritto di Epstein fu notevole, ma l'acquisto di terre palestinesi da parte dei sionisti proseguì. Anzi, incrementò.

Nel 1897, un mese prima che a Basilea nascesse il sionismo politico, a Vilnius era stata creata la Lega generale dei lavoratori ebrei di Lituania, Russia, Polonia, nota come

Bund. Attenta è l'analisi di Marzano dell'antisionismo del Bund il cui slogan era «nazione senza Stato». Il Bund si batteva per un'autonomia culturale che gli ebrei avrebbero dovuto realizzare nei Paesi in cui vivevano, mettendo l'accento su un'identità che si sarebbe espressa facendo leva sulla loro lingua, lo yiddish. Altra forte opposizione al sionismo fu quella dell'ebraismo ortodosso: i loro rabbini – scrive Marzano – sostenevano che, poiché la diaspora rappresentava la punizione di Dio per i peccati del popolo ebraico, soltanto Dio avrebbe potuto porvi rimedio permettendo il ritorno a Sion. Gli ortodossi diedero vita a un'organizzazione, Agudat Yisrael, presente in moltissime comunità con l'obiettivo di «condurre una ferma lotta contro il sionismo» con «espulsioni dalle sinagoghe, denunce alle autorità, ostracismo».

Nel frattempo, la guida del movimento sionista da Herzl era passata dapprima a David Wolffsohn, poi a Otto Warburg. La sede principale era stata trasferita da Vienna a Colonia e successivamente a Berlino. Ma, osserva Marzano, «se la sede si spostava all'interno della Germania, dimostrando come la nomenclatura sionista fosse vincolata a tale Paese, le nuove leve dell'Organizzazione si trovavano in Gran Bretagna; qui infatti si era stabilito Chaim Weizmann, presto raggiunto da Nahum Sokolow». E fu Weizmann che, a Londra, portò a termine l'impresa. Lord Arthur James Balfour aveva già incontrato Weizmann, nel 1906. Balfour, che nel 1906 era premier britannico, chiese a Weizmann perché mai gli ebrei avessero rifiutato la «proposta ugandese». Weizmann rispose che qualsiasi «deviazione dalla Palestina sarebbe stata una forma di idolatria» e aggiunse: «Se Mosè avesse preso parte al VI congresso sionista che decise di adottare la risoluzione a favore dell'Uganda, avrebbe certamente rotto le Tavole della Legge una seconda volta». Poi domandò al Primo ministro: «Supponga che io le offrissi Parigi al posto di Londra, lei accetterebbe?». «Ma dottor Weizmann» fu la risposta «noi abbiamo già Londra.» Al che quest'ultimo puntualizzò: «È vero... Ma quando noi avevamo Gerusalemme, Londra era una palude». Trascorsero undici anni e Balfour, stavolta nei panni di ministro degli Esteri in piena guerra mondiale, riprese la discussione con un altro rappresentante del mondo ebraico, Lord Lionel Walter Rothschild, presidente della Federazione sionistica britannica.

Era dal 1845 che Edward L. Mitford, un capo dell'amministrazione coloniale inglese, aveva proposto il «ristabilimento della nazione ebraica in Palestina come Stato protetto sotto la guardia della Gran Bretagna». Più che gli ebrei, a Mitford interessava il controllo delle vie di comunicazione e di quelle commerciali. Così come al colonnello George Gawler, governatore dell'Australia Meridionale. Nel 1853, il colonnello Charles Henry Churchill, console britannico a Damasco, sottolineò «l'importanza per la strategia britannica del Mediterraneo Orientale e l'utilità di un'alleanza con gli ebrei». Churchill sostenne che la Palestina avrebbe dovuto essere «o inglese o uno Stato indipendente in mano agli ebrei». Solo così gli interessi britannici avrebbero potuto essere tutelati al meglio. Churchill, mette in rilievo Marzano, «fu dunque in qualche modo il primo a teorizzare la nascita di uno Stato ebraico, anticipando di quasi cinquant'anni il sionismo politico».

L'apertura, nel 1869, del Canale di Suez (alla cui realizzazione Londra si era opposta) rese ancor più rilevante per la Gran Bretagna l'Egitto – che lo era già – e la Palestina, fino a quel momento relativamente trascurata. Nel 1876 la gestione egiziana del canale andò in bancarotta e fu la Banca Rothschild a prestare al governo inglese (guidato da Benjamin Disraeli, un ebreo sefardita convertito al cristianesimo) i soldi – quattro milioni di sterline, una cifra enorme – per acquistare il 44 per cento delle azioni della Compagnia del Canale. Ed ecco che nel 1917 un importante membro di quella stessa famiglia Rothschild torna a sedersi al cospetto di un rappresentante del governo inglese. La discussione nel 1917 fu lunga e complicata, ma fruttuosa. E si concluse il 2 novembre, allorché Balfour rilasciò a Rothschild una dichiarazione che impegnava Londra nella realizzazione del sogno sionista. La formula usata nella Dichiarazione Balfour fu quella dell'auspicio della «creazione in Palestina di un focolare nazionale per il popolo ebraico». I sionisti avrebbero preferito il termine «ricostruzione» (al posto di «creazione»). E avrebbero voluto che si dicesse «del focolare nazionale» e non «di un focolare nazionale». Ma gli inglesi – che ritenevano di aver concesso fin troppo – furono irremovibili. Nel testo della Dichiarazione, gli arabi non venivano nominati (pur rappresentando all'epoca, fa notare Marzano, il 92 per cento della popolazione locale). Furono soltanto ritenuti titolari di diritti «civili» e «religiosi», ma non «nazionali» come invece era per gli ebrei. Sicché il Mandato britannico della Palestina – approvato dal Consiglio della Società delle Nazioni il 24 luglio 1922 – incorporando la Dichiarazione Balfour nei fatti fu impegnato a sostenere la costruzione di una sede nazionale per la minoranza ebraica in Palestina, anche se nella doverosa difesa dei diritti della maggioranza araba.

Tra le ipotesi su quale fosse il reale obiettivo della Dichiarazione, Marzano cita quella di spingere la comunità sionista russa a mobilitarsi per evitare che il loro Paese si ritirasse dalla guerra; quella per cui Londra mirava a ottenere l'appoggio della comunità ebraica statunitense cosicché gli Usa partecipassero al conflitto con maggior decisione; quella per cui il governo inglese avrebbe anticipato quello tedesco il quale avrebbe potuto, con un impegno analogo, attirare le simpatie del movimento sionista e ricevere dalla propria comunità israelitica un appoggio per la prosecuzione dell'impegno bellico. Va osservato che le motivazioni ufficiali circa l'opportunità di sottoscrivere un tale impegno contenevano considerazioni che oggi saremmo portati a considerare politicamente scorrette. Lloyd George disse che riteneva opportuno «stipulare un contratto» con gli ebrei in considerazione della loro «vasta influenza». Il diplomatico inglese Mark Sykes, che assieme al suo omologo francese François Georges-Picot già nel 1916 aveva firmato l'accordo segreto che conteneva la mappa dei futuri Stati mediorientali, sosteneva in pubblico che, se «l'ebraismo influente» si fosse schierato contro l'Inghilterra, non ci sarebbe stata alcuna possibilità di vincere il conflitto. Secondo lo storico Eugene Rogan, la Dichiarazione Balfour fu il prodotto di «considerazioni di un tempo di guerra» infarcite di una certa dose di inconsapevole antisemitismo. A cominciare dall'idea che i sionisti parlassero per conto della «potenza politica ed economica di una diaspora ebraica compatta».

In ogni caso, il cognome Balfour da quel momento è tornato assai spesso sui media. Recentemente (febbraio 2017), in una lettera al «New York Times» il conte Roderick Balfour, erede diretto del ministro che nel '17 firmò la Dichiarazione, ha acceso una polemica sostenendo che «la crescente incapacità d'Israele di affrontare la condizione dei palestinesi, nonché l'espansione degli insediamenti ebraici in territorio arabo sono i principali fattori di crescita dell'antisemitismo in tutto il mondo». Proprio così: «In tutto il mondo». Gli ha risposto il celeberrimo avvocato liberal Alan Dershowitz dicendosi convinto che «chi odia gli ebrei "in tutto il mondo" perché non condivide la politica di Israele, sarebbe pronto a odiare gli ebrei comunque, in base a ogni altro possibile pretesto». Dershowitz si è poi domandato perché non ci sia mai stata un'esplosione di sentimenti anticinesi «in tutto il mondo» a causa dell'occupazione cinese del Tibet. «Se gli ebrei sono l'unico gruppo che soffre a causa delle controversie politiche di un governo, quello israeliano» è stata la sua conclusione, «la responsabilità ricade tutta sugli antisemiti e non sullo Stato nazionale del popolo ebraico.» Ed è anche questa una parte della lunga eredità di Balfour.

Avery Brundage e il compromesso sportivo con Hitler

Le Olimpiadi che si tennero a Berlino nell'estate del 1936 sono passate alla storia per la performance di Jesse Owens che vinse ben quattro medaglie d'oro (nei cento e duecento metri piani, nel salto in lungo, nella staffetta 4x100) e mise in grande imbarazzo il regime nazista. Le vittorie di Owens provocarono grande stizza in Adolf Hitler il quale, secondo i resoconti dell'epoca, non volle in alcun modo congratularsi con lo sportivo afroamericano che con la sua stessa presenza alla competizione – e salendo poi sul podio – aveva infranto il più grande tabù della Germania razzista. Tra l'altro Owens era soltanto uno, certo il più importante, dei diciassette atleti neri presenti in quei giorni nella compagine olimpica statunitense: diciassette ragazzi di colore che vinsero complessivamente tredici medaglie nell'atletica leggera e totalizzarono 83 dei 107 punti assegnati agli americani. Il loro punteggio totale nelle competizioni di atletica fu addirittura superiore a quello di tutte le altre squadre nazionali e, quando alla fine dei giochi ci furono le manifestazioni di saluto conclusivo, il «Los Angeles Times» registrò con ironia la «depressione» del dittatore tedesco al cospetto di quella «sfilata in nero». Però, nonostante il «caso Owens», i Giochi olimpici nella Germania hitleriana furono un grande successo per il regime nazionalsocialista che li aveva organizzati.

Che quelle gare potessero tradursi in un trionfo per Hitler era chiaro da molto tempo. Nel suo libro *Le Olimpiadi dei nazisti. Berlino 1936*, David Clay Large ricostruisce – sulla base di una documentazione in gran parte inedita – i tentativi che furono fatti, in particolare negli Stati Uniti, per impedire che si tenesse una manifestazione sportiva dal carattere così legittimante per il Paese razzista che l'avrebbe ospitata. Adolf Hitler era stato nominato cancelliere dal presidente Hindenburg il 30 gennaio 1933, e già nell'aprile di quello stesso anno il direttore del «Baltimore Jewish Times» chiese al presidente del Comitato olimpico americano, Avery Brundage, di prendere posizione contro lo svolgimento dei giochi nella capitale tedesca. La risposta di Brundage – uomo di umili origini che aveva fatto fortuna a Chicago nel corrotto mondo dell'edilizia – fu evasiva. E anche il presidente del Cio (Comitato internazionale olimpico) Henri de Baillet-Latour si mostrò assai poco sensibile a quel genere di sollecitazioni: da una lettera confidenziale al suo predecessore, il barone de Coubertin, si capisce che Baillet-Latour aveva un grande rispetto per i nazisti; gli sembrava che in un momento in cui ogni cosa in Europa stava «andando a pezzi» a causa del governo di «individui mediocri, arrivisti e profittatori», i seguaci di Hitler avessero «un progetto e un metodo» in grado di funzionare. Anche Charles Sherrill, uno dei tre membri americani del Cio, in parte della sua corrispondenza appare come un ammiratore dell'«amico» Mussolini, «un uomo coraggioso in un mondo di vigliacchi»: ai suoi occhi, gli Stati Uniti non avevano «il diritto di insegnare nulla ai tedeschi sulle questioni razziali».

Il primo a raccogliere la sollecitazione ebraica e a mettersi di traverso ai filotedeschi fu il tesoriere del comitato olimpico statunitense, Gus Kirby, il quale scrisse a Brundage che «non capiva» il perché di tutte quelle cautele. Comprendeva Kirby che in linea generale potesse essere considerato saggio «non disturbare il can che dorme» (Hitler); in questo caso però, a suo avviso, «i cani non stanno dormendo ma brontolano, ringhiano, digrignano i denti e manca solo che mordano». Brundage gli rispondeva evadendo la questione sulla base di una considerazione più che ottimistica: «I Giochi si svolgeranno solo nel 1936 e probabilmente ci saranno molti cambiamenti nei prossimi tre anni».

A incoraggiare in questo senso Brundage era ancora una volta Baillet-Latour, che così gli scriveva: «So che gli ebrei gridano prima che ci sia una ragione per farlo e mi ha sempre colpito il fatto che tutti gli orrori che sono accaduti per esempio in Russia, con azioni molto più barbare di qualsiasi cosa sia avvenuta in Germania, non hanno mai eccitato la pubblica opinione allo stesso modo». Kirby tenne duro e minacciò pubblicamente il boicottaggio. Ma a sostegno di Brundage iniziarono a muoversi alcuni importanti esponenti del Cio di altri Paesi, primo tra tutti l'influente delegato svedese Sigfrid Edström. Che scrisse a Brundage parole di questo tenore: «A quanto pare c'è una certa agitazione da parte degli ebrei americani [...]. Non è un fatto positivo che essi siano così attivi e ci creino così tanti problemi e sarebbe impossibile per i nostri amici tedeschi proseguire con i costosi preparativi per i Giochi olimpici se tutta questa agitazione dovesse prevalere». Dopodiché Edström si lasciava andare a una considerazione agghiacciante: «Per quel che riguarda la persecuzione degli ebrei in Germania io non sono affatto favorevole alla suddetta azione ma comprendo perfettamente che era necessario introdurre un cambiamento. In Germania, infatti, gran parte della nazione era guidata dagli ebrei e non dai tedeschi stessi.

Persino negli Stati Uniti potrebbe venire il giorno in cui dovrete porre fine alle attività degli ebrei». Parole a cui avvertiva il bisogno di farne seguire altre che nel Novecento (anche nella seconda metà del secolo) sono divenute un classico del modo di argomentare degli antisemiti: «Molti dei miei amici sono ebrei, così voi non dovete pensare che io sia contro di loro». Salvo poi aggiungere che era necessario «tenerli [gli ebrei] entro certi limiti».

A questo punto, pur non essendo a conoscenza del contenuto di queste lettere, sulla base della semplice osservazione di come stavano andando le cose, il fronte che proponeva il boicottaggio delle Olimpiadi a Berlino promosse un raduno antinazista che si tenne al Madison Square Garden di New York il 7 marzo del 1934. Sul palco presero la parola il senatore del Maryland Millard Tydings, l'ex governatore dello Stato di New York Al Smith, il sindaco di New York Fiorello La Guardia e Gus Kirby. Un evento che fece sensazione: il «New York Times» plaudì all'iniziativa. Brundage allora corse ai ripari annunciando che avrebbe compiuto un viaggio ispettivo a Berlino per verificare se davvero gli ebrei erano discriminati. Ai primi di giugno Brundage effettivamente partì alla volta della capitale tedesca. Ma quella missione fu un autentico scandalo: i suoi interlocutori furono tutti selezionati dal regime nazista, nazista era un suo amico personale che gli faceva da interprete e quando chiese di avere un incontro con i dirigenti sportivi ebrei, il colloquio si svolse alla presenza di un capo delle SS in alta uniforme e con tanto di distintivo. Per compiacere il quale Brundage entrò in argomento raccontando che anche il suo club di Chicago non accettava membri di religione ebraica...

Nella primavera del 1935, Monaco e Berlino furono turbate da manifestazioni antiebraiche particolarmente violente. Jeremiah Mahoney, il neopresidente dell'Amateur Athletic Union, prese pubblicamente posizione contro i Giochi a Berlino. Lo stesso fece il governatore del Massachusetts James Curley. Al loro fianco scese in campo uno dei più influenti organi di stampa cattolici degli Stati Uniti, il «Commonweal». E così anche la voce più importante del protestantesimo liberale, «The Christian Century». Ai quali si unì la rivista di sinistra «The Nation». Edström incoraggiò Brundage a tener duro raccontandogli che anche lui aveva «gli ebrei svedesi alle calcagna». Brundage gli rispose dicendosi angosciato per il diffondersi del «pregiudizio antinazista» nella «stampa newyorchese controllata dagli ebrei». A complicare la situazione intervenne il «caso Bergmann»: con il pretesto che la sua nuova società sportiva (aveva dovuto cambiarla perché, in quanto israelita, era stata espulsa da quella precedente) non aderiva all'Associazione tedesca di atletica leggera, la saltatrice in alto Gretel Bergmann fu esclusa dai campionati tedeschi del '35. Lo sdegno internazionale fu talmente grande che il già menzionato membro del Cio Charles Sherrill (l'ammiratore di Mussolini) partì per una missione in Germania proponendosi di convincere Hitler a inserire almeno un ebreo nei team olimpionici. Sherrill si qualificò a Hitler come un «amico della Germania e del nazionalsocialismo» e il Führer gli annunciò che lo avrebbe ospitato alla successiva adunata del partito a Norimberga, un invito che Sherrill accolse «con gioia» (nei suoi appunti privati si può leggere: «Fui ospite personale di Hitler per quattro giorni nel settembre del '35. È stato splendido!»). Ma la missione non sortì l'effetto sperato. La Bergmann, nonostante avesse vinto i campionati del Württemberg del 1936 non fu ammessa alle Olimpiadi a causa delle sue «inadeguate prestazioni in sede di qualificazione». Come risarcimento le furono offerti biglietti gratuiti per assistere ai Giochi. La campionessa rifiutò ed emigrò immediatamente negli Stati Uniti, dove vinse il titolo femminile del salto in alto nel 1937 e nel 1938.

Questo episodio provocò il ritiro dalle Olimpiadi di moltissimi atleti ebrei inglesi, francesi, austriaci, canadesi e di altre nazioni. La questione non poteva non porsi anche tra gli afroamericani. Il «New York Amsterdam News», un grande giornale nero che sosteneva il boicottaggio, pubblicò una lettera aperta a Owens, il quale per qualche settimana sembrò orientato a non andare a Berlino. Tra gli sportivi di colore si aprì una discussione sul fatto che anche loro subivano discriminazioni negli Stati Uniti: Ralph Metcalfe, uno sprinter della Marquette University, dichiarò che lui e gli altri atleti afroamericani erano stati «trattati come re» durante un meeting di atletica svoltosi in Germania alla fine del 1933, a differenza di quel che accadeva in America negli Stati del Sud, dove non potevano alloggiare nei campus e neanche gareggiare con i bianchi. Inoltre molti degli sportivi neri ritenevano che in ogni caso la loro presenza a Berlino sarebbe stata (come effettivamente fu) più dirompente di una loro assenza. Così scelsero di andare. Quanto al presidente Roosevelt, si tenne a distanza dalla questione anche perché il suo consigliere ebreo Samuel I. Rosenman gli suggerì di evitare di apparire come un «amico degli ebrei». A questo punto i nazisti, in extremis, invitarono ad assistere ai giochi tra gli ospiti d'onore Gustav Felix Flatow, un ebreo tedesco che con il fratello Alfred aveva vinto cinque medaglie d'oro nel 1896 ad Atene, nelle prime Olimpiadi dell'era moderna. Flatow rifiutò. Ma nel frattempo Brundage aveva vinto la sua partita: gli Stati Uniti avrebbero partecipato ai Giochi. A decisione presa, nel marzo del 1936 Brundage scrisse una lettera al magnate della pubblicità Albert Lasker suggerendogli che il modo migliore perché gli ebrei facessero ammenda del loro tentativo di boicottaggio era, a quel punto, di impegnarsi a finanziare i Giochi di Berlino: «Nei circoli sportivi di questo Paese» scriveva «si fa sempre più vivo un grande risentimento contro gli ebrei a causa di certi individui e gruppi di israeliti che vogliono impedire la partecipazione americana ai Giochi olimpici del prossimo agosto; per controbilanciare tale risentimento, organizzazioni o individui eminenti della vostra razza dovrebbero fare qualche gesto [...] finanziare la squadra americana». Lasker gli rispose sdegnato: «Come americano mi sento offeso per la vostra lettera e il sottile tentativo di ritorsione nei confronti degli ebrei. Voi insultate gratuitamente non solo gli ebrei, ma anche il patriottismo di milioni di cristiani in tutta America che voi tragicamente travisate e per i quali vi azzardate a parlare senza averne diritto». La tesi molto ben argomentata del libro di Clay Large è che se Brundage non l'avesse spuntata per il nazismo sarebbe stato un durissimo colpo. Forse mortale.

Le vicende successive furono per molti versi tragiche, bizzarre o addirittura paradossali. Jesse Owens sostenne non esser vero che il Führer lo avesse ignorato: «Quando passai» affermò, «il cancelliere si alzò in piedi, mi salutò con la mano e io risposi al suo saluto». Aggiunse che a fargli uno sgarbo era stato semmai il presidente Roosevelt, che non gli aveva mandato «nemmeno un telegramma». E al momento delle successive elezioni negli Usa trovò il modo di elogiare Hitler («un uomo di grande dignità») e fare campagna contro Roosevelt definendolo un «socialista». Gustav Felix Flatow, otto anni dopo aver rifiutato di fare l'«ospite d'onore» in quelle Olimpiadi, fu arrestato dai nazisti a Rotterdam e fu internato in un campo di concentramento dove morì di fame. Edström

gli israeliani per spostarsi verso i nuovi derelitti». La resistenza dei palestinesi non fu immediata. Anzi ci fu un periodo iniziale in cui – a dispetto del regime di occupazione – sembrava che i due popoli potessero convivere. Le cose cambiarono per gradi. Basti pensare al fatto che all'epoca della guerra del Kippur (1973) – quando già da tempo erano venute allo scoperto l'organizzazione che faceva capo a Yasser Arafat e quelle più radicali impegnate quasi esclusivamente in un'attività terroristica –, nonostante Israele fosse stata presa alla sprovvista, non ci fu nessuna rivolta nei territori occupati. Poi la lotta si fece più intensa. La media annuale dei palestinesi uccisi tra il giugno 1967 e il dicembre 1987 (oltre vent'anni), fu di 32. Tra il dicembre '87 e il settembre del 2000 (meno di tredici anni) salì a 106. Nei sei anni successivi arrivò a 674.

Quale fu il momento preciso in cui le cose cominciarono a cambiare? Moshe Dayan, il generale con la benda sull'occhio che divenne il personaggio simbolo della Guerra dei sei giorni, aveva idee molto particolari su come dovesse essere un regime di occupazione militare. Dopo la guerra del 1956, Dayan fu responsabile di Gaza che già allora Israele aveva sottratto all'Egitto e di cui tenne il controllo per un anno. Qui, fa notare Bregman, il generale si segnalò per la «riluttanza a intervenire nella vita quotidiana degli abitanti». Nel 1966, poi, Dayan andò a studiare il comportamento dell'esercito americano in Vietnam e ne trasse un libro, *Vietnam Diary*, nel quale, ricorda lo storico, si mostrò «estremamente critico nei confronti della condotta degli Stati Uniti e di quello che considerava il loro tentativo di imporre ai vietnamiti la cultura, i valori e i modi di vivere americani». Non riusciva a capire, scrisse, «perché fosse importante per gli americani che i bambini vietnamiti giocassero a baseball». Invece di occuparsi della vita vietnamita, osservava Dayan, le forze Usa «avrebbero avuto molto più successo se avessero semplicemente lasciato che gli abitanti locali facessero a modo loro». E nel giugno del 1967 fu coerente a queste premesse. Impartì al governatore militare di Gerusalemme, Chaim Herzog, l'ordine di «astenersi dall'intervenire nella vita quotidiana dei palestinesi». «Non cerchi di governare gli arabi» consigliò al generale, «lasci che si governino da sé [...] Voglio una politica che permetta a un arabo di nascere, vivere e morire senza mai vedere un ufficiale israeliano.» Quando incontrò i comandanti dell'esercito, cinque giorni dopo la fine della guerra, diede ordini dello stesso tenore: «Non prevaricate la popolazione araba. Lasciateli in pace. Non cercate di educarli e di istruirli. Per quanto riguarda la sicurezza, procedete con mano ferma. Ma poi lasciateli stare». Si lamentò che alcuni soldati fossero rimasti a Nablus: «Uscite dalla città, schieratevi fuori dalla città, non dovete essere visti; la città non deve avere né dare l'impressione di essere stata occupata. Date loro la sensazione che la guerra sia finita e che niente sia cambiato». Dispose anche la rimozione delle bandiere israeliane dal quartier generale e dalle basi dell'esercito in Cisgiordania perché, disse, erano «un simbolo odiato dagli arabi, e non vogliamo peggiorare le cose con una provocazione non necessaria».

Molti, scrive Bregman, hanno sostenuto che le politiche di Dayan durante i primi giorni dell'occupazione fossero dovute a «magnanimità». Ma l'autore, invece, ritiene che «la sua politica non fosse magnanima, bensì machiavellica». Quella a cui pensava Dayan doveva essere un'«occupazione invisibile» durante la quale le truppe israeliane non avrebbero dovuto essere in vista, né dovevano comparire simboli evidenti di occupazione come le bandiere con la stella di David; bisognava «favorire il diffondersi tra i palestinesi di una certa apatia, smorzando il loro desiderio di cambiamento, permettendo così a Israele di mantenere in via permanente la presa sulle terre occupate».

Dayan consentì poi a che continuasse a circolare il denaro giordano. Re Hussein continuava a pagare gli stipendi ai lavoratori statali – insegnanti, personale sanitario, giudici, funzionari della burocrazia – che non erano fuggiti dai territori occupati. E Israele fu d'accordo. Hussein voleva fare in modo che «i cisgiordani sotto occupazione se la passassero bene dal punto di vista finanziario, il che li avrebbe incentivati a rimanere in Cisgiordania, a non attraversare il Giordano per emigrare nella Giordania vera e propria, già sovrappopolata di rifugiati palestinesi». Contro i quali, nel settembre del 1970, Hussein si sarebbe sentito in dovere di aprire il fuoco a impedire che facessero vacillare il suo regno.

Nel corso della Guerra dei sei giorni, Dayan aveva fatto saltare un buon numero di ponti sul Giordano. A conflitto concluso, volle che questi ponti venissero (almeno in parte) ricostruiti e riaperti. La politica dei «ponti aperti» la si deve al colonnello Yisrael Eytan, governatore militare della Samaria (la Cisgiordania del nord) che, alle prese con un'eccedenza di produzione agricola, consentì a un possidente di Nablus, Abu Hashem, di andare a vendere i propri prodotti in Giordania (con l'autorizzazione, ovviamente, a poter poi tornare indietro). La concessione fu poi estesa ad altri agricoltori palestinesi che con i loro camion attraversarono il Giordano in alcuni punti dove l'acqua era poco profonda. Quando le acque del fiume ripresero a scorrere copiose, Dayan inviò il sindaco di Nablus, Hamdi Canaan, ad Amman da re Hussein per sondare la sua disponibilità alla ricostruzione dei ponti fatti saltare nel corso della guerra. Hussein disse di sì e i ponti, a poco a poco, furono ricostruiti.

Politica questa che, osserva Bregman, «è spesso celebrata come liberale». In realtà, sostiene lo storico, rappresentava un altro aspetto della già citata «occupazione invisibile»; Dayan pensava, e con buone ragioni, che permettere ai palestinesi di attraversare liberamente il confine con la Giordania e ritornare poi alle proprie case nei territori occupati potesse far sì che non avvertissero la presenza di truppe israeliane come un ostacolo alla loro vita quotidiana. E che la situazione, per quanto li riguardava, non apparisse loro molto diversa da com'era prima della guerra, cosicché non sarebbero stati indotti a giudicare necessario opporre resistenza.

Benché laico, «Dayan considerava comunque la Cisgiordania – Giudea e Samaria – come la culla della storia e desiderava che Israele la conservasse, ma sapeva anche che una forma di occupazione più visibile avrebbe soltanto fomentato la resistenza». E nel caso in cui i palestinesi più giovani avessero comunque prodotto qualche forma di resistenza, voleva che fossero i loro genitori a «gestirla», non i «suoi soldati». In questo fu addirittura esplicito. Quando i giovani, in maggioranza donne, iniziarono a fare dimostrazioni contro l'esercito occupante, riunì un gruppo di leader palestinesi e disse loro: «Non ci scontreremo con queste ragazze; queste ragazze hanno una casa e dei genitori [...]. Esistono molte differenze tra noi, ma una cosa abbiamo in comune: voi avete figlie e io ho una figlia». Fate con loro quello che io farei con la mia, fu il suo messaggio.

Ma se queste furono le premesse, cosa accadde poi che modificò la situazione? Il clima cambiò con la cosiddetta «battaglia dei libri». Lo Stato ebraico istituì uno speciale comitato governativo che avrebbe dovuto rivedere i corsi di studio nei territori occupati e censurare i libri di testo che contenevano «animosità nei confronti di Israele e degli ebrei». Nel mese di agosto di quello stesso 1967, il comitato stabilì che su centoventi di questi libri adottati da anni e anni, una cinquantina fossero banditi del tutto e che altri dieci avrebbero dovuto essere emendati. Duecento insegnanti palestinesi di Jenin firmarono allora una petizione di protesta, i negozianti di Gerusalemme Est proclamarono uno sciopero, a Tulkarm, Qalqīlya e Nablus furono diffusi volantini che invitavano gli studenti a disertare le aule e il 1° settembre, alla riapertura delle scuole, il responsabile del Dipartimento per l'istruzione dell'area di Nablus, Rashid Maree comunicò all'autorità israeliana che gli istituti sarebbero rimasti serrati causa l'eccesso di libri messi al bando. I militari arrestarono all'istante Maree e lo tennero in prigione per tre mesi. Senza processo. Nablus a quel punto entrò in sciopero e, dopo una ventina di giorni, l'esercito israeliano passò alle maniere forti, mettendosi in urto anche con quel sindaco Canaan che avevamo incontrato come protagonista dell'operazione «ponti aperti». Questi chiese udienza a Dayan, che gliela concesse l'11 ottobre quando ormai Nablus era allo stremo. «Il pugno di ferro cancella qualunque buona volontà la gente potesse nutrire nei confronti delle forze occupanti» furono le parole di Canaan. «La scelta che avete» fu la brutale risposta di Dayan «è tra vivere ordinatamente o ribellarvi; ma sappiate che, se sceglieste la ribellione, non avremo altra opzione che spezzarvi.» Di fronte a quella minaccia Nablus si piegò.

Qualche tempo dopo questo «nuovo Dayan» incontrò la poetessa palestinese Fadwa Tuqan e, a proposito dei rapporti tra israeliani e palestinesi, le fece una previsione: «È come nella relazione tra un uomo e una donna da lui rapita, la quale non lo ama e non vuole sposarlo. Quando nascono i figli, questi vedono lui come padre e lei come madre. Il rapimento non ha più alcun significato per loro. Anche voi come popolo oggi non ci volete, ma ci stiamo imponendo su di voi».

Il 12 aprile 1968, circa cinquanta ebrei osservanti decisero di celebrare la pasqua a Hebron e l'indomani comunicarono che sarebbero rimasti a vivere lì. Stavolta Dayan era contrario, ma il presidente del Consiglio israeliano Yigal Allon (anche per rivalità con Dayan) acconsentì. Anni dopo il ministro della Difesa avrebbe riconosciuto l'errore: «Non ho compiuto il mio dovere quando non ho impedito questo insediamento pirata a Hebron; ne conoscevo il significato, sapevo che sarebbe stata una catastrofe e avrei dovuto minacciare le dimissioni». Ma non lo fece.

Conclusione
Il metodo per domare le fiamme

Ognuno dei capitoli di questo libro è dedicato agli effetti provocati dai lampi caduti sulle aggrovigliate sterpaglie del passato. Le verità nascoste dietro le apparenze, le forzature e le deformazioni, i capovolgimenti che abbiamo descritto non sono privi di conseguenze. Il loro intreccio produce anzi quel combustibile adatto all'accensione di fuochi sempre nuovi che mettono a repentaglio il nostro presente.

Gli «incendiari», magari inconsapevoli, cercano in quei roveti tizzoni accesi che consentano di far divampare nuovi conflitti, in cui essere protagonisti e in condizioni da loro reputate favorevoli. Senza rendersi conto che saranno loro stessi a finire irrimediabilmente ustionati tra le fiamme che hanno provocato. E cosa possono fare gli altri, coloro che non si lasciano sedurre da questa prospettiva? L'illusione che esista un getto d'acqua così potente da spegnere d'un sol colpo quei potenziali focolai è, appunto, un'illusione. Vero. Ma circoscriverli ed avviarli a una graduale estinzione si può. Non tutti, magari. Mettendo nel conto che in un futuro probabilmente se ne produrranno altri.

Nel frattempo, però, alcune generazioni cresceranno abituandosi a fare a meno di quelle combustioni. L'unico modo per circoscrivere quei fuochi, talvolta invisibili, è quello di far funzionare una ben mirata legge dell'oblio.

Oblio che non deve equivalere a una sciatta dimenticanza che metta torti e ragioni del passato sullo stesso piano, bensì a non far riproporre quei torti e quelle ragioni nelle contese del presente. Si deve saper rinunciare a mettere la propria comunità in condizione di riaprire antiche ferite. È un esercizio complicato quello di tenere fermo il giudizio sul passato, anzi di renderlo ogni giorno più denso di valori e, a un tempo, di imparare a rispettare il passato stesso in tutta la sua complessità. E c'è una sola strada per raggiungere questo obiettivo: consegnare la storia agli storici, cioè a coloro che sono interessati esclusivamente ad analizzarne le dinamiche e a scriverne nuove pagine.

Per fare un esempio di ciò che si dovrebbe evitare, vale la pena di citare il caso della Spagna. Partiamo dalla guerra civile che durò tre anni, dal 1936 al 1939. Pochi, pochissimi dubitano oggi che, in buona sostanza, le ragioni stessero dalla parte degli sconfitti e i torti da quella dei vincitori. Resta però che, nel 1940, il dittatore Francisco Franco – il quale quella guerra l'aveva vinta, anche grazie alle divisioni della sinistra e in particolare all'aggressività dei comunisti staliniani contro anarchici e trotzkisti – volle un cimitero dove fossero sepolti i caduti dei due fronti, quello dei vincitori e quello dei vinti. Si chiamò Valle de los Caídos (Valle dei caduti), i lavori iniziarono nel 1941 e furono terminati nel 1959, dopo diciotto anni. Nel frattempo Franco era rimasto e si era consolidato al potere come uno dei pochissimi capi della destra europea (assieme al portoghese Salazar) restati in sella dopo la definitiva sconfitta dei fascismi nella Seconda guerra mondiale. La valle in cui furono inumati i corpi di 33.847 «caduti», nonostante sia stata presentata agli spagnoli come una mano tesa per la riconciliazione, venne percepita dagli antifascisti spagnoli fin dal momento dell'inaugurazione come una celebrazione monumentale della dittatura. È stato lo stesso Franco a presentarla come tale: «I nostri morti» disse nel giorno dell'inaugurazione «non sacrificarono le loro preziose vite affinché noi potessimo riposarci. L'Antispagna è stata sconfitta ma non è morta, periodicamente la vediamo rialzare la testa!». Con l'implicita minaccia di una spietata repressione contro quelli che programmaticamente il *caudillo* definiva «gli antispagnoli». «Antispagnoli» che erano solo i suoi oppositori, peraltro ridotti allo stato di clandestinità. La repressione fu poi davvero brutale fino al momento della morte di Franco, nel 1975. Adesso che dalla fine del franchismo di anni ne sono trascorsi oltre quaranta, ad alcuni in Spagna sembra sia giunto il momento di fare i conti con quell'ingombrante valle. «La Valle de los Caídos», ha dichiarato a «El País» lo storico Santos Juliá, «è un tributo alla vittoria del nazionalcattolicesimo, dominato da una croce alta centotrenta metri; era il monumento al trionfo di una crociata su un nemico che bisognava sterminare e continua a esserlo dal momento che non è mai stato modificato.» Verissimo.

Tant'è che il governo spagnolo guidato dal socialista Pedro Sánchez ha deciso la traslazione dei resti di Francisco Franco fuori dalla Valle de los Caídos. L'autore del libro più avvincente su quel che accadde tra il 1936 e il 1939, Paul Preston (*La guerra civile spagnola*), ha definito quella di Sánchez una «buona iniziativa» dal momento che, a suo giudizio, finché la salma di Franco fosse rimasta lì avrebbe continuato a essere «meta di pellegrinaggi dei nostalgici della dittatura». Ma a molti tutto questo non basta. E propongono, dopo il trasferimento dei resti di Franco, di lasciar deperire quel sito nell'incuria (qualcuno suggerisce addirittura di farlo saltare in aria con l'esplosivo), per costruire un nuovo memoriale che ospiti soltanto i morti antifranchisti. Ad altri però parrebbe ingiusto trascurare i «caduti dalla parte sbagliata» e suggeriscono che il nuovo cimitero monumentale dia sepoltura (definitiva?) alle vittime di entrambe le parti. Un po' perché sarebbe arduo separare i resti degli uni da quelli degli altri. Ma in realtà per il fatto che è solo adesso, a settant'anni dalla fine di quel conflitto, che la «parte» franchista appare a tutti (o quasi) quella «sbagliata».

Ed ecco che nella penisola iberica questo genere di lampi accende nuovi, piccoli, quasi impercettibili focolai di incendio. Nel Paese che qualche decennio fa seppe garantirsi una transizione tranquilla dalla dittatura alla democrazia, in quella Spagna in cui neanche la destra moderata si richiama più in alcun modo alla nefasta stagione di Francisco Franco che i manuali di storia rigettano in modi pressoché unanimi, involontariamente (forse) si corre il rischio di far divampare nuove fiamme. Quando Franco scelse di far costruire la Valle de los Caídos aveva in mente con ogni probabilità due precedenti storici: il patto dell'oblio imposto da Trasibulo nell'Atene del 403 a.C. dopo la sconfitta dei Trenta tiranni e l'editto di Nantes del 1598 emanato da Enrico IV per mettere fine alla guerra tra cattolici e ugonotti. «Proibiamo a tutti i nostri sudditi» recitava l'editto di Enrico IV «di rinnovarne la memoria, di aggredirsi, risentirsi, ingiuriarsi, provocarsi l'un l'altro, rimproverandosi per quel che è avvenuto, quale che sia la causa o il pretesto, e di litigare, discutere, accusarsi o offendersi con fatti o parole.» E imponeva, per legge, ai sudditi «di dominarsi e vivere insieme in pace come fratelli, amici e concittadini, prevedendosi per tutti coloro i quali contravvengono a questi divieti la punizione prevista per chi viola la pace e perturba la quiete pubblica». Dopodiché, sia ad Atene dopo il 403 a.C. sia in Francia negli anni successivi al 1598, ci fu chi continuò a essere persuaso di aver combattuto dalla parte del giusto contro «nemici» e che questi ultimi avrebbero meritato castighi più severi. Talché ritennero inique quelle imposizioni dall'alto dell'autorità pubblica.

Oggi, a distanza di secoli, gli storici sono in grado di ripartire con equità torti e ragioni di quelle vicende lontane (spesso con giudizi più sfaccettati di quelli dati all'epoca), ma tengono in grande considerazione quei governanti che seppero trattenere i loro contemporanei dall'inesauribile desiderio di rivincita e riconsegnare il passato a chi se ne sarebbe occupato solo al fine di studiarlo. Riuscirono in tal modo, Trasibulo ed Enrico IV, a domare, sia pure gradualmente, le fiamme. Forse non definitivamente. Ma ci riuscirono.

Bibliografia

Abuelaish, Izzeldin, *Non odierò*, Piemme, Milano, 2011

Abulafia, David, *Il grande mare. Storia del Mediterraneo*, Mondadori, Milano, 2017

Aga Rossi, Elena – Zaslavsky, Victor, *Togliatti e Stalin. Il Pci e la politica estera staliniana negli archivi di Mosca*, Il Mulino, Bologna, 2007

Airaldi, Gabriella, *Genova e la Liguria nel Medioevo*, Frilli, Genova, 2007

Alighieri, Dante, *La Divina Commedia*, BUR, Milano, 2007

Allen, Robert C., *La rivoluzione industriale inglese. Una prospettiva globale*, Il Mulino, Bologna, 2011

Al-Sadat, Anwar, *In cerca di una identità*, Mondadori, Milano, 1978

Archi, Gian Gualberto (a cura di), *L'imperatore Giustiniano. Storia e mito. Giornate di studio a Ravenna, 14-16 ottobre 1976*, Giuffrè, Milano, 1978

Arendt, Hannah, *Sulla violenza*, Guanda, Milano, 2017

Ariosto, Ludovico, *Orlando furioso*, BUR, Milano, 2012

Aristofane, *Le nuvole*, BUR, Milano, 2001

Avnery, Uri, *Israele senza sionisti*, Laterza, Bari, 1970

Bainton, Roland H., *Lutero*, Einaudi, Torino, 2005

Beccaria, Cesare, *Dei delitti e delle pene*, BUR, Milano, 2014

Ben Israel, Menasseh, *La missione di Menasseh Ben Israel per Oliver Cromwell: Una ristampa dei pamphlet pubblicati da Menasseh Ben Israel per promuovere la ri-ammissione degli ebrei in Inghilterra, 1949-1656*, Macmillan & Co., Londra, 1901

Bensoussan, Georges, *Il sionismo. Una storia politica e intellettuale (1860-1940)*, Einaudi, Torino, 2007
Bergoglio, Jorge Mario, *Dialogo sulla fede. Un colloquio atteso da cinquecento anni*, San Paolo, Milano, 2016
Bersezio, Vittorio, *Corruttela*, Nabu Press, Firenze, 2011
Bertoni, Clotilde, *Romanzo di uno scandalo. La Banca Romana tra finzione e realtà*, Il Mulino, Bologna, 2018
Bidussa, David, *Il sionismo politico*, Unicopli, Milano, 2004
Bizzoni, Achille, *L'onorevole*, Edizioni Clichy, Firenze, 2018
Bonazzi, Mauro, *Processo a Socrate*, Laterza, Roma, 2018
Bono, Salvatore, *Un altro Mediterraneo. Una storia comune fra scontri e integrazioni*, Salerno, Roma, 2008
Brasillach, Robert, *Memorandum. La mia autodifesa*, Medusa, Milano, 2014
Breccia, Gastone, *Lo scudo di Cristo. Le guerre dell'Impero romano d'oriente*, Laterza, Bari, 2016
Bregman, Ahron, *La vittoria maledetta. Storia di Israele e dei Territori occupati*, Einaudi, Torino, 2017
Brizzi, Giovanni, *Ribelli contro Roma. Gli schiavi, Spartaco, l'altra Italia*, Il Mulino, Bologna, 2017
Bucciantini, Massimo, *Campo dei Fiori. Storia di un monumento maledetto*, Einaudi, Torino, 2015
Buruma, Ian, *Anno Zero. Una storia del 1945*, Mondadori, Milano, 2015
Cafagna, Luciano, *C'era una volta. Riflessioni sul comunismo italiano*, Marsilio, Venezia, 1991
Campodonico, Pierangelo, *La marineria genovese dal Medioevo all'Unità d'Italia*, Fabbri, Milano, 1991
Cantarella, Eva, *I supplizi capitali in Grecia e a Roma*, Rizzoli, Milano, 1991
Cantarella, Glauco M., *Gregorio VII*, Salerno, Roma, 2018
Cardini, Franco, *Il grande blu. Il Mediterraneo, mare di tesori. Avventure, sogni, commerci, battaglie*, Florence Press, Firenze, 2014
Cardini, Franco, *In Terrasanta. Pellegrini italiani tra Medioevo e prima età moderna*, Il Mulino, Bologna, 2005

Cardini, Franco, *Napoleone III*, Sellerio, Palermo, 2010

Caredda, Giorgio, *La Francia di Vichy*, Bulzoni, Roma, 1989

Castelli, Cesare, *La terza Roma*, B. Lux, Roma, 1900

Castelnuovo, Enrico, *L'onorevole Paolo Leonforte*, Fratelli Trèves, Milano, 1895

Castro, Américo, *La Spagna nella sua realtà storica*, Garzanti, Milano, 1995

Celli, Giorgio, *Konrad Lorenz. L'etologo e i suoi fantasmi*, Mondadori Bruno, Milano, 2001

Cesaretti, Paolo, *Teodora. Ascesa di un'imperatrice*, Mondadori, Milano, 2003

Clay Large, David, *Le olimpiadi dei nazisti. Berlino 1936*, Corbaccio, Milano, 2009

Cloulas, Ivan, *Caterina de' Medici*, Sansoni, Firenze, 1980

Craveri, Benedetta, *Amanti e regine. Il potere delle donne*, Adelphi, Milano, 2008

Cobb, Paul M., *La conquista del Paradiso. Una storia islamica delle Crociate*, Einaudi, Torino, 2016

Colacito, Filandro, *I corsari della breccia*, M. Carra e C., Roma, 1909

Colajanni, Napoleone, *Banche e Parlamento*, Fratelli Trèves, Milano, 1893

Colombo, Andrea, *I maledetti. Dalla parte sbagliata della storia*, Lindau, Torino, 2017

Cowdrey, H.E.J., *Pope Gregory VII, 1073-1085*, Clarendon, Oxford, 1988

Dal Bello, Mario, *Lutero. L'uomo della rivoluzione*, Città Nuova, Roma, 2017

Dayan, Moshe, *Storia della mia vita*, Mondadori, Milano, 1977

Del Balzo, Carlo, *Le ostriche*, Rubbettino, Soveria Mannelli, 2008

Delgrosso, G.A., *L'onorevole Grigioni*, Roux, Torino, 1897

De Lorenzo, Renata, *Murat*, Salerno, Roma, 2010

Del Punta, Ignazio, *La battaglia della Meloria. Il più grande scontro navale del Medioevo*, Arkadia, Cagliari, 2015

De Rienzo, Eugenio, *Napoleone III*, Salerno, Roma, 2010
De Stefani, Alberto, *Gran consiglio, ultima seduta. 24-25 luglio 1943*, Le Lettere, Firenze, 2013
Di Cesare, Donatella, *Heidegger e gli ebrei. I "Quaderni neri"*, Bollati Boringhieri, Torino, 2016
Di Cesare, Donatella, *Marrani. L'altro dell'altro*, Einaudi, Torino, 2018
Diehl, Charles, *Teodora imperatrice di Bisanzio*, Castelvecchi, Roma, 2015
Di Nolfo, Ennio – Serra, Maurizio, *La gabbia infranta. Gli Alleati e l'Italia dal 1943 al 1945,* Laterza, Roma, 2010
Diodoro Siculo, *La rivolta degli schiavi in Sicilia*, Sellerio, Palermo, 1983
Dumas, Alexandre, *I tre moschettieri*, BUR, Milano, 2003
Eliot, T.S., *After Strange Gods*, Forgotten Books, Londra, 2017
Eliot, T.S., *Poesie*, Bompiani, Milano, 1961
Eliot, T.S., *Quattro quartetti*, Garzanti, Milano, 1992
Eliot, T.S., *Teatro*, Bompiani, Milano, 1966
Enquist, Per Olov, *Processo a Hamsun*, Iperborea, Milano, 1996
Euripide, *Le Baccanti*, BUR, Milano, 2004
Farias, Victor, *Heidegger e il nazismo*, Bollati Boringhieri, Torino, 1988
Federzoni, Luigi, *Memorie di un condannato a morte*, Le Lettere, Firenze, 2013
Ferrarotti, Franco, *Attualità di Lutero. La riforma e i paradossi del mondo moderno*, EDB, Bologna, 2017
Ferreira, Pedro G., *La teoria perfetta*, Rizzoli, Milano, 2014
Ferrero, Guglielmo, *Il fenomeno Crispi e la reazione*, Olivetti, Torino, 1895
Fisichella, Domenico, *Il miracolo del Risorgimento. La formazione dell'Italia unita*, Carocci, Roma, 2010
Fitzgerald, Francis Scott, *Il grande Gatsby*, BUR, Milano, 2012
Flaiano, Ennio, *Diario notturno*, Rizzoli, Milano, 1977

Flores, Marcello, *Il secolo dei tradimenti. Da Mata Hari a Snowden 1914-2014*, Il Mulino, Bologna, 2017
Flores, Marcello, *Traditori. Una storia politica e culturale*, Il Mulino, Bologna, 2015
Fogazzaro, Antonio, *Daniele Cortis*, Mondadori, Milano, 1947
Frova, Andrea – Marenzana, Mariapiera, *Newton & Co. geni bastardi. Rivalità e dispute agli albori della fisica*, Carocci, Roma, 2015
Ganeshram, Ramin, *A Birthday Cake for George Washington*, Scholastic, USA, 2016
Gar, Tommaso, *La strage di San Bartolomeo*, Antonelli, Venezia, 1870
Gentile, Emilio, *25 luglio 1943*, Laterza, Roma, 2018
Gernet, Jacques, *Cina e cristianesimo*, Marietti, Genova, 1900
Gerwerth, Robert, *La rabbia dei vinti. La guerra dopo la guerra 1917-1923*, Laterza, Roma, 2017
Gordon, Neve, *L'occupazione israeliana*, Diabasis, Parma, 2016
Grandi, Dino, *25 luglio. Quarant'anni dopo*, Il Mulino, Bologna, 1983
Grossman, David, *Il vento giallo*, Mondadori, Milano, 1988
Guerrazzi, Francesco D., *Il secolo che muore*, Verdesi, Roma, 1885
Hamsun, Knut, *Fame*, Adelphi, Milano, 2002
Hamsun, Knut, *Il risveglio della terra*, Edizioni Librarie, Milano, 1945
Hamsun, Knut, *Pan*, Adelphi, Milano, 2017
Hamsun, Knut, *Per i sentieri dove cresce l'erba*, Fazi, Roma, 2014
Heymann, Fritz, *Morte o battesimo. Una storia dei marrani*, Giuntina, Firenze, 2007
Houben, Hubert, *Federico II. Imperatore, uomo, mito*, Il Mulino, Bologna, 2013
Hsia, Ronnie Po-chia, *Un gesuita nella città proibita*, Il Mulino, Bologna, 2012

Hugo, Victor, *L'ultimo giorno di un condannato e altri scritti sulla pena di morte*, Rizzoli, Milano, 1956

Ioly Zorattini, Pier Cesare, *L'identità dissimulata. Giudaizzanti iberici nell'Europa cristiana dell'età moderna*, Olschki, Firenze, 2000

Jenkins, Emily, *A Fine Dessert*, Random House, New York, 2015

Jones, Arnold H. M., *Il tardo impero romano, 284-602 d.C.*, Il Saggiatore, Milano, 1981

Karski, Jan, *Story of a secret state. La mia testimonianza davanti al mondo*, Adelphi, Milano, 2013

Kasper, Walter, *Martin Lutero. Una prospettiva ecumenica*, Queriniana, Brescia, 2016

Kedar, Benjamin Z., *Crociata e missione. L'Europa incontro a l'Islam*, Jouvence, Milano, 2015

Khalidi, Rashid, *Identità palestinese. La costruzione di una moderna coscienza nazionale*, Bollati Boringhieri, Torino, 2003

Kissinger, Henry, *Gli anni della Casa bianca*, SugarCo., Milano, 1980

Knopp, Guido, *Tedeschi in fuga*, Corbaccio, Milano, 2004

Lalatta Costerbosa, Maria – La Torre, Massimo, *Legalizzare la tortura? Ascesa e declino dello Stato di diritto*, Il Mulino, Bologna, 2013

Lanzmann, Claude, *L'ultimo degli ingiusti*, Skira, Milano, 2014

Lanzmann, Claude, *Shoah*, Bompiani, Milano, 2013

Lopez, Roberto S., *La rivoluzione commerciale del Medioevo*, Einaudi, Torino, 1975

Lorenz, Konrad, *Vorrei diventare un'oca*, Muzzio, Padova, 1997

Lottman, Herbert R., *Pétain eroe o traditore?*, Frassinelli, Milano, 1985

Machiavelli, Niccolò, *Il Principe*, BUR, Milano, 2012

Makdisi, Saree, *Palestina borderline. Storie da un'occupazione quotidiana*, ISBN edizioni, Milano, 2009

Manzoni, Alessandro, *I promessi sposi*, BUR, Milano, 2014
Margalit, Avishai, *Sul tradimento*, Einaudi, Torino, 2017
Martin, Jean-Clément, *Robespierre*, Salerno, Roma, 2018
Marzano, Arturo, *Storia dei sionismi. Lo Stato degli ebrei da Herzl a oggi*, Carocci, Roma, 2017
Mastellone, Salvo (a cura di), *I "Quaderni del carcere." Una riflessione incompiuta*, UTET, Torino, 1997
McMeekin, Sean, *Il crollo dell'Impero ottomano. La guerra, la rivoluzione e la nascita del moderno Medio Oriente. 1908-1923*, Einaudi, Torino, 2017
Meriggi, Marco, *Gli Stati italiani prima dell'unità*, Il Mulino, Bologna, 2011
Minervini, Laura (a cura di), *Cronaca del templare di Tiro (1243-1314)*, Liguori, Napoli, 2000
Mitterauer, Michael – Morrisey, John, *Pisa nel Medioevo. Potenza sul mare e motore di cultura*, Viella, Roma, 2015
Molmenti, Pompeo, *La Dogaressa di Venezia*, Nabu Press, Firenze, 2012
Mongini, Guido, «Ad Christi similitudinem». *Ignazio di Loyola e i primi gesuiti tra eresia e ortodossia*, Edizioni dell'Orso, Alessandria, 2011
Monsagrati, Giuseppe, *Roma senza il papa. La Repubblica romana del 1849*, Laterza, Roma, 2014
Montesquieu, Charles-L., *Lettere persiane*, Garzanti, Milano, 2012
Moriani, Gianni, *Konrad Lorenz e il nazismo* in Alleva, Elena – Alleva, Enrico (a cura di), *Vorrei diventare un'oca: l'autobiografia e la conferenza del Nobel*, Muzzio, Padova, 1997
Morris, Benny, *Vittime. Storia del conflitto arabo-sionista 1881-2001*, Rizzoli, Milano, 2010
Mosè Maimonide, *La guida dei perplessi*, UTET, Milano, 2013
Musarra, Antonio, *Acri 1291. La caduta degli stati crociati*, Il Mulino, Bologna, 2017
Musarra, Antonio, *1284. La battaglia della Meloria*, Laterza, Roma, 2018

Nadin, Cristina, *Marin Faliero. Lo sventurato doge di Venezia*, Edizioni Anordest, Treviso, 2011
Nisbett, Alec, *La vita di Konrad Lorenz*, Bompiani, Milano, 1987
Nolte, Ernst, *Martin Heidegger tra politica e storia*, Laterza, Roma, 1994
Nusseibeh, Sari, *C'era una volta un paese. Una vita in Palestina*, Il Saggiatore, Milano, 2009
Oren, Michael B., *La guerra dei sei giorni: Giugno 1967, alle origini del conflitto arabo-israeliano*, Mondadori, Milano, 2003
Ovidio, *Le metamorfosi*, BUR, Milano, 1994
Pappé, Ilan, *La pulizia etnica della Palestina*, Fazi, Roma, 2008
Pappé, Ilan, *Storia della Palestina moderna. Una terra, due popoli*, Einaudi, Torino, 2014
Paxton, Robert O., *Vichy 1940-1944. Il regime del disonore*, Il Saggiatore, Milano, 2013
Pellegrini, Marco, *Le crociate dopo le crociate*, Il Mulino, Bologna, 2013
Pellicciari, Angela, *Martin Lutero. Il lato oscuro di un rivoluzionario*, Cantagalli, Siena, 2016
Peres, Shimon, *Il nuovo Medio Oriente*, Morano, Milano, 1994
Pirandello, Luigi, *I vecchi e i giovani*, BUR, Milano, 2011
Platone, *Apologia di Socrate. Critone*, Laterza, Roma, 2005
Poliakov, Léon, *Storia dell'antisemitismo*, BUR, Milano, 2013
Porret, Michel, *Beccaria. Il diritto di punire*, Il Mulino, Bologna, 2014
Preston, Paul, *La guerra civile spagnola, 1936-1939*, Mondadori, Milano, 2000
Procopio di Cesarea, *Le guerre. Persiana, vandalica, gotica*, Einaudi, Torino, 1977
Procopio di Cesarea, *Storie segrete*, BUR, Milano, 1996
Proisy d'Eppes, César de, *Dictionnaire des girouettes*, Alexis Eymery, Parigi, 1815

Prosperi, Adriano (a cura di), *Dizionario storico dell'Inquisizione*, Scuola Normale Superiore, Pisa, 2010
Rapone, Antonio, *Cinque anni che paiono secoli. Antonio Gramsci dal socialismo al comunismo (1914-1919)*, Carocci, Roma, 2011
Raveggi, Sergio, *L'Italia dei guelfi e dei ghibellini*, Bruno Mondadori, Milano, 2009
Ravegnani, Giorgio, *Il traditore di Venezia. Vita di Marino Falier doge*, Laterza, Roma, 2017
Ravegnani, Giorgio, *Teodora. La cortigiana che regnò sul trono di Bisanzio*, Salerno, Roma, 2016
Reinhardt, Volker, *Lutero l'eretico. La Riforma protestante vista da Roma*, Marsilio, Venezia, 2017
Ricci, Matteo, *Il vero significato del "Signore del cielo"*, Urbanian, Roma, 2006
Richard, Jean, *La grande storia delle crociate*, Newton & Compton, Roma, 1999
Rogan, Eugene, *La grande guerra nel Medio Oriente. La caduta degli Ottomani (1914-1920)*, Bompiani, Milano, 2016
Romeo, Rosario, *Cavour e il suo tempo*, Laterza, Roma, 2012
Ronchey, Silvia – Braccini, Tommaso, *Il romanzo di Costantinopoli. Guida letteraria alla Roma d'Oriente*, Einaudi, Torino, 2016
Roscioni, Lisa, *La badessa di Castro. Storia di uno scandalo*, Il Mulino, Bologna, 2017
Roth, Cecil, *Storia dei marrani*, Marietti, Bologna, 2003
Rousso, Henry, *La Francia di Vichy*, Il Mulino, Bologna, 2010
Salvadori, Massimo L., *Gramsci e il problema storico della democrazia*, Einaudi, Torino, 1977
Salvatorelli, Luigi, *Leggenda e realtà di Napoleone*, UTET, Milano, 2007
Sandoni, Luca (a cura di), *Il* Sillabo *di Pio IX*, CLUEB, Bologna, 2012
Sassetti, Tommaso, *Il massacro di San Bartolomeo*, Salerno, Roma, 1995

Sassi, Maria Michela, *Indagine su Socrate. Persona, filosofo, cittadino*, Einaudi, Torino, 2015
Scheidel, Walter, *The Great Leveler*, Princeton, New Jersey, 2017
Schilling, Heinz, *Martin Lutero. Ribelle in un'epoca di cambiamenti radicali*, Claudiana, Torino, 2016
Schneider, Helga, *L'usignolo dei Linke*, Adelphi, Milano, 2004
Schreiner, Peter, *Costantinopoli. Metropoli dai mille volti*, Salerno, Roma, 2009
Serao, Matilde, *La conquista di Roma*, Elliot, Roma, 2014
Serra, Maurizio, *La Francia di Vichy. Una cultura dell'autorità*, Le Lettere, Firenze, 2011
Shakespeare, William, *Tito Andronico*, BUR, Milano, 1999
Shavit, Ari, *La mia terra promessa*, Sperling & Kupfer, Milano, 2014
Shklar, Judith N., *Vizi comuni. Crudeltà, ipocrisia, snobismo, tradimento, misantropia*, Il Mulino, Bologna, 2007
Sighele, Scipio, *Contro il parlamentarismo. Saggio di psicologia collettiva (1895)*, Trèves, Milano, 1895
Silvestri, Mario, *Isonzo 1917*, BUR, Milano, 2014
Smith, Lane, *There Is a Tribe of Kids*, Roaring Brook, New York, 2016
Socci, Ettore, *L'assalto di Montecitorio*, O. Paggi, Pitigliano, 1900
Solla, Gianluca, *Marrani. Il debito segreto*, Marietti, Bologna, 2008
Spence, Jonathan D., *Il Palazzo della memoria di Matteo Ricci*, Adelphi, Milano, 2010
Spinoza, Baruch, *Tutte le opere*, Bompiani, Milano, 2010
Storoni, Enzo, *La congiura del Quirinale*, Le Lettere, Firenze, 2013
Stendhal, Marie-Henri Beyle, *La badessa di Castro*, Einaudi, Torino, 1942
Stendhal, Marie-Henri Beyle, *La certosa di Parma*, Mondadori, Milano, 2016

Stendhal, Marie-Henri Beyle, *Passeggiate romane*, Garzanti, Milano, 2004

Stürner, Wolfgang, *Federico II e l'apogeo dell'impero*, Salerno, Roma, 2009

Tabacchi, Stefano, *La strage di San Bartolomeo. Una notte di sangue a Parigi*, Salerno, Roma, 2018

Tangheroni, Marco, *Commercio e navigazione nel Medioevo*, Laterza, Bari, 1996

Todeschini, Giacomo, *Gli ebrei nell'Italia medievale*, Carocci, Roma, 2018

Vargas Llosa, Mario, *La guerra della fine del mondo*, Einaudi, Torino, 2008

Viarengo, Adriano, *Cavour*, Salerno, Roma, 2009

Viennot, Eliane, *Margherita di Valois. La vera storia della regina Margot*, Mondadori, Milano, 1994

Vivanti, Corrado, *Le guerre di religione nel Cinquecento*, Laterza, Roma, 2011

Voltaire, François-Marie Arouet, *Il trattato sulla tolleranza*, Feltrinelli, Milano, 2015

Von Sonnenfels, Joseph, *Su l'abolizione della tortura*, Milano, 1776

Wachtel, Nathan, *La fede del ricordo. Ritratti e itinerari di marrani in America (XVI-XX secolo)*, Einaudi, Torino, 2003

Weizman, Ezer, *La battaglia per la pace*, Sperling & Kupfer, Milano, 1982

Wieviorka, Olivier, *Storia della resistenza nell'Europa occidentale 1940-1945*, Einaudi, Torino, 2018

Yerushalmi, Yosef H., *Assimilazione e antisemitismo razziale: i modelli iberico e tedesco*, Giuntina, Firenze, 2010

Zola, Émile, *Ciclo delle tre città: Roma*, Bordeaux, Roma, 2013

Indice dei nomi

Indice

III. LA STORIA CAPOVOLTA

Finito di stampare nel mese di novembre 2018
presso Grafica Veneta S.p.A. – Via Malcanton, 2 – Trebaseleghe (PD)

Printed in Italy